杭州市第三届重大教育科研成果

丛书主编 | 沈建平

精准教学：
小学课堂教学变革的采三探索

黄升昊 / 编著

中国出版集团

现代出版社

杭州市第三届重大教育科研成果丛书

编委会名单

主　任：沈建平

副主任：蒋　锋

成　员：陈秋兴　　潘长青　　孙叶方　　孔永国

　　　　宋小华　　俞晓东　　朱　可　　沈美华

　　　　何　丹　　金卫国　　洪彬彬

序

　　庚子岁末,收到了黄升昊校长托人送来的《精准教学:小学课堂教学变革的采三探索》书稿,嘱我为之作序。作为杭州市第三届重大课题成果项目之一,该书真实地记录了采荷第三小学教育集团以精准教学为主题,以生为本、立足课堂、追求卓越的教学变革历程,也真实地再现了采荷三小教师在推进精准教学改革中的困惑、思考与探索。

　　因为实验学校研究会的关系,我认识黄升昊校长已经有些年头,他给我的印象是一位爱学习、肯钻研,做事很踏实,又很有主见的校长。"第三教育空间"系列的研究让我感受到了他的悟性和聪颖;而后在完善"宫校合作"的同时,尝试开展了"群星闪闪,走读杭州",形成颇具特色的校本课程体系,让我领略了他的灵性和深刻。2018年,采荷三小提出"让课堂闪烁着智慧的光芒"的课改目标,开展基于精准教学的课堂变革探索,并被列为杭州市第三届重大课题。我有幸应邀担任该课题的指导教师,对他的认识又深了一层,更让我感受到了他的韧性和智慧。三年来,课题组秉承"精准教学"的理念,坚持尊重差异,注重潜能激发,助推学生个性发展,在课堂教学、评价变革、管理创新、队伍建设等方面进行了深入的理论研究和大胆的实践探索,达到了预期的效果。

　　现代信息技术的发展和人工智能在课堂教学中的应用,给课堂教学的改革带来更多的机遇和挑战。如何通过教学数据的采集和分析来完善教师的教与学生的学,实现人工智能和有效教学的无缝对接?如何变"喂食制教学"为"觅食制教学",把学习的主动权真正交给学生?上述问题涉及精准课堂教学模式的改革。如何引导教师从常规的学情分析、经验型的教学反思走向学法精准指导、专业化的教学反思，让教学改进达到智慧精准？如何变革评价模式，实现管理创新，来推动精准教学的落地生根？这些问题都成为课题研究重点关注的内容。

我国古代教育家孔子坚持"有教无类"，主张"因材施教"；古罗马教育家昆体良认为人的禀赋不同，教育的方法也应不同；尊重学生差异的教育思想源远流长。蔡元培指出，"与其守成法，毋宁尚自然；与其求划一，毋宁展个性"，充分体现了个性化教育的理念。古希腊哲学家苏格拉底倡导"助产术"：教师如同一位助产士，只能助产，不能代产。所以，"授人以鱼，不如授人以渔"。而"授"的时机，孔子认为应该是"不愤不启，不悱不发"，学生能够根据已有水平选择合适的内容，合适的时间和空间，按照自己的方式进行个性化学习，这样的学习才是走心的符合学生需求的学习，才能让学生进入深度学习状态，才能让学生内化于心，外化于行，见之于行，形之以品。

《精准教学：小学课堂教学变革的采三探索》正是基于学生差异，注重自主学习、合作探究，让分享、交流成为一种学习常态，呈现"生本对话""生生对话""师生对话"三种形态，构建基于学情的课堂教学范式，从实践、转型、重构、支撑四个方面进行了探索和实践，或可给读者带来一些启发。

尊重学生差异的精准课堂教学。 采荷三小先后选择了语文、数学、英语、科学四门学科进行精准课堂教学的深入探索。语文学科在精准捕捉"前概念"的基础上，充分了解学生的原有水平，包括已有的知识储备、学习方式、良好的学习习惯等，立足于学生个体的差异，满足学生学习的不同需要，通过"链接生活、差异互补、情趣交融、多元思维"等教学策略，促进学生个性的充分发展。数学学科利用前测，制定教学目标，选择教学内容，设计差异化课堂练习，通过进阶式选择、菜单式练习、挑战高难度任务等多种形式的作业，让每一个孩子都有所提升。英语学科采用听说软件，及时了解班级整体概况、学习进展和学习方法等，利用网络阅卷技术，协助教师客观精准地发现问题，开展诊断，据此定位目标，巧设任务驱动，自主参与，发展语用能力，并在课后追踪学情，促进学生的阶段发展。科学学科从文本类、实验类、学习行为类三个方面展开实践，利用苏格拉底智能教学分析平台对课堂进行检测,探究精准教学对于科学课堂的优势。

基于精准教学的评价变革。要让课堂变革真正发生,势必要进行相应的评价改革。本书构建了典型的精准教学学业评价流程,从测量教学内容掌握开始,到监控是否达成教学目标,反馈教育教学存在的问题,并及时矫正,进入下一次的学习测量,形成评价闭环、螺旋上升。在此基础上,还开展了自我评价、同伴评价、教师评价等多主体的评价方式,形成了"基础+特色""过关+延迟"等多层次的评价方式。这是一种多元的、动态的学业评价,真正做到了尊重差异,一个都不能少。除此之外,采荷三小还结合精准教学的背景,构建了学生综合素养评价体系,以学生的全面发展为核心,分别从文化基础、社会参与、自主发展三个维度设计了健康素养、学习能力、行为礼仪、人际交往和实践创新五个方面的内容,实现细化和精化的学生综合素养评价体系。在评价载体上,也结合精准教学的实质和现代技术的优势进行了创新,分别建立学生成长电子档案库,完善学生纸质评价记录,创新低段学生非纸笔"模块游考"。

基于精准教学的管理创新。精准课堂管理更青睐以人为本,强调尊重学生的权利和需要,管理准确、科学,注重目标和效果。本书不仅提出了课堂管理由教师主导转化为多方合作,从减少行为问题到优化教学环境,从单一的结果管理到动态的过程管理等多种方式,还提出了课堂管理要多元主体、多方互动、制度创新等。为了进一步提高工作效率,采荷三小还健全了教学管理系统,借助网络平台完成信息录入、更新、查询等操作,从而能够事事时时落实。

基于精准教学的队伍建设。改变课堂必须先改变理念,要开展全校性的"精准教学"研究,改变传统观念是重中之重。采荷三小通过组内推荐、书单补充、网格对话等各种形式开展读书活动,由此厘清精准教学的内涵,提升教师的理论水平;再通过靶向问诊、疑难问题沙龙、个性案例分析等创新性活动,提高教师的精准教学设计能力;还通过新教师成长营、采三之夜菜单式研修、精准教学擂台赛、精准教学艺术展等各种平台,开展教学实践,通过理论和实践的有效结合,提升教师的精准教学能力。与此同时,采荷三小还开展了基于精准教学的教研组建设活动，以重大课题为引领，明确教研重点，开展以"学科精准化教学策略研究"为主题的子课题研究；以专题研究为主线，构建教研体系，由教研组指导备课组定期举行研讨活动；以课例研究为载体，创新教研范式，实现资源共享和共同成长。

采荷三小的基于精准教学的课堂变革，在新教学范式的探索上走出了自己的特色之路。这是学校领导善于审时度势，带领全校教师共同努力，积极开展理论学习与实践探索相结合的结果。项目研究期间，采荷三小课题组老师善于学习、勇于钻研、勤于反思、精于实践的专业态度和探索精神给我留下了深刻印象。我相信，采荷三小关于精准教学课堂的探索经验，可以给同行以一定的启迪和借鉴作用，也必将有助于未来教学改革的深化与发展。

教改之路，行者无疆。我衷心期盼采荷三小能不忘初心、牢记使命，继续深化课堂教学改革研究，创新精准教育实践，成为浙江省基础教育的领跑者！

卢真金

2021 年 1 月 26 日于杭城

目 录

CONTENTS

第一章

绪　论

　　改革开放以来，随着经济发展不断加快，社会改革不断深入，我国的基础教育也取得了重大发展。尤其是进入21世纪以来，随着新一轮国家基础教育课程改革在全国范围内开始实施，教育正在发生着许多重大的变化。党的十八大以来，习近平总书记多次对教育问题做出了精辟的阐述，指明了我国基础教育改革发展的方向正成为摆在所有教育工作者面前的一个时代命题。

第一节　新时代基础教育发展的重要变化

教育强则国家强，教育兴则民族兴。教育不仅关乎个体发展、家庭幸福，而且关乎国家强盛、民族复兴。习近平总书记在党的十九大报告中指出："建设教育强国是中华民族伟大复兴的基础工程，必须把教育事业放在优先位置，深化教育改革，加快教育现代化，办好人民满意的教育。"教育如何改革？教育变革的路径在何处？华东师范大学的叶澜教授提出了两个思路：其一，我们为谁而教？其二，我们怎样教？教育并非简单的"教书育人"，而是时代和社会发展下对于未来发展的期待，而教育目的和教育对象则决定了教育的方式与方法。

在21世纪现代信息技术飞速发展背景下，我们需要以新的思维方式和教育理念，以新的方法手段和教育模式突破教育发展的瓶颈，破解教育难题。

一、以核心素养的培育为导向

进入21世纪，随着全球化和信息化的快速发展，为适应快速变迁的信息化时代以及学习化社会的需要，传统的"技能""知识"等概念已经无法涵盖社会对育人目标的要求，世界各国开始重新探讨关于"培养什么样的人"的问题。在联合国教科文组织、欧盟、经济合作与发展组织（OECD）等国际组织的影响下，构建学生核心素养逐渐成为国际共识。世界各国虽在对核心素养的具体定义上有所差异，但其内涵却是相似的，都注重培养社会公民应具备的重要素养。

（一）核心素养的内涵

世界各国对核心素养的具体定义不尽相同，但其内涵却是基本一致的，都注重培养社会公民应具备的重要素养。经济合作与发展组织对"素养"的概念界定如下：素养不只是知识与能力，它是在特定情境中，通过利用与调动心理社会资源（包括技能和态度）以满足复杂需要的能力。例如，有效交往的能力是一种素养，它可能利用一个人的语言知识、实用性信息技术技能以及对其交往对象的态度等。①发展核心素养是当前推进教育改革的重要内容，辛涛、姜宇、林崇德等将其定义为学生在接受相应学段教育过程中，逐步形成的适应个人终身发展和社会发展需要的必备品格与关键能力。它是关于学生知识、技能、情感态度、价值观等多方面要求的结合体，它指向过程，关注在学习过程中学生的体悟，而非结果导向。同时，核心素养兼具稳定性、开放性与发展性等特性，其生成与提炼是在与时俱进的动态优化过程中完成的，是个体能够适应未来社会、促进终身学习、实现全面发展的基本保障。②

（二）核心素养对教育的要求

核心素养回答了"培养什么样的人"的问题，而如何将核心素养从宏观层面的理论框架落实到具体的教育活动中，从而实现其育人功能和育人价值，则是教育变革过程中所要面临的重要问题。在以"核心素养"为导向的教育改革中，应将其融入课程目标，并依此导向跟进课程实施，推进教师培训，指导评价标准的制定，从而渗透到教育的方方面面。"核心素养"的提出要求教材的编写要改变以"知识为中心"的传统思想，要在教材中体现对于学生创新能力，引导情感态度与价值观等内容，要求打破以"学科为中心"的思想，培养学科之上的综合素养。基于核心素养的要求，教师的教学方式也应由"抽象知识"转向"具体情境"，关注学生学习情境的真实性，由"知识中心"转向"能力（素养）中心"，从而促进学生形成高于学科知识的学科素养，由"教师中心"转向"学生中心"，提高学生主动学习和合作学习的意识与能力。除此以外，教育也应该创新评价手段和方法，从而保障以核心素养为导

---

① OECD（2005）.The definition and selection of key competencies［ExecutiveSummary］［EB/OL］.Available online at, http://www.oecd.org/dataoecd/47/61/35070367.pdf.

② 辛涛,姜宇,林崇德,等.论学生发展核心素养的内涵特征及框架定位［J］.中国教育学刊,2016(6):3-7+28.

向的考试评价。①

（三）精准教学是培育核心素养的重要途径

构建我国学生发展的核心素养,目标需要指向全面发展的人。马克思关于人的发展的理论包括几个方面:①人的活动特别是人的劳动活动的全面发展以及人的需要和能力的全面发展。②人的社会关系的全面丰富、社会交往的普遍性和人对社会关系的全面占有与共同控制。③人的素质的全面提高和个性的自由发展。②因此,如何推动核心素养理念深入人心,精准教育则可作为关键。所谓"精准"即为促进每个学生全面发展之"精准",而非逐鹿高分,培优补差之精准。只有将精准教育面向全体学生,以更高的办学定位,坚持个性化、特色化办学,从多方面向社会、家长、学生提供满足其需求的精准教学,帮助学生获得自我发展的成就感,才能办好老百姓满意的教育。这是对核心素养体系下精准教育培养目标最精准的定位,也是每一个有着教育理想的教育工作者的终极追求。

二、实现教学模式的转型

教学理论为教学实践服务,但又因教学理论的抽象性及教学实践的复杂性,使得教学理论难以直接服务于教学实践。而教学模式可以作为教学理论与教学实践之间的中介,将具体的教学实践活动进行抽象与概括。③1976年,美国哥伦比亚的学者布鲁斯·乔伊斯和玛莎·韦尔等最先在著作《教学模式》中将模式的研究方式引入教育论研究中,为教学模式的系统研究奠定了基础。他们认为,"教学模式是构成课程和作业、选择材料、提示教师活动的一种范式或计划"。④乔伊斯和韦尔将教学模式分为信息处理教学模

---

① 姜宇,辛涛,刘霞,等.基于核心素养的教育改革实践途径与策略[J].中国教育学刊,2016(6):29-32+73.

② 李郁君.以精准教学提升学生核心素养——《政治生活》中的"法定程序"教学[J].文教资料,2016(36):195-196.

③ 李定仁,徐继存.教学论研究二十年(1979—1999)[M].北京:人民教育出版社,2001.

④ 黄甫全,王本陆.现代教学论学程[M].北京:教育科学出版社,1998.

式、人格发展教学模式、社会互动教学模式与行为控制教学模式四类。

在教学模式的发展历程上，基本上可以划分为以教师为中心的教学模式和以学生为中心的教学模式两大类。

（一）以教师为中心的教学模式

对"教学模式"的系统研究始于近代教育学形成独立体系之后，但由于教学模式产生于教学活动中，所以在早期教育中就已具雏形。古代教学主要是"口传相授"的方式，教师向学生灌输知识，教师的话就是金科玉律，不可违背，学生则是机械、重复地接受知识，只需要熟读记诵，从文字概念上感悟哲学道理。

早期教学模式的特点表现为"讲—听—读—记—练"。

17世纪，随着自然科学的教学内容以及直观教学的教学方法引入学校教学中，夸美纽斯主张将讲解、质疑、问答和练习都纳入课堂教学的范畴，其程序结构表现为"感知—记忆—理解—判断"。该模式的主要特征为"教师为中心""课本为中心"以及"教材为中心"。

19世纪，赫尔巴特从统觉论出发对人的心理展开研究，认为教师的主要任务不在于传授，而在于为学生选择合适的学习材料，并以适当的程序加以提醒，促使学生统觉团的形成。由此，他在其教育著作《教育学》中提出了"明了—联合—概括—应用"四段论，实际上已经将教学模式纳入了教学理论的研究，只是还没有正式提出"教学模式"这一名词。随后，赫尔巴特的学生莱茵又在其基础上对该模式进行修改扩充，得到了"预备—提示—联合—总结—应用"五段论。

20世纪50年代，苏联教育家凯洛夫提出的"组织教学—复习旧课—讲授新课—巩固新知—布置作业"五环法，作为教学设计和教学实施的依据在我国广泛传播。

（二）以学生为中心的教学模式

上述教学模式都过分强调教师的权威，忽视了学生的主体地位，因而学生的个性发展受到了限制。随着资本主义大工业的发展，宣传个性发展的思想开始普遍流行，以教师为中心的传统教学模式受到了挑战，杜威的"实用主义"教育理论更加契合当时社会发展的需要，也推动了教育模式新的变革。

杜威倡导"儿童中心"及"从做中学"，其教育模式的基本程序为"创设情境—确定问题—占有资料—提出假设—检验假设"。该模式强调学生的主体作用，倡导活动教学，开辟了现代教学模式研究的新思路。但由于其忽视系统知识的传授，片面强调直接经验的作用，实际上降低了教师在教学活动中的作用，导致教学质量下降，在20世纪50年代受到了批评。

（三）新时代的教学模式

20世纪50年代以后，随着科学技术的迅猛发展，教育面临新的革命，教育者们运用新的理论和技术来研究与实践学校的教育教学问题。现代心理学、思维科学、发生认识论、信息加工理论、认知心理学等理论的发展，对教学实践的变革产生了深刻的影响，也催生了许多新的教学模式，其中被广泛应用的教学模式有程序教学模式、发现教学模式、信息加工教学模式、掌握学习模式、合作教学模式和科学探究教学模式等。

斯金纳作为新行为主义心理学派的代表人物，提出了程序教学模式，其基本程序是"解释—问题—解答—确认"。他认为要把学习内容拆分成一个个小的问题，再通过编好程序的教材或机器，逐步提出问题（刺激），学生回答问题（反应），然后反馈学习结果，再进入下一程序学习或补充程序（强化）。这种教学模式在课堂实践中要求讲、练、测、评一体完成，反馈及时，教师由知识的传授者转变为学生学习的引导者、合作者和促进者，充分体现了学生的主体作用和教师的主导作用。

布鲁纳提出了发现教学模式，他认为学生学习知识应该是在教师的指导下通过自己的独立思考和推理，自行发现并掌握相应知识原理的过程。该模式的基本程序是"提供材料，提出问题—分析问题，提出假设—设计方案，验证假设—分析交流，得出结论"。

加涅认为，教学活动要注重通过外部条件的刺激来激发学生学习，因此，教学程序应该与学习者的内部心理过程相吻合，并由此提出了信息加工教学模式。他根据电脑加工信息的步骤，提出了九段教学法："激发动机—告知目标—回忆旧知—呈现刺激—学习指导—引发学习—反馈结果—评估表现—保持迁移"。[①]

---

① 吴晓义.美国教学模式的演进[J].外国教育研究,1995(4):17-21.

布鲁姆认为,学生学习成绩的差异是由他们对新的学习任务的认知准备状态、情感准备状态和教学质量三个因素决定的。[①]因此,教师要给予学生充分的学习时间,为学生提供经常、及时的反馈,他们就能达到课程的目标要求。布鲁姆基于其"教育目标分类"提出了掌握教学模式,其操作程序是"目标定向—实施教学—形成性测试—反馈矫正—总结性测验"。

苏联教育家阿莫纳什维利创立了合作教学模式,这是通过小组形式组织学生进行学习的一种方式。合作教学模式的操作程序是"提供材料—分组学习—知识竞赛—确定优胜"。该模式尊重学生的个性发展,鼓励团结协作、彼此信任的师生关系。在具体的教学实践中,提出了一些措施帮助儿童将在游戏中的自由快乐体验迁移到学习过程之中,如教师故意犯错,学生在错误的驱动下主动"夺取知识",再如"今天谁来当老师""说悄悄话"等方法。在合作教学模式中,师生角色发生了转变,教学过程变成了师生间平等的对话,这对今天的课堂教学也具有一定的借鉴意义。[②]

基于皮亚杰和布鲁纳的建构主义理论又产生了探究教学模式,主张学生在教师的指导下以"自主、探究、合作"的方式展开学习。该教学模式的基本环节是"问题—假设—推理—验证—总结提高"。[③]探究教学模式以问题解决为中心,注重探究的过程,培养学生探究的精神,着眼于学生的问题解决能力和思维能力的提高。

面对各个时期层出不穷的教学模式,我们应认识到,课堂教学需要模式,但不要模式化;需要类模式,但不要统一的模式。[④]综观教学模式的变革,可以看出其发展趋势:由单一教学模式向多样化教学模式发展;由归纳型教学模式向演绎型教学模式发展;由以"教"为主的教学模式向重"学"为主的教学模式发展,教学模式日益现代化。

---

① 林崇德.心理学大辞典[M].上海:上海教育出版社,2003.
② 杨小微.现代教学论[M].太原:山西教育出版社,2004.
③ 王文姣."应用→原理→创新"教学模式在高中生物课堂教学中的实践与研究[D].上海:华东师范大学,2009.
④ 吕洪波,郑金洲.中小学课堂教学变革的基本认识[J].教育研究,2012(4):87-91.

三、探索教育评价的变革

教育评价是指在一定教育价值观的指导下,依据确立的教育目标,通过一定的技术和方法对各种教育活动、教育过程与教育结果进行科学判定的过程。纵观教育史,教育评价的发展大致经历了测量、描述、判断、建构等阶段。

(一)以测量为标志的第一代教育评价

在基础教育领域,有关课堂教学评价的研究始于19世纪后期,此时的教育评价主要以测试成绩为依据来估测学生的学习成效。英国的高顿发表了《遗传的天才》,首次提出要将教育评价进行科学的量化。德国的冯特在心理实验中开发出一套具体的测量方法,推动了教育测量的量化研究。美国的桑代克在其著作《心理与社会测量导论》中系统阐述了测试测验的编制原则以及统计的基本原理。这个阶段被称为"测量时期",主张"存在即有数量,数量即可测量",将教育评价等同于测量,为教育测量奠定了理论基础,认为评价者的任务就是提供测量数据、选择测量工具和组织测量。[1]随着自然科学的发展,19世纪的测量技术也得到了快速发展,同时也推进了教育评价的量化研究,教育评价也转向更加系统、更加专业的教育测量,由此衍生出了比纳—西蒙智力量表、斯坦福—比纳量表等测验量表。

(二)以描述为标志的第二代教育评价

20世纪初,泰勒在其著作《科学管理原理》中正式提出"Educational Evaluation"。由此,他也被称为"现代评价理论之父",他指出教育评价就是衡量教育目标的实现程度。[2]这一时期对教育评价的研究有了长足发展,此时已经对测试和测量的概念进行了一定程度的区分,不再将教育评价与测验、测量简单地画等号,强调既要对外显的目标和结果进行测量,又要对被评价对象进行客观描述。也就是说,评价学生的学习成效不再局限于测量学生对知识的机械回忆和技能的简单掌握程度,由此催生了课堂观察、问卷

---

① 张华,钟启泉.课程与教学论[M].上海:上海教育出版社,2000.

② Tyler,R.W..Changing concepts of education evaluation[J].Education Research, no.1(1986),pp.1-113.

调查等一系列教育评价工具。同时,受布鲁姆教育目标分类学广泛传播的影响,人们普遍认为教育目标的制定就是为了进行客观的评价,而不是为了表述理想的愿望。①这种不涉及对目标的价值判断而只专注于客观描述的教育评价一直延续至20世纪60年代,这个阶段被称为"描述时期"。

(三)以判断为标志的第三代教育评价

20世纪40年代末,教育界对于既定目标是否需要进行评价和判断展开了讨论,并由此开启了"判断时期",主张要对目标的价值取向进行适度合理的判断,代表人物有斯泰克和斯科瑞文。他们认为教育评价不仅要以目标为中心衡量目标的实现程度,还要注意决策及决策生成的依据。

(四)以建构为标志的第四代教育评价

虽然这三个不同阶段的评价理念都具有各自的时代局限性,但它们的产生逐步推动了教育评价的发展,在这期间有很多的评价概念被提出,如"形成性评价""内部评价""伪评价"等,对现当代的教育评价模式具有较大的影响。

20世纪60年代的美国教育界展开了课程改革运动,研究者们注意到传统教育评价的缺陷,如"管理注意倾向""忽视价值的多元性"及"过分依赖科学范式"。②学者们认为,在传统教育评价中,有机联系的教育过程被机械分割,从中抽取所谓的独立变量进行测量考察,实际上违背了教育的真实性,不可能获得准确的评价结果。③于是以共同建构为特征的第四代教育评价开始萌芽,并从20世纪70年代延续至今,代表人物有顾巴和林肯。他们认为评价是所有持有不同价值观和价值标准的人(包括评价者和评价对象)在参与评价的过程中充分发表意见、共同建构观点的过程,而评价结果就是师生双方交互作用的"产物"。该评价倡导的并非某种单一的评价模式,而是根据不同情境具体分析不同的评价任务,并与其他评价模式相互补充,且在评价中要尊重每个人的尊严、人格与隐私,坚持"价值多

---

① 张华,钟启泉.课程与教学论[M].上海:上海教育出版社,2000.

② 张华,钟启泉.课程与教学论[M].上海:上海教育出版社,2000.

③ 丁朝蓬,郭瑞芳.20世纪课程评价理论的发展述评[J].课程·教材·教法,2005(4):15.

元性"，反对"管理主义倾向"。①

20世纪70年代，英国首先在全国正式推行教学评价制度，制定并实施了一系列教育政策与制度，推动了系统教育评价的建立健全。②受多元智能理论、建构主义理论与人本主义理论等各种思潮的影响，西方国家开始关注到发展性评价在课堂中的价值与意义，推动了教育评价模式的调整与优化。

布鲁姆曾根据评价在教学过程中的作用和功能，将教育评价分为"形成性评价"和"终结性评价"，在"建构时期"，基于"形成性评价"进一步延伸出了"发展性评价"，又可以细分为发展性课堂评价、发展性教师评价与发展性学生评价。③发展性评价更加关注学生与教师的成长，强调教学评价要服务于教学自身的调整与促进。

当下我们熟悉的"档案袋评价""真实性评价""目标游离评价"都是在第四代教育评价的背景下提出的，这些评价方式倡导主体取向，为评价理念带来了革新，进一步推动了教育领域对于教育评价的认识与探索，对后续教育评价理论的发展产生了深远影响。在21世纪，教育界基本走出了对既定结果进行量化的评价模式：评价的对象更加丰富；评价的价值取向更加多元；评价的标准更加民主；评价的方案更加注重整体。

21世纪初，我国将课程评价作为新课程改革的重要内容。2001年6月教育部颁布了《基础教育课程改革纲要（试行）》（以下简称《纲要》），明确指出："评价不仅要关注学生的学业成绩，而且要发现和发展学生多方面的潜能，了解学生发展中的需求，帮助学生认识自我，建立自信。发挥评价的教育功能，促进学生在原有水平上的发展。"④2002年，教育部发布了《教育部关

---

① 李雁冰.质性课程评价研究[D].上海：华东师范大学,2000:17.

② Peterson,K.D..Teacher evaluation,A comprehensive guide to new directions and practices(2nd ed)[M].Thousand Oaks,CA,Corwin Press,2000:234.

③ Danielson,C..New Trends in Teacher Evaluation[J].Educational Leadership,2001(2):5.

④ 教育部.关于印发《基础教育课程改革纲要（试行）》的通知[N].中华人民共和国教育部公报,2001-6-8.

于积极推进中小学评价与考试制度改革的通知》,指出"现行中小学评价制度忽视学生全面发展和个体差异",提出应当"充分发挥评价的促进发展的功能,建立以促进学生发展为目标的评价体系"①。2019年,教育部发布的工作要点明确推进信息技术与教育教学深度融合、大力加强劳动教育、推进学前普惠教育发展、切实减轻中小学生过重课外负担、深化教育评价体系改革、系统推进教育督导体制机制改革等34项重点。②

这些指导文件的发布为我国的课程评价改革指明了新的方向,肯定了学生作为评价者的主体地位,主张提高学生在评价过程中的参与度,提倡自我评价与同伴互评的方式;主张抛弃功利主义的评价目的,提倡评价主体、评价内容、评价标准与评价方法的多元化;主张改变只重结果而忽视过程的评价,侧重动态的、关注学习者进步的评价;提倡情境化、真实的评价方式。

四、信息技术驱动下的教育变革

信息技术的不断发展推进了教育发展的进程。近年来,互联网教学如火如荼地展开,人工智能、大数据、区块链等新兴科技的兴起和发展也进一步促进教育资源的整合,现代信息技术与教育的融合正在颠覆传统的教学与学习过程,有助于构建以学习者为中心的未来教育体系,建立不完全以学习结果为导向的教育质量评价系统;有助于教学过程的持续改进,改革传统的课堂教学模式,实现学生的形成性评价,提高管理效益和教学效益,改善教学质量和学习效果。大数据等信息技术在教育领域的普及为学生学习评价结果的应用提供了契机,综合运用教、学、研、用、管等多视角的相关数据,提取对学生学习结果、学习行为和教师教学情况的反馈与建议,将为优化教学质量和人才培养策略做出合理决策。③

---

① 教育部.积极推进中小学评价与考试制度改革[J].基础教育参考,2002(4):4-7.
② 赵丹婷,段竹.教育评价与课堂考评的概念分析——基于教育评价史的新视角[J].现代交际,2013(4):213-215.
③ 夏欢欢,钟秉林.大学生学习结果评价:高等教育质量保障的新视角[J].中国高等教育,2018(12):21-24.

（一）信息技术优化学习方式

信息技术对学习方式的调整主要集中于两个方面：其一，个性化呈现学习评价，从而引导学生自主学习；其二，以具象可视的方式改变学习支持。

学生是学习的主体，教育教学应该着力将教学模式从以"教"为中心转向以"学"为中心，即在教学过程中以学生的现有认知发展水平为出发点，促进学生发展，提高学生的学习效率。在信息技术尤其是大数据的支持下，学生的学习行为可以根据相应的程序和算法被科学地量化，对学生的认知水平进行相对精准的评估，从而帮助学生及时了解自己的学习效果，在学习过程中对学习进行同步监控，从而主动调整学习的内容、方法和策略以获得预期的学习效果。除此之外，在教育领域中的大量数据如习题和测验表现、学生学习行为数据、小组合作学习情况也可以作为对象被加以处理，从而引导学习者自主监控、自主调节，调动学习者主动学习的积极性，提高学习效率。

在现代信息技术的支持下，学生的学习效果可以被追踪、量化，甚至实时分析，从而帮助学习者及时调整学习状态。因此，以上技术可被称为学生学习的支持工具，其最主要功能为可以向学生提供多层次的学习支持，帮助学习者实现自我认知、学习反思及意义建构，改善学习者的学习行为。

因此，现代信息技术不仅推动了教学模式的创新，更优化了学生的学习方式，学生学习不局限于课堂，学生学习效果的获得也不局限于教师的作业批改，现代信息技术与教育的融合关注了学生主体性，给予学生更多学习的自主权，对培养学生的自我认知能力具有一定的积极意义。

（二）信息技术赋予"精准教学"新内涵

在信息技术与教育的融合之下，"精准教学"成为专家学者以及一线教师关注和研究的焦点之一。"精准教学"是奥格登·林斯利在斯金纳的行为学习理论的基础上得出的，其被提出的初期主要是追踪小学生的学习表现情况，而后逐渐发展为一种评估判断教学方法的有效的评价框架，即对学生的学习过程进行控制、引导和补救，通过"刺激—反应"对学生的学习行为进行强化，从而达到学习目标。然而，由于技术条件不成熟，人工追踪无法精确而快速，因此，其推广度不高。[①]

---

① 郑婷婷.基于精准教学的高中历史微课开发与应用研究[D].杭州:杭州师范大学,2019.

21世纪信息技术的发展又赋予了"精准教学"新的内涵,大数据及其他智能系统一方面可以实现学生学习情况的及时呈现;另一方面也可以提高采集样本的频率。因此,以测量、记录和分析数据为基础的精准教学迎来了新的发展机遇。

目前学界对"精准教学"的定义仍然众说纷纭,但不可否认的是现代信息技术以"精准"为核心,能够对学生的学习状态定位,教师教学目标的制定以及教学策略的选择具有一定作用。

(三)信息技术推动个性化教育

时代的发展与社会的进步对人类的思维和技术提出了更多元的标准和要求,强调关注个性潜能和自身优势。《国家中长期教育改革和发展规划纲要(2010—2020年)》指出,要关心每一个学生,促进每一个学生主动、生动活泼地发展,遵照教育规律和学生身心发展的规律,为每一个学生提供合适的教育机会。21世纪对智力的考量不再单一,而是多维度的,学习者的身份和自我目标也灵活多变,学校教育应当是学习者导向的。[1]因此,学校教育应以学习者为中心,关注学习者的自身特点与发展潜力,围绕学习者的不同个性特点和学习方式不断塑造与调整教学,尽可能实现个性化教育,提高教育质量。

然而,当教育进入大众化时代,为保证教育机会的公平性,社会和学校难以做到关注所有学生的个性需求,千篇一律的教育评价标准难以精准评价学生的学习效果。信息技术的普及与推广能够满足不同个体学生的需要,从而实现大规模的个性化教育。例如,美国奥斯汀佩伊州立大学(Austin Peay State University)采用基于大数据技术开发的"学位罗盘"个性化课程推荐系统,通过匹配学生的学业成绩与课程的相关性从而制定个性化课程表,帮助学生选择适合自己发展的课程进行教学评价,从而实现个性化教育。[2]

---

① 维克托·迈尔·舍恩伯格,肯尼斯·库克耶. 与大数据同行——学习和教育的未来[M].赵中建,张燕南,译.上海:华东师范大学出版社,2015.

② TristanDenley. AustinPeay State University,Degree Compass[EB/OL].http,//www.educause.edu/ero/article/Austin-peay-state-university-degree-compass[2015-05-27].

由此可见，"精准教学"是教育变革过程中教育研究者和一线教师不断思考与研究的产物，是推进"核心素养"理念的重要途径，现代信息技术的大力发展又赋予了"精准教学"新的内涵。于当下而言，"精准教学"不仅仅是一种教学方法，更是对未来教育的无限向往。在当下的教育变革中，正因为有无数学者与教师的不断尝试，才将教育事业点缀得灿若繁星，"精准教学"即为一次认真而大胆的尝试。

有必要强调说明，我们所阐述的新时代基础教育发展的若干变化只是撷取了其中的几个方面，并不是全部。但仅这几个方面，已经向我们揭示了随着基础教育的改革发展而面临的新挑战。

第二节 聚焦课堂:全球共同关注的改革命题

教育部部长陈宝生在2019年全国教育工作会议上提出,"教育教学改革要深下去",要"发挥课堂的主渠道作用,打造高效课堂"。课堂是教育的主战场,只有抓住课堂这一核心地带,教育改革才能真正发生。[①]华东师范大学终身教授叶澜博士也说过:课堂教学蕴含着巨大的生命活力,只有师生的生命活力在课堂教学中得到有效发挥,才能真正有助于新人的培养和教师的成长,课堂上才有真正的生活。[②]然而,综观现在的课堂之状况,师生的生命活力是否真的能在课堂教学中得到有效发挥呢? 这引起我们的深思和反省:我们的课堂到底该如何转型? 又该转向何方?

一、对课堂教学现状的反思与追问

早在2001年,《纲要》就对课堂改革提出了明确要求:要改变"课程实施过于强调接受学习、死记硬背、机械训练的现状,倡导学生主动参与、乐于探究、勤于动手,培养学生搜集和处理信息的能力、获取新知识的能力、分析和解决问题的能力以及交流与合作的能力"。时至今日,我们的课堂是否真的发生了实质性的变化?

(一)学生的个体差异仍得不到关注

苏霍姆林斯基说过:"每个孩子都是一个完全特殊的、独一无二的世

---

① 任永生.重磅! 教育部长陈宝生发出"课堂革命"的改革号角[EB/OL].https://www.sohu.com/a/193655065_498059,2017-09-21.

② 叶澜.让课堂焕发出生命活力[J].教育研究,1997(9):3-8.

界"①，可见，每个孩子都有不同的个性、学习风格，抑或兴趣，教师在课堂上不应要求人人都达到统一标准，而应立足于孩子的个性差异，让每个孩子都在原有的基础上有所收获。无独有偶，著名教育学家叶澜也说过："课堂应是向未知方向挺进的旅程，随时都有可能发现意外的通道和美丽的图景，进而激发学生的创造欲望和智慧潜能，促使学生获得生动活泼的个性发展。"毋庸置疑，课堂是灵动的，我们应该承认学生个体间存在的差异，并利用这些不期而遇的生成性资源演绎一堂堂精彩的课。

然而，如今的课堂教学是在机器大生产时代产生和发展起来的，受其生产方式的影响，它所需要培养的也是一大批的"标准化人才"。因此，课堂教学势必强调固定的教室、固定的学生、统一的教材、统一的教学时间，以便有效地管理和教学，从而实现培养人才的高效率目标。在此之后，虽经历了数次变革，但时至今日，"追求统一、关注统一"仍是我国中小学课堂教学的基本特征，教学面向全班学生，在同一时间和空间展开，且步调基本一致，企图用一个统一的模子来塑造学生，由此抹杀了学生的创造力，致使原本丰富多彩的课堂教学变得索然无味，缺少了本该有的生命活力，这与当今社会要求培养德智体美劳全面发展的社会主义建设者和接班人的需求相抵触，成为孩子个性发展、差异成长的障碍。

(二)学生的主体地位仍得不到体现

著名教育家陶行知先生曾说："先生的责任不在教，而在教学，教学生学。好先生，不是教书，而是教学生学。不仅教学生学会，更重要的是教学生会学。"②可见，学生才是课堂的主体，教师的教最终是为了学生的学。

然而，综观我国中小学课堂教学之现状，仍以书本知识为内容，以教师活动为中心，多采用教师讲、学生听的形式，大多数教师仍从"教"的角度去设计和实施教学，没有时刻关注学生的学习状态及能力养成。教师主宰课堂的现象依旧十分明显，主要表现在以下三个方面：一是学生参与课堂的有效性得不到保障。很多课堂看起来热闹、活跃，学生对教师的问题似乎都能

---

① 塔尔塔科夫斯基.苏霍姆林斯基的一生[M].唐其慈,等译.北京:教育科学出版社,1986.
② 王永辉."教学合一":陶行知教育思想与远程教学[J].现代远程教育研究,2003(66):3.

积极应答,实际上是教师设计的问题肤浅,抑或是教师与少数尖子生的对话,学生参与课堂的广度和思维的深度还有待进一步提高。二是生生之间缺乏有效的对话。研究表明,以理解为基础的意义识记比机械识记的效果好得多,美国学者埃德加·戴尔(Edgar Dale)1946年提出的"学习金字塔"理论认为:听讲的学习方式学习效率最低,两周以后学习的内容只留下5%,而小组讨论可以记住50%的学习内容,"教别人"或者"马上应用"可以记住90%的学习内容。学生与学生之间的交流更像是一种对话,通过多种观点的分析、归纳与整合,有利于学生对知识形成深刻的理解。而当前的课堂教学,教师把握了绝对的话语权,生生之间的互动少之又少。三是学生的学习状况得不到关注。教师往往会根据自己的想法和教学设计按部就班地往前走,为了完成预设的教学进度而"掐时间",只是偶尔请学生回答问题作为点缀,学生通常是跟着教师被动地学,长此以往,学生失去了生动活泼发展的可能性,主动性和创造性也得不到发挥。

(三)学生的课堂表现仍得不到客观评价

学生评价是课堂教学过程中的重要环节,也是新课改的重要内容。学生评价是以学生发展的达成为目的,依据多元评价主体及特定评价内容,运用量化或质性方法,对学生掌握的知识、具备的能力、情感态度与价值观等方面展开的分析和判断过程。

学生的课堂评价具有导向、激励、教育、诊断和改进的功能,只有评价指标制定合理、准确,评价过程实施恰当,才能有效地通过课堂教学评价的导向机制,促进学生健康发展。然而,在当下的课堂教学中,学生的课堂表现仍得不到客观公正的评价:一是教师和学生不对等,教师缺乏正确的公平意识,在评价过程中不能关注学生个体的主体权利以及兼顾学生的主观感受。虽然学生是评价的主体,但是教师依旧控制着学生评价的主要权利。二是忽视评价方法的多元,在当前课堂教学中,评价主体标准及方法的单一现象仍然存在。部分教师依然沿袭传统的课程评价观,教师占有评价的权利,强调学生"听话",在现存的学生评价中,教师更为关心学生学习知识与技能的成效,以至于对学生的内在心理、学习意愿等方面缺乏重视,忽视了学生身心发展的特点与需求。三是否定个体差异的不同,在现有的学生评

价中，教师往往过多关注学生们普遍存在的共性与一般特点，不够重视学生之间的个体差异。教师习惯使用全体一致的标准来衡量学生的独特行为，学生的学习及参与热情受到一定影响，忽视了学生的内心感受和个别差异。四是评价内容缺乏依据，部分教师给出的评价内容不能够及时关注学生的学习过程、思维逻辑、情感价值等方面，对于学生不良的学习行为和学习态度等不能及时反馈。

二、课堂教学改革的发展趋势

课堂教学作为提高教学质量的主阵地，应尽可能激发学生的积极性和主动性，确保学生的主体地位，引导学生开展自主学习、合作学习、探究学习；并在此基础上促进教学方式由知识的传授转向知识的运用与发现，从多角度评价学生的学习能力和学习水平。

（一）学习方式的变革

在中国传统教学中，学生必须唯师命是从，"言而不称师，谓之畔"，"教而不称师，谓之倍"，"畔者，倍之半也"，"倍者，反逆之名也"，"言谓自言"，"教谓传授"，强调教师的主体地位，强调知识的传授性，求同伐异。[①]漫长的封建社会形成了以教师为中心、以经典为依归的教学传统。"天地者，生之本也"，"先祖者，类之本也"，"君师者，治之本也，无天地恶生"，"无君师恶治"，将教师的社会地位推崇到极致。由此，我国的传统课堂教学尤其注重教师的权威，而教师又仅仅是知识的"搬运工"，最终迫使学生走上了接受式学习的道路。

然而，接受式学习的弊端是显而易见的，为了转变传统的学习方式，《纲要》提出，"教师在教学过程中应与学生积极互动、共同发展，要处理好传授知识与培养能力的关系，注重培养学生的独立性和自主性，引导学生质疑、调查、探究，在实践中学习，促进学生在教师指导下主动地、富有个性地学习"的要求。另外，《纲要》还指出，"大力推进信息技术在教学过程中的普遍应用，促进信息技术与学科课程的整合，逐步实现教学内容的呈现

---

① 王先谦，沈啸寰.荀子集解[M].北京：中华书局，1998.

方式、学生的学习方式、教师的教学方式和师生互动方式的变革……"以上表述确立了以自主学习、探究学习、合作学习为主的新型学习方式,同时也强调了信息技术在转变学习方式过程中的重要性。

1.从接受学习到自主学习

在传统的学习方式中,学生的知识都是由教师传授的,为了提高学生学习的自动性,"合作学习"应运而生。"自主学习"是相对于"他主学习"而言的,主要是以学生主动参与的意识、能力和强度为判断尺度的。行为主义心理学家认为,自主学习包括自我监控、自我指导和自我强化。而认知建构主义学派则认为自主学习实际上是元认知监控的学习,是学习者根据自己的学习能力、学习任务的要求,积极主动地调整自己的学习策略和努力程度的过程。自主学习要求学习个体对为什么学习、学习什么、能否学习、如何学习等问题有自觉的意识和反应。①自主学习最大的特征就是自主选择,这样的学习方式能够有效提高学习的强度和效果,培养学生独立分析问题、解决问题的能力,从而发挥其能动性和创造性。

2.从传统学习到合作学习

为了提高孩子们的合作意识,有意义地开展学习,"合作学习"的方式越来越被教育学者们所重视。"合作学习"是相对于"个体学习"提出的,是指学生在小组或团队中为了完成共同的任务,有明确责任分工的互助性学习。②合作学习有以下几个方面的要素:积极承担在完成共同任务中的责任;积极地相互支持、配合,特别是面对面的促进性互动;期望所有学生能进行有效的沟通,建立并维护小组成员之间的互相信任,有效地解决组内冲突;对于个人完成的任务进行小组加工;对共同活动的成效进行评估,寻求提高其有效性的途径。③合作学习有助于调动学生的学习积极性,通过与同伴的交流分享,增强归属感和主体意识,提高课堂参与性,培养孩子的团体意识,同时也有利于孩子交往能力的发展。

① 庞维国.论学生的自主学习[J].华东师范大学学报(教育科学版),2001(2).

② 王坦.合作学习论[M].北京:教育科学出版社,1994.

③ 钟启泉.为了中华民族的复兴,为了每位学生的发展——基础教育课程改革纲要(试行)解读[M].上海:华东师范大学出版社,2001.

3.从模仿学习到探究学习

传统的小学课堂通常采用模仿学习的方式获取各种知识和能力,此种学习方式缺乏创新意识和自我意识。为了增强学生的创新能力和自我意识,"探究学习"应运而生。"探究学习"是相对于"接受学习"而言的,是指从学科领域或现实社会生活中选择和确定研究主体,在教学中创设一种类似学术研究的情境,通过学生自主,独立地发现问题、实验、操作、调查、收集与处理信息,表达与交流等活动,获得知识、技能、情感与态度的发展,特别是探索精神和创新能力的发展的学习方式与学习过程。探究是人类认识世界的基本方式,也是小学生好奇心的表现方式。探究学习就是在教学活动中融入科学探究活动,更注重知识的联系和运用,使学生亲历知识创造的过程,从而培养其探究思维和创造能力。

随着现代信息技术的不断发展,学生在学习中兼具了主体与主导的双重身份,可以在任何时间、任何地点根据自己的能力、水平学习自己感兴趣的知识,学习的方式也不再是单纯的死记硬背和题海战术,各种形式的教学与学习指导都在信息技术发展的今天得以展现,学生完全可以根据自己的情况选择适合自己的学习方式。

(二)教学方式的变革

在传统的教学观和教学实践中,教学任务被规定为传递人类社会所积累的系统的文化科学知识,掌握学习知识的技能、技巧,把教学过程简化为教师讲授、学生以记忆和练习为主的被动接受过程,它忽视了文化知识与人类及儿童经验世界的丰富关联。这种教学方式的最大特点就是强制性,具体体现如下:①教师教,学生被教;②教师无所不知,学生一无所知;③教师思考,学生被考虑;④教师讲,学生听;⑤教师制定纪律,学生遵守纪律;⑥教师做出选择并将选择强加于学生,学生唯命是从;⑦教师做出行动,学生则幻想通过教师的行动而行动;⑧教师选择学习内容,学生(没人征求其意见)适应学习内容;⑨教师把自己作为学生自由的对立面而建立起来的专业权威与知识权威混为一谈;⑩教师是学习过程的主体,而学生纯粹是客体。①

---

① 保罗·弗莱雷.被压迫者的教育学[M].顾建新,等译.上海:华东师范大学出版社,2001.

这种"灌输式"的教学单纯地将学生视为被动的接受者,严重阻碍了学生的自主性和创造性,完全成了教师"独白式"的课堂。然而,学生是一个个鲜活的生命体,为了促进其生命的发展与完善,我们应该在课堂教学中采用多样的教学方式,创造有利于学生生命发展的环境。

1.从知识传授走向人的发展

传统的教学方式"目中无人",更多地在于单纯的学科知识传授,忽视学生的个体发展。换言之,学生只不过是知识的"容器",用来被动地存储教师所传授的知识;而教师正因为"传道授业解惑"的职责所在,往往被认为是传授知识的工具。随着知识的不断增长,想要教给学生覆盖未来生活的全部重要知识已经变得不现实,因此,教学开始由知识本位转向以学生发展为本。现代课堂教学强调"以人为本""以生为本",认为学生是有血有肉、充满智慧和活力、富于想象和情感的活生生的人,不再仅仅是一个认知体,而是一个完整的生命体。[①]21世纪的教师肩负着培养有理想、有道德、有文化、有纪律的德智体美劳全面发展的社会主义建设者和接班人的重任,教师需要更多地关注教会学生如何学习以及如何找到自己所需要的有用资源。

2.从浅层次走向深层次

教学方式的转变,一方面是"转",意味着教学理念的转变,解决"方向"的问题,即"对不对"的问题;另一方面是"变",指向教学行为方式的变革,解决的是"质量"问题,即"好不好""怎样更好"的问题。[②]因此,教学方式的转变应该是教育观念和教育行为的和谐统一。美国教育哲学家谢密斯指出,在普通教育中更多的资金、更好的设备固然能解决一些问题,但是要从根本上解决教育教学问题,需要的是教师、家长、校长或教学管理人员、课程制定者和其他对学校教学具有影响的人,从更深层次对这些教学问题的理解。如果没有这种理解,那么教学活动注定是无效的。[③]这里的"理解"指的就是教育观念,是教师选择教学方式的依据与基础。现代

① 潘慧春.教师教育观念的转变与教学方式的转变[D].长沙:湖南师范大学,2003.
② 袁庆晖."三位一体"视角下的教学方式变革研究[D].南京:南京师范大学,2017.
③ 庞丽娟,叶子.论解释教育观念与教育行为的关系[J].教育研究,2020(7).

教师已经逐步认识到教育观念转变的重要性，教学方式的变革不再停留于表层行为的简单变化，而是触及教育观念的深层次转变。教师在改变教学方式的同时，还要深刻反省自己的教育观念，重构符合时代发展要求的教育观念。

3.从集体教学走向个别化教学

在传统教学中，由于教师在知识量上占有绝对优势，控制着绝大多数的教学资源，主导着课堂教学活动的开展，因此在教学过程中拥有绝对的权威，根本不会根据学生的不同需求来主动调整教学活动。随着信息技术的不断发展，教育资源从封闭走向开放，人人都能共享知识，人人都能创造知识，教育资源因此得到了极大的丰富和充实，学生能够随时随地找到所需的学习资源，并按照自己的步调开展有效学习。除此之外，教师也可以通过各种信息教学工具对学生的现有知识进行前测，以了解学生的已有认知水平，从而针对不同学生的不同需求提供分层教学内容，激发每个学生的学习积极性，让学生最大限度地发挥学习潜能。"互联网＋"时代让学生的个性得到发展，兴趣爱好得到满足，个体价值得到前所未有的凸显，从而让因材施教成为可能。

信息技术的发展极大地推动了教学方式的变革，催生了新型教学方式，让教师和学生实现了深度互动，学生的主体性也得到了大大提高，自主学习能力获得大幅度提升。同时，信息技术的发展也创造了一个前所未有的新型教学环境，将教师、学生、教学资源等各方面融合在一起，在很大程度上提高了学生的学习效率。

(三)教学评价的变革

在信息技术环境下，教学评价不再是单一通过考试评价的模式，而是从教学目标、内容、方式等各个方面进行评价，在学生的知识与技能、过程与方法、情感态度与价值观等综合素养方面进行训练和评价。随着时代背景的变化，现代课堂教学评价呈现如下发展趋势。

1.评价标准从统一走向多样

课堂教学评价标准依据课程标准制定，在很长一段时间内，课堂教学评价标准都是依据教学目标在课前制定，对学生的评价标准相同。但随着时代的发展,教育要求也不断改变。学生都是独立的个体,在达成统一目标之下,针对学生要制定适合具体情况的评价标准。多元智能理论说明,学生的智力优势领域不尽相同,所以学生的发展方向并不一致,要真正实现以学生为本,真正促进学生发展,课堂教学评价对于学生的评价标准必然有差异。

2.评价结果从分数走向综合素养

我国的教育理论研究起步较晚,最初我们是对国外的尤其是苏联的教育理论进行研究,尤其注重理论知识的系统性学习,授课的重点在于知识的传授,课堂教学评价以学生识记、掌握知识点为标准。现代课堂教学评价更为注重评价学生的品格生成和能力提高,这都不是通过一纸试卷能表现出来的,需要结合教学环境、条件,通过学生在教学活动中的行为表现来进行综合评价,从重分数到重过程必然成为课堂教学评价发展的趋势。

3.评价主体从教师为中心走向学生为中心

课堂教学的核心价值在于促进学生发展。以学生发展为中心的课堂教学评价,主要采取"以学评教"的方式,以学生学习为落脚点,抓住"教学目标符合学生的学习需求""教学过程中给予学生学习机会""教学活动让学生获得切实收获"等评价要点,综合考量学生在课堂上的学习状态与效果。这有利于课堂教学评价实现从"为评价的教学"向"为教学的评价"的价值转换,以促进学生有效学习与发展的立场改进课堂教学,从而创造适合于儿童的教育。[①]

三、走进精准教学

也正是在这种课堂教学改革大潮风起云涌的背景下,采荷三小开展了精准教学实践,从学校实际出发,充分利用各种教学资源,为学生的可持续发展提供更精准的引导。

什么样的教育才是最有价值的?那就是让学生能够选择合适的时间和

---

① 王天平,王秀敏.极简主义视角下课堂教学评价的实现方式[J].教学研究,2020,43(2):20-25.

空间,并按照自己的进度、方式进行学习,给予他们个性化的选择机会。精准教学的实施让课堂教学的个性化成为可能,学生可以在教师的引导下在任何时间、任何地点按照自己的实际能力和步调来选择合适的学习内容,从而及时了解自己的学习效果和学习水平。由此,精准教学的方式能够有效体现学生的主体地位,发挥学生学习自主性、积极性和主动性;同时也能够及时关注学生个体间的差异,开展差异教学;通过过程性的数据记录,对学生进行更加公平、合理的评价。

第二章

阐释：课堂教学变革的构想

　　课堂教学是促进学生发展的重要方式。为更好地实施，捷克教育家夸美纽斯创建了班级授课制，1862年，我国开始使用班级授课。王朝更迭，时代发展，但课堂教学的基本模式一直沿用至今。在改革开放40多年间，"变革"是课堂教学的主旋律，各种教育思潮、教育理念纷至沓来，教育者对传统的教育教学理论和实践进行深刻反思，努力探索现代教育发展的新思路。采荷三小也和全国广大中小学一样，始终不懈地进行着课堂教学改革的实践尝试，努力探索一条适合本校实际的课堂教育教学道路。

第一节 课堂教学变革的价值取向

精准教学视野下的课堂教学变革是指借助大数据、信息技术、网络技术、通信技术，对课堂内的学习、教学、科研、管理和生活服务有关的所有信息资源进行整合、集成与全面的数字化以及科学规范的管理，实时地进行记录、跟踪和分析学习者的学习行为与学习表现等方面的数据及其变化，同时协助教师开展的具有针对性的差异性和个别化的教学，从而精准地调整教学活动以促进学习者全面发展的一种科学、合理及有效的教学形式。

素质教育正逐步被推广，要求突出普及性、基础性和发展性，我们的教育要面向所有的学生，面向现代化、面向世界，这也是课堂教学变革的关注点。在实施精准教学的发展道路上，最终目的是让每一个学生都得到发展。因此，我们不仅仅要关注教学内容的不同，更要从学生的实际情况出发，了解学生的学习能力、知识水平、技能等方面的特点，注重学生的差异性。

一、基于差异：精准教学的逻辑起点

众所周知，学生是有差异的。这种差异不仅表现在认知水平上，而且表现在学生的认知方式、认知能力、认知特点乃至情感、动机等各方面。在传统的大班教学中，教师往往只关注了学生认知水平的差异，却忽略了学生其他方面的差异。精准教学正是要纠正这种状况，一切从学生的差异出发，把基于差异作为教学的逻辑起点。

（一）承认原有差异，尊重学生，促进主动学习

著名哲学家莱布尼茨说过："世界上没有两片完全相同的树叶。"目前，由于遗传因素、成长环境的影响，学生都会存在许多的个性差异，这种个性

差异逐渐在学生的知识基础、兴趣爱好、学习风格、发展水平和潜能状况中反映出来，表现在学习当中是对学习程度、理解深度、思考问题的方向不一样。而学生表现出的兴趣爱好、性格特点、举止言谈等不同的差异，并不是偶然产生的。久而久之，学生都会形成一幅不同的差异"画像"。①作为现代教育的一个重要观念和体现"以人为本"的教育理念之一，尊重和承认学生的多方面差异性显得尤为重要，不仅能帮助教师了解和洞察学生情况，更能促进得出适合学生发展并有针对性的教学策略，使学生提高学习兴趣，进而开展主动学习。

（二）关注过程差异，鼓励分层，提升课堂效率

注重学生差异性教学，实际上就是尊重学生、平等地对待学生教育，使学生能够找寻到最适合自己的个性学习方法和学习习惯。课堂的教学内容往往是统一、标准的，但是学生之间具有差异性，在同一学习环境中也会因为原有差异的存在而形成更多的差异。关注学习过程中的差异性便是为了让学生的个性得到发展，也为促使课堂变得更加丰富多彩。精准教学就是基于学生的"画像"来设定教学目标、教学过程以及教学评价，对不同层次的学生要提出不同的学习要求、学习任务以及学习方法，使学生都具有最符合自己实际情况的一套教学体系，这便是精准教学迫切的现实需要。在素质教育的推行下，我们正在努力将素质教育落到具体实际活动中，因此会关注每个学生的核心素养发展，会采取多元化的手段进行教学，帮助提高课堂效率和学生的学习效率。

（三）借助能力差异，合作互学，解决教学难点

现实教学中，学生之间会存在能力上的差异性，因而建立互动交流机制成为一种趋势，促进师生、生生关系的密切联系，这也是我们追求的教学状态。在同一个班级里，学生的学习能力差异和层次是很鲜明的。一位教师没有办法做到及时弥补和解决所有学生的差异，不可能靠个人的力量去消除学生的差异。所以，教师需要及时有效地设计不同的教学方案，借助大数

---

① 师亚飞，彭红超，童名文.基于学习画像的精准个性化学习路径生成性推荐策略研究[J].中国电化教育，2019(388):84-91.

据设计精准教学新模式。教师根据采集的数据设计不同的合作任务，能够促使学生产生学习的兴趣，让学生学会合作，逐渐改变被动学习的状态，变为主动自觉学习的状态，提高主动发展的能力和自身的素养，以满足不同个体的学习需求。借助能力上的差异，能增加学生之间交流互动的机会，学生之间还会拉近距离，相互吸引，学习有困难的学生向优秀的学生请教问题，甚至一起探究教学问题，加深对知识重难点的理解，实现共同成长与进步。

二、靶向推送：精准教学的操作要义

既然学生的差异是表现在多方面的，那么，基于差异的教学就要针对学生不同的差异进行定向推送，这就是精准教学的要义所在。

（一）描绘学生"画像"：精准获取数据标签

学生"画像"是指根据学生的基础信息、学习习惯、学习兴趣、学习行为和学习期望等多方面的数据信息构建出来的具有标签化的学生模型。通过大数据分析、技术平台等准确地概括出学生的个体和群体的详细信息，教师能够精准并快速地了解学生的学习能力、学习表现、学习习惯、学习需求等重要信息，有助于教师准确地掌握学生个人、班集体的关键信息，了解其知识结构、态度情况、心理活动、能力水平、优势劣势等各方面的状况。基于这些数据，教师可以在开展教育教学活动时，明确必须做的事以及肯定不需要做的事和不应当去做的事有哪些。通过描绘学生"画像"，教学活动的目标可能更加聚焦，真正实现以生为本，遵循学生的特点，开展精准化的教学。如果没有构建学生"画像"，那么教师就没有办法获取学生的信息，可能会导致教师花费大量的时间和精力设计的教学活动是无效的、不合理的，这样的教学效果自然是非常糟糕的。

实施精准教学的前提是精准掌握学生的情况，强调教学活动必须从学生的实际情况出发，并且要适合每一位学生的实际需求。由于学习者个体本身存在差异性、层次性和变化性等多方面的特点，与学生直接交谈或问答获取的学生情况和信息不是完全准确的，并且难以观察出变化，因此，需要利用信息技术对学生情况进行"画像"。近年来，随着教育信息化的逐步推进，各种教育教学数据正在迅速"萌发"中，学生的基础信息、学习痕迹、学习内容、学习过程、学习成果等都被智能终端设备以数据化的方式存储和记录。我们可以借助这些数据准确地为学生"画像",学生的学习情况能够被客观、全面、真实、及时地呈现。

学生"画像"的创建步骤可以分成四步:第一步是获取和分析学生的信息;第二步是细分学生差异的类别;第三步是根据差异划分学生圈;第四步是构建和完善学生"画像"。在利用大数据获取学生信息时,要尽可能保证信息的准确性、真实性、全面性和及时性。在分析学生信息的时候,要将定性和定量的研究相结合。学生"画像"的关键是将特殊的标签给予学生,每一个标签都能体现精准性,包括年龄、性别、爱好、学习风格、学习习惯、学习水平等方面的信息,最后用雷达图的方式来标识出所有的标签,为学生构建一个具有唯一性的"画像",从而精准地区分不同学生的差异性和不同的需求,为实施精准教学奠定基础。

(二)把握教学起点:精准定位学习目标

为了充分调动学生的学习积极性,精准激发学生潜能,精准教学强调必须从两个方面精准定位每一节课的具体教学目标:一是教学目标必须体现层次化。学生都有独特的个性,且形成了不同的"画像",其认知、个性、爱好、能力都不尽相同,发展各异。因此,精准教学的实施要基于构建的学生"画像"来确定教学目标,体现目标的层次化,即要对不同层次的学生设计不同的任务和提出不同的要求,能够让学生围绕"画像"来确定最适合自己的目标。例如,对于学有余力的学生,可以在基础任务之上提出更高的要求,以帮助他们选择和确定挑战性比较强的知识拓展,开展深度学习;而对于学习能力一般的学生,可以适当地降低要求,并且提供更多的学习资源及时地辅助其开展有需要的学习,激发其学习欲望和积极性。二是教学目标必须加以量化。由于知识与技能的关联性和复杂性,精准教学的目标可以根据知识或技能的特征与性质,将知识层层分解,细化为一个个子目标,并且将目标组合起来。以往在教学设计中会用"理解""掌握""学会"之类的词汇进行教学目标的描述,实际这些概念是比较模糊的。对于精准教学来说,要尽可能将模糊的概念转换成可操作、可见、量化的教学目标,通过具体的结果来测量和判定教学目标能否达成。因此,在进行课堂教学变革时,要尽可能做到教学目标清晰化,制定合理有效的量化标准,从而让教学目标很好地起到导向作用,并在教学活动中真正得到落实,让教学效果不再隐形不可见。

(三)融通教学过程:突破学习要点

促进学习者个性化发展是时代教育的基本特征之一,也是培养创新型人才的重要手段。《国家中长期教育改革和发展规划纲要(2010 2020年)》指出:"要把育人为本作为教育工作的根本要求",更要"关心学习者的身心发展规律,为每个学习者提供适合的教育","关注学习者不同特点和个性差异,发展每一个学习者的优势潜能"。

在信息爆炸的时代,教学资源遍地开花,教学手段推陈出新,教学理念层层更迭,教学对象能力不断提升,因此,教学模式也需要不断突破瓶颈,力求符合时代的特征与需求,致力培养学生的核心素养与能力。而早期的精准教学研究存在忽视学生创造力培养的缺陷,不够重视学生创新能力等核心素养的培养,严重制约了精准教学的发展。

为了克服这些局限性,学生个性化学习和发展必须成为精准教学视野下课堂教学变革的重要环节。在教育教学过程中,我们借助大数据收集与分析系统,准确把握学生对教学重难点的了解和运用情况,能够发现学生的知识漏洞,快速帮助学生调整好学习策略和方法,协助学生更好地理解教学的知识点,突破知识的重难点,更好地运用知识技能去创新与创造。

(四)推送教学辅导:帮扶学习困点

教学过程环环相扣,缺一不可,科学有效的作业辅导对学生而言至关重要。如果教师缺乏目标意识的评价,就不能清楚地掌握教学进度和教学效果,也就意味着在教学活动后布置作业会无从下手,产生很多无用、重复的作业任务,降低了学习效果。精准推送作业,要考虑学生的个体差异,根据学生的不同水平自选作业,分层设计作业,精准地布置、辅导、讲解、反馈,从而达到提升能力、掌握方法和教学评估的目标。通过精准分析、个性定制、多元发展、补足所需、生成个性化精准教学目标,记录各种学习行为过程数据,精确发现"最近发展区"中学生存在的问题,同时也能帮助教师实现精准干预,指导学习目标的实现,做到学生的学习内容与自己的能力水平相匹配,更加准确地评估学习过程、发现潜在问题、预测未来表现。

(五)完善教学诊断:调整学习策略

诊断学生的学习效果是实施有效精准教学的关键环节。学习效果应该是基于对学习者参与学习活动之后,通过大数据技术对学生的学习行为、学习态度、学习结果进行评测,并且及时将意见和建议推送给学生,这不仅能有效地帮助学生个体正确地认识自己,还能协助教师根据评测结果精准地调整教学策略,促进学生按需发展,个性化地进行学习。

精准评价可以及时发现学生存在的问题,根据评估结果及时推送和改变教学策略,采取有针对性的辅导措施解决问题,可以为学生提供更多丰富的学习资源、学习方法等,充分激发与调动学生的学习积极性和欲望,引导学生自主地进行探究和更深入地开展学习,使学生在遇到困难的时候,能够根据教师推送的策略,及时调整自己的学习方法,精准地解决学习上的问题,感受学习的快乐。

三、轻负高质:精准教学的实现目标

在经济全球化、文化多样化的社会转型背景下,精准教学下的课堂教学变革可以让传统的教学模式向着更有效的方向转型,让教育高效回归本质,这样的教育才能呈现多元性、开放性的特点。精准教学让因材施教成为现实,实现了不同学生的个性化发展,从而推进课堂教学改革。我们将基于传统课堂中存在的弊端和问题,借助大数据、移动终端和相关技术进行精准教学,优化教与学的模式,让深度学习常态化、学习探究灵动化、教学理念行为化、教学评价标准化,将因材施教落到实处,从而促进学生全面和谐地发展,为学生的健康、快乐、幸福成长奠定基础,最终实现教育公平,这正是教育的最终目的。

(一)尊重个体差异,强调个性发展

教育是让孩子成为更好的自己,因此要遵循孩子的特点,并让其得到与其个性和潜能相符的发展。精准教育的前提是对学生进行精准分析、定位和实践。教育的核心价值是遵循"以人为本"。但是在长期的教育教学实践中,往往会忽视以学生为中心的原则,没有充分发挥学生的主体作用,不重视个性的发展,没有关注人本价值取向。在教育信息化的推动下,精准教学

不再一味地追求学习成果分值的达成，而是尊重个体差异，强调学生个性的发展。

实施精准教学的前提是先了解清楚学生个体的差异，将个体情况和发展目标作为关键信息，即学生的"现实状态区""最近发展区""可能发展区""未来发展区"等各方面的情况，进一步明确教与学中想要学什么、该教什么、怎么开展教与学等一系列问题。在课堂教学变革的实践探究过程中，我们不仅要读懂个体之间的差异，还要利用信息化手段，在精确把握课程标准和学生发展实际的基础上，科学地确定课程设计、教学实践以及教学评价的出发点和归宿，精准设计目标，精选教学内容与形式、精准测绘学生表现并精准应用，使整个教学过程达到可度量、可调控等精准要求，合理地进行定位，真正实现以"学生为本"的教育理念。该模式有助于教师精准"教"和学生个性"学"，同时又能给予学生更多丰富的展示平台，便于学生之间更加广泛地开展交流，教师又能更好地引导学生互相评价、共同反思，实现个性化发展。[①]如此教学，既能保障学生学习的中心地位，落实学习者的主体地位，又在一定程度上实现了个性化学习。[②]基于学情认知、学习行为、学习轨迹的及时采集和应用使精准教学真正有效，从而实现精准发展。

在传统教学中，教师只能凭借自己的经验来判断，不能准确地确定学生的学习情况。而精准教学的课堂变革可以借助网络环境、信息技术工具和服务来采集学习状况的数据，帮助教师了解学生的学习现状，把握教学起点。随着人工智能、大数据技术的发展，精准教学在今天成为现实。我们借助移动终端技术进行数据挖掘、实时课堂学习分析、便捷的形成性评价和过程跟踪、自适应学习技术、智能教学决策技术等相关技术，从不同角度了解、研究、关注学生，及时掌握他们的认知基础，关注他们之间的差异。教师可以通过观察、访谈、作业分析、问卷调查、过程性记录等方法获取数据，快速地掌握学生学习过程中的真实信息，正确评估学生现实的水平与能力，使学

① 任红杰.基于大数据的精准教学：生成路径与实现条件[J].电化教育研究,2017（281）:165-168.

② 郭利明,杨现民,张瑶.大数据时代精准教学的新发展与价值取向分析[J].电化教育研究,2019:76-88.

生的学习过程数据化。精准教学的课堂教学变革将实现线上线下融合,在学情上精准发力,精准地指向教育教学过程中的每一个细节和每一个个体,认可与尊重学生的个性特征和差异,激发学生的潜能,实现个性化发展。

(二)秉承因材施教,走向全面发展

两千多年前,孔子提出"因材施教"的教育文化理念,这是我国现代教育一直推崇却难以在传统教学中实现的一种教育理念,意为遵循学生的"材",开展个性化教学,实现全员发展。而通过实施精准教学,能让教育逐渐形成一种以"学生个性发展"为核心的文化特色,并实现个体的全面发展。

精准教学将根据学生的特点为他们提供智慧化的教学情境需求,从而在教学开展过程中帮助学生明确学习任务、激发学习兴趣,同时引导学生开展更充分的自主探究、合作学习,帮助有相同学习需求的学生建立学习共同体,或者有不同学习需求的学生开展个性化的学习,追求求同存异,促进知识的内化。为了让学生有效地学习,我们对教学内容、学习活动、教学活动等进行选择,向学生精准推送适合其发展的与教学活动相关的所有内容。在课堂教学中,我们精准地选择,使教学内容具有丰富性、生成性、进化性,学习活动也具有一定的开放性、交互性和协商性等特点,而教学活动又具有启发性、参与性和多样性。通过常态化学业数据的采集,记住每个学生的学习轨迹、知识结构、能力分布、强项、弱项等数据,再通过大数据的运算和分析,可以为每个学生定制并推送一项学习建议、一份个性化练习、试卷、作业、微课等,从而较好地在课堂环境中因材施教。这样的改变实现了学习资源的精准推送、学习过程的便捷互动、学习效果的跟踪评测等,有效转变了教师的教学方式,使教学反馈更有效、学生参与面更广泛、学习空间更灵动,有效地调动学生的积极性和主动性,真正实现从"要我学"变成"我要学"。

中国学生发展的六大核心素养是以学生发展为核心的一套完整的育人体系,包括三大要素和十八个基本点,我们期待每一个学生个体都能成为具备这些素养的社会人。在精准教学视野下的新型教学模式中,依托大数据开展精准化教学,让学生有更多自主学习的时间,同时还有利于学生对知识形成过程的了解、熟悉,加深对知识的理解,培养动手能力、实践能力,进而最大限度的自主发展。我们通过分层教学、梯队学习,让学习高效更有趣,同时充分调动学生主体在学习领域中的主动性和积极性，让学生感受成功。

课堂教学实践过程中存在许多不同的因素，我们以数据驱动精准教学，收集、记录并分析学生的情况，包括知识、技能、情感态度与价值观等多方面的综合表现，同时进行过程性数据的跟踪，围绕中国学生发展的核心素养，将每一阶段的数据进行标准比对，学习轨迹都会被系统记录和分析，最终以学生"画像"的方式呈现，适时地调整教与学的策略，形成定期的成长报告和方案，逐渐得出符合该学生成长轨迹并适合其持续终身发展的策略，并生成一份教学效果诊断书。这份诊断书源于学生自身的特点，依照各人的智力、体力和能力，以学生为中心，呈现出学生的差异特点，适合其发展规律，并且不是唯一的，也不是固定不变的，而是实时呈现、及时调整，再通过数据实现自适应成长，从知识传授转变为能力的内化，再到素养的提升，来达到学生个性的发展，最终培养具有"人文底蕴、科学精神、学会学习、健康生活、责任担当和实践创新"全面发展的人，有效地帮助学生学会学习、自信成长、精准发展，并为社会输送具有竞争力的现代人。

教育最终是为了学生的自主发展，其中一个方面是指学会学习，主要强调学生有效地管理自己的学习，发现自我价值，发觉自身潜力的能力。形成自主发展便是让学生能够有效地应对当今社会复杂多变的环境，最终成就出彩的人生，成为一个能明确人生方向、有生活品质的人。

（三）走向人机协同，实现轻负高质

随着教育信息化浪潮的推进，大数据技术、人工智能技术、5G网络技术让精准教学产生了强大的生命力、生长力，使得人机协同的教学新模式逐渐成为常态。教师能够借助技术平台获取数据、处理数据，不仅可以减少重复且单调的工作，还能通过分析和反馈形成有价值的信息，极大地提高了工作效率。在这样的新型教育模式下，教师依托智能化的工具，将采集到的数据进行灵活性的教学，还可以及时地调整教学计划、教学策略等。通过技术改进提高教学效率后，教师可以将关注点更多地放在培养学生的个性能力、心理素质、创新素养以及情感态度上，提高了工作的效率，真正实现了课堂教学的轻负高质。

综上所述，根据对精准教学视野下课堂教学变革的价值取向的分析来

看，本书重在从三个维度出发，即从师生认知的逻辑起点、教学过程的优化、精准教学的课堂教学模式，在课堂变革中充分遵循教学者主体特点，进行个别定制，实现精准发展。通过近几年来大数据分析下的精准教学课堂变革研究，我们运用对学生学习行为的数据分析和精准诊断，构建了精准教学视野下的智慧课堂模式，不仅优化了课堂的教学效率，还转变了学生的学习方式，并通过多种途径提高教师的信息技术应用水平与信息化素养，更能提高学生的创新能力和实践能力。这样的变革不仅有利于发展学生的核心素养，还能不断推进课堂教学的发展，促进教育公平化，为现代教育信息化的发展探索了一条新途径。

第二节　课堂教学变革的整体设计

采荷三小成立于2002年，自它诞生之日起，就走在追寻最适合的课堂教育教学的道路上。虽然经历了从国有民办到公办学校的办学体制变革，但是对课堂教学改革的探索却始终没有停步。

一、学校办学历程回顾

1995年3月18日，国家颁布《中华人民共和国教育法》，其中第三章"学校及其他教育机构"第二十五条明确规定："国家鼓励企业事业组织、社会团体、其他社会组织及公民个人依法举办学校及其他教育机构。"这为民办教学提供了法律保证。到了2002年，国家又开始调研各地民办教育办学情况，着手起草制定了《中华人民共和国民办教育促进法》，从而为民办教育的办学提供了更有针对性的法律依据。时任杭州采荷二小校长的孙小芙女士敏锐地捕捉到人们对教育多元化的需求，创建了隶属采荷第二小学教育集团的国有民办校区——采荷三小。2010年，在杭州市政府民办学校的改制中转民为公，从采荷二小独立出来，在第二任校长黄升昊先生的带领下，开拓创新。2011年，建设了江锦校区，成立区域最年轻的集团化学校。2017年，又开办了笕正校区，名校带新校，逐渐成为有着三个校区的紧密型集团化学校。从创办至今已有18年，这期间课堂教学变革大约经历了三个阶段。

（一）"三适连环教育"理念引领下的小班化课堂教学探索（2002—2009年）

刚成立时，采荷三小校舍占地面积为8718平方米，建筑面积4002平方米，24个教学班，700多名学生，48名教职工。为了给孩子们提供更好的学习环境,学校于2006年7月投入700万元资金,对校园进行了整体的装修。从景观建设、色调搭配、材料选择等方面进行了科学设计,为孩子们营造了一个温馨、和谐的校园环境。从校门进来,绿意盎然的花坛中是一片星星状的树,和学校的愿景相对应,意为"让每一位孩子摘到梦想中的星星";大厅门楣最上方是一个地球,表示学生放眼世界;进入教学楼,中间是一个小花坛,小径上铺着中国地图,意为立足中国。两者合在一起,就是学校立足中国,放眼世界的教育观。边上种的冬青是"钥匙"形状,锁对着教室,表示知识是打开世界大门的钥匙……

学校紧紧围绕"真诚、崇善、友爱、守纪"的核心价值观,追求"让每一位孩子摘到梦想中的星星"的愿景,采用小班化教学,每个班级28名学生,师生人手一台手提电脑,把现代教育手段和"三适连环教育"理念引入教学实践中,让每个孩子都有展示自己的舞台,都能享受到成功的喜悦,努力把学校创办成一所"国际化、现代化、个性化、小班化"的一流学校。

1.改革理念

"三适连环教育"是教育学家何福田教授主张的教育理念,"三适"指的是适性、适量、适时。适性教育是适合个性的教育,指尊重每个学习个体的自身条件和特点,让每个学习主体在教育的过程中发挥自己最大的潜能,使社会拥有各行各业的人才。这样既满足个人愿望,也满足社会需求。适量教育是指适合个别能量的教育。我们知道食量和力量都是因人而异的,其实个体的学习量也是如此,每个人在同一时段所能接受的最适合或最大容量的学习材料的质与量也是因人而异的。适时教育是指适合学习时机的教育。每个人的成熟度不同,只有选择了合适的时机展开教育才能达到最好的效果。"三适连环教育"就是教者同时考虑学者的适性、适量、适时问题的教育,它的特征是适性、适量、适时环环相扣,不可分离;开发个性潜能,进而促使人尽其才。学校通过开展"'三适连环教育'理论在小班化教学中的实践研究",不断提升学校教育教学综合质量。

2.具体策略

"三适连环教育"理念和小班化教学理念高度吻合,因此,学校多次邀请何福田教授来杭亲自讲授,并进入课堂实地听课指导,在老师当中展开讨论,让每一位老师把理论和实践相结合，更好地服务于学生。当时，普遍的做法如下。

(1)关注个体，因材施教。在课堂中，每个孩子都渴望老师的关注和帮助，但由于个性问题，部分孩子羞于举手，怯于表达，常常失去主动交流学习的机会。结合何教授的适性教育理论，老师们及时关注那些课堂上的"隐形生"。通过观察发现，当听到问题时，大部分孩子会表现积极，而这些孩子则表现平静，当请到他们时，通常都能顺利回答。为了鼓励他们多发言，每当他们回答问题时，老师就用肯定、赞许的眼光鼓励他们，不管答案正确与否都给予积极评价。从试验的情况看，当这些内向的孩子获得肯定评价时，都表现出了以往难以看到的激动表情，并开始试着主动发言。"关注个体，因材施教"有助于推动每个孩子积极向上，也更利于教师提高教学效率。

(2)作业分类，分层辅导。分层的作业量，让学习能力强的孩子可免做基础练习，而学习需要加强的孩子则适当增加新题型和易错题型的强化训练。在批改作业时，有意识地把需要订正的作业分类：①必须一对一辅导纠正的错误(未掌握新知识的学生)；②需要直接提醒的错误(掌握不足的学生)；③能自主改正的错误(学习能力强，因粗心和审题不清造成错误的学生)。分类完毕后，利用课余时间，及时根据不同的错误性质进行分层辅导。虽然作业分类的过程比较费时和费力，但能使老师们根据学生存在的不同问题进行相应的辅导，从学生的反馈和后期观察看，辅导的效果和效率提高不少。

(3)利用学习档案袋，密切关注后30%。为班级中学习暂时落后的学生建立了档案袋，及时收集他们平时在学习中遇到的困难和困惑。在每个阶段学习完毕后，各科老师仔细查看他们的错题，分析他们身上存在的个性问题并进行有针对性的练习。比如，对于计算能力薄弱的孩子，适当加强了计算方面的练习；对于理解力薄弱的孩子，整理出经典题型和易错题型，进行数据改编以供他们练习。

总之，老师们用赞赏取代了批评；用精挑细选的习题取代了枯燥乏味的题海战术；用丰富多样的游戏取代了大大小小的考试，践行"多试探，少考试；多互动，少作业；多关怀，少责备；多瞻前，少顾后；多实质，少形式"等实施"三适连环"的真谛。每一位孩子都享受到了成功的喜悦，学习生活也就变得更快乐！学校也成为浙江省教育科研孵化基地、浙江省语言文字示范校、浙江省华文教育基地、杭州市小班化教学实验学校。

(二)走向"第三教育空间"课程建设的课堂教学变革(2009—2013年)

新一轮基础教育课程改革的一个亮点就是注重学生综合实践能力的培养,让学生走出教室,融入社会,融入自然,为学生的自主探究与实践开辟大量空间。它反对传统的、被动的接受式学习,倡导自主探究和实践,在自主探究中,学生不断反思,不断发现问题并解决问题,从而培养学生的探究和创新精神并促进个性生长。由于学校在主城区,占地面积较小,校内教育资源非常有限,但在学校附近却有着丰富的、优质的社会教育资源,如少年宫、大剧院、图书馆等。这些社会资源无论是在规模上、专业化程度上,都具有适切性,具有发展兴趣爱好、增强创新精神和提升实践能力等重要作用,正是提升学生核心素养的重要天地。更重要的是这些资源的合理利用开发,是真正体现新课程理念所倡导的"拓展学习时空,完善学习方式"的一种载体。为了贯彻中办发〔2006〕4号文件《关于进一步加强和改进未成年人校外活动场所建设和管理工作的意见》中所要求的做到学生平均每周有半天时间参加校外活动,实现校外活动的经常化和制度化,学校架构了"第三教育空间"的课程探索,进行育人模式的采三变革。

1.改革理念

"第三空间"最初在美国社会学家奥登伯格《绝对权利》一书中提出,从社会学角度将社会分成三个层次。"第三空间"是供人们放松、消遣、学习、交流、思考的地方,是最能体现文化多样性和活力的地方。我们把这种充分挖掘第三空间社会教育资源,合理利用,让学生在实践中获得发展的空间称为"第三教育空间"。"让课程成为学生成长的载体",成为我们的教学理念。我们从学校小教室搬到社会大学堂——公园、湿地、故居、工厂等,走到哪里,哪里就是教室,开放、自在,把教学内容从书本知识转向真实情境。学什么知识？事情怎么发生的？景物怎么样？不再是书本上详细、静止的描绘,鸟兽鱼虫、花草树木、人士纷杂、瞬息而变,一切都是真实的、鲜活的。学生从接受学习变成发现学习,通过观察各种现象,归纳出结论,并用来解决问题,强调探究过程,参与知识的发现过程。学业成绩从终结性评价走向过程性评价,关注学习的全过程。

2.具体策略

经过多年的探索,学校走向"第三教育空间"课程建设的学习变革逐步完善。从2009年秋季开始,利用周四下午半天时间,把课堂移到市少年宫,在学校原有的社团活动的基础上进行特色课程的建设研究。建立"宫校合作"教学模式,开拓学习空间。2011年,利用周五下午半天时间开展主题综合实践课程;"群星闪闪,走读杭州",学习内容更多是真实的社会情境,使学习方式从单一走向综合。2013年,创建"数字童年"平台,对课程、教学、评价做整体的架构,完善"第三教育空间",同时让互联网技术开始为"第三教育空间"提供更广泛的资源。

(1)自主选课:为了满足学生自主学习和个性化发展的需求,我们努力完善和优化课程体系,实施开放式自主选课制,每学年选择一次。通过设置选课平台,把所有的拓展性课程置于平台上,以教师的个人照片作为课程平面,附有课程说明、招收年级、人数等课程计划,让学生在全面了解课程的基础上自主选择专业及教师,让平台随机分配,哪怕个别项目人数少也照样开设,如同私人定制,一千个学生就有一千张功课表。虽然这些专业今后不一定会是学生所从事的工作,但这样的做法能让孩子不断地发现自己的爱好,从而实现"让每一位孩子都摘到梦想中的星星"的教育理念。

(2)走班混龄:学校教育根据年龄进行编班,统一组织教学。在"第三教育空间",打破了年龄、年段、学科之间的壁垒,采用走班混龄的方式组织学习。一个班级内,有刚进校园的小朋友,也有活泼大方的高年级哥哥姐姐,他们之间形成亲密互助的关系,碰到问题,高年级的哥哥姐姐可以给予低年级的弟弟妹妹一定的帮助,在这样的过程中,也获得成就感,肯定自己,养成一定的责任意识。

(3)长短课时:从学习内容入手,课程长短设置不一样,因此,课时长短也不一样,根据课程的需要进行设置。如木工坊,模型的设置时间为20分钟,属于短课时,而微型木床的割锯、木工作品的拼搭就费时,课时为40分钟,作品展示及评价则又是20分钟。而"走读杭州"确定项目40分钟,制订计划40分钟,实地考察150分钟,汇报交流90分钟……整整一个下午。总而言之,是依据课程实施及学生学习起点的不同而不同,突出以生为本的教学理念。

总之,传统课堂的固定学习场所没有了,需要学生"步行去实践、自由选项目";学习内容直观呈现,地点变化无穷,教材就是学生的生活,学生在真实的情境下通过直接体验习得知识,提升能力。在真实的情境下解决真问题,成了一种活力无穷的学习模式。教师角色发生了极大翻转,真正实现了从内容的传递者变为学习的组织者。而学生能够掌控学习内容、学习进度,扭转了其在传统教学中的被动位置,真正成了学习的主人。

(三)翻转课堂:基于"互联网+"的小学课堂教学新实践(2013—2017年)

2013年,学校成为浙江省首批数字校园示范校建设单位,开启了数字校园建设的新征程。学校将"深化课堂教学创新、探索协同教育模式、引领教师专业发展与提升教学管理水平"作为重要的建设内容。在技术基础方面,进一步完善与优化信息技术基础设备,建设以交互式白板、移动终端为核心的"采三智慧教室",开发用于混合式学习探索与网络教学试验的网络教学平台"采三空中课堂",强调利用信息技术来营造一种新型教学环境,该环境能够支持情境创设、启发思考、信息获取、资源共享、多种交互、自主探究、协作学习等多方面要求的教学方式与学习方式,也就是实现一种既能体现教师主导作用,又能充分体现学生主体地位的新型教与学方式,重点以"翻转课堂""混合式学习模式在小学课程教学中的应用"为突破口,构建完善的实施机制与应用流程,形成学校信息化应用特色。

1.改革理念

翻转课堂(the flipped classroom),也称颠倒课堂。最初源于美国科罗拉多州一所山区学校的化学老师乔纳森·伯尔曼和亚伦·萨姆斯的教学实践,它重塑了课堂观,翻转了教学顺序,改变了师生位置,给我们的教育观念带来很大的冲击。传统课堂上,教师授课,学生专心听讲并接收信息,这样的模式是单一的、被动的、完全接受式的学习方式,它忽略了学生学习能力的差异性。另外,在这种教学模式中,由教师控制教学活动,学生的自主性得不到充分的发挥,难以保证课堂教学效果。翻转课堂就是要建立一种多元的、主动的、自主探究式的学习方式,让学生进行个别化学习。以"先学后教、多学少教、会学不教"为理念,课下自学成为一堂课的起点,教师根据学生的自学情况进行点拨，规范不准确的表达，解答疑惑的问题，纠正其错误的理解，精心设计内容，启发性地教、针对性地教、创造性地教和发展性地教，学生在教师的引导下走向积极、独立、有深度的学习，最终使学生能够独立学习，达到学习的"自能"之境界。

2.具体策略

"翻转课堂"的设计主要分课前和课中两部分，课前即课下学习，主要是学习者针对教师布置的内容以及提供的学习材料进行个性化学习。为了实现学生的自主学习，在课下，我们主要采用"互联网+微课"的方式，辅以导学单和自测题等文本材料。根据布鲁姆的教育目标分类学理论，知识领域的目标可以分成六个不同的层次：识记、理解、应用、分析、评价、创造。在翻转课堂中，把识记、理解这些难度小的环节放在家中自学，而把应用、分析、评价、创造这四个难度大的环节放在教室里进行，因此，课上学习要进行充分的设计，给予学生比较多的帮助和选择，以完成知识的内化。而要实现翻转课堂，信息技术是先决条件，它的主要作用是对传统的"课上"讲授活动进行录制，然后通过网络转移到"课下"进行，实现翻转学习的第一步，为课上教学时间的重新设计和高效使用奠定基础。而录制的视频如何从教师转向学生，需要一个互联网支撑下的智能化学习平台，学生在这个平台上，能够在线学习，能够师生、生生相互探讨，还能够留下学习的记录。

（1）开设虚拟自习室。"数字童年平台"是学校专门为学生定制开发的，它是集展示、学习、评价于一身的综合性平台。平台里有为翻转课堂专设的虚拟自习室，学生和教师每人一个账号，通过学习上传视频与生活中的点滴，及时分享资讯。"虚拟自习室"让孩子们学习时间自主安排，学习内容个性化选择，明白的可以不听，不明白的可以多听几遍，直到完全掌握。网上答疑，准确周到，孩子们可以通过在线一对一提交问题，随时向老师咨询并得到满意答复。此外，在课程选择、进度控制、在线讨论、经验交流、学习资料下载等方面，孩子们可以享受功能完善的在线学习体系。课程完整，效果更好，面授受时间的限制，到点下课、到时间就结束，往往讲不完、讲不透，在线学习不受时间限制，每个课件讲授完整、透彻，高效学习。在这里，教学从根本上转化为学生自主发起、整体投入，并产生全面变化的活动。教师能与学生实时沟通,它是师生之间、生生之间、家校之间无限沟通的最佳结合体。

(2)课上课下翻转。再完美的设计也要靠人的操作去实施。课型不同,翻转课堂的模式也不同。对于新授课,可以实施课上课下翻转。首先,教师根据教材内容、教学目标设计导学单,并提前录制用来讲解知识点的教学微课,同时编制数量及难度适宜的练习,通过互联网转移到学习平台;其次,学生利用课下时间自主观看视频,在观看的时候,可以反复学习,完成练习,并通过数字童年平台、Moodle平台、QQ班级群、微信群等学习平台,与同学、老师进行交流,教师根据平台统计及交流得知学生的答题情况,进行课堂教学设计;最后,在课上教师根据教材重难点、提前收集到的问题以及学生当堂提出的疑问确定研究问题,先由学生单独思考解疑,再进行小组协作探究解决,最终进行成果展示及教学评价。

(3)课内翻转。这种模式又可分为课内二次翻转和课内翻转。课内二次翻转与前者的区别在于课上学生对话解疑纠错之后又产生新的问题,这时,教师不急于解答,而是利用事先准备好的微课让学生在课上再次自学,学生内心强烈的求知欲被激起,以探究的方式主动积极地学习新知,以便解开心中的疑惑,学习效果非常明显。这种模式一般适用于复习课。课内翻转则是自学新知识和知识的迁移应用不再分为课下课上,而是把课上时间分为两段,前20分钟用来自学并完成相应的导学任务,后20分钟进行交流、反馈、个别化的指导以及成果展示。

总之,翻转课堂的教学设计要从学生的认知规律出发,虚实结合,从具体再到抽象,翻转不一定是课上和课下明显的区别,而是先学后教与先教后学理念的不同,它增强了孩子们学习的自主性;而无边界的翻转课堂打破了空间的界限,实现了异地实时交流、同上一堂课的协同学习,使现有的教育资源得到最优的利用,更进一步地促进师生、生生的互动交流,引领广大一线教师积极参与到互动式课堂教学研究中。

二、精准教学:小学课堂教学变革的采三探索(2017年至今)

2017年9月,学校拥有了采荷、江锦和笕正三个校区,占地4万余平方米,53个教学班,1898名学生,156名教职工。与之前相比,不仅有量的扩张,更有质的内涵发展。学校以"个性化、现代化、国际化"为目标，以"尚德、博学、健体、和雅"为校训，以"让每一位孩子摘到梦想中的星星"为愿景，以"团结合作、乐于奉献、敢于担当、勇于争先"为采三精神，争创一流名校。大气开放的办学格局、创新独特的办学理念和以人为本的服务意识，使学校尽显朝气蓬勃之韵、人文和谐之美。尽管享有很高的社会美誉，但探索办学新模式的脚步从未停止。2017年12月，经过前期精密调查，仔细考核，浙江省教育厅教研室授予集团"浙江省精准教学实验学校"称号。从此，学校以"第三教育空间研究"为平台，以"学校文化建设"为核心，以"智慧校园推进"为抓手，通过教学实践、专题学习等着力于开展"精准教学"的研究，在推进教育现代化的路上又重新出发。

(一)改革理念：让课堂闪烁着智慧的光芒

精准教学是基于斯金纳的行为学习理论于20世纪60年代提出的一种教学方法。"精准"即非常准确、精确，时间观念精准，空间位置准确，反映在课堂教学上是教与学、知识与技能、思维与习惯、内容与形式、目标与结果的"合拍""匹配"和"对位"。这样精准的课堂其实是"闪烁着智慧光芒的课堂"。在信息技术高度发展的时代，技术能为课堂提供强大的支持，将智慧科技与学校特色密切融合，为教师提供有效干预和互动干预的数据支撑，帮助教师把握互动开展的精准时机和精准对象，并基于师生数字行为数据的诊断性预测，助力教育教学工作决策。另外，智慧课堂要建立在了解学生起点的基础上，注重学生自主学习能力的培养，教师要关注学生在学习过程中生成的问题，并组织学生进行合作研学，让学生在伙伴间分享收获、交流困难，让自主研学成为一种学习常态，呈现"生本对话""生生对话""师生对话"三种形态，构建基于学情，注重培养学生自主学习能力和质疑能力的课堂教学范式。

(二)主要内容

"让课堂闪烁着智慧的光芒"是学校课堂变革的目标。学校选择语、数、英、科四门学科，设计操作路线，利用智慧课堂所具备的智能工具与服务，切实改变教育教学现状、提升学生教学质量、显示教师的教学智慧。

1.语文学科

基于"醒魔豆"学习平台提供的数据统计信息，对学生进行分层，并确定不同层面的个别学生,作为个性化学习研究的对象,进行定向跟踪,实现精准模式研究。

2. 数学学科

利用有痕日常阅卷系统全面获得主客观题得分信息,采集到教师所需要的信息,进行精细化分析。教师在准确掌握学生学习情况的基础上,开展针对性纠错巩固练习。此外,通过前测得到数据或者过关检测系统反馈的数据,可以针对学生的易错知识点制作"微课",有效提高各层次学生的学习效率。

3. 英语学科

大数据时代下的线上作业平台——一起作业,可以追踪学生完成作业所耗具体时长及学习得分,了解每一个模块、每一道题目学生的掌握情况,从而开展分层教学,实现个别化学习。作业平台自动生成的班级高频错题集、周报告和学情评估也为教师在平行班级间布置分级、个性化作业提供了直观的数据化依据。此外,Home-study模式下的自主学习关注学生个性化的学习方式,系统根据每位学生在开始学习前参加的前测结果确定后续相应的课程学习,同时在学习过程中,教师可通过管理系统追踪学生的学习过程,从而在课堂上展开有梯度、有针对性的教学设计,进一步精准课堂教学。

4. 科学学科

以HiTeach智慧教育系统大数据为依据,实现教师实验设计的精准化分层,从而避免学生的重复性劳动,为学生提供更精准的实验体验。

(三)遵循原则

精准化教学让每一位学生都获得了前所未有的公平机遇,能够平等获得课程的有效资源,与教师、同伴实现平等的交流、对话,它以其独特的优势,不受时间和人员数量的限制,拓展了学习的时空,提高了学习效率。因此,在教学中应该遵循以下原则。

1. 针对性原则

精准化教学往往是针对教育教学中存在的问题而展开学习,要能真正起到作用,老师要对课程理念有比较准确的认识和理解,所设计的教学活动必须能有效解决教育教学中存在的问题,使课堂活动充满教育的智慧。

2.开放性原则

在信息日新月异的时代，教材在变，学生在变，观念也在变，不能以狭窄的话题去应对千变万化的教育教学，因此，教师们要有前瞻性，教学内容、形式要尽可能开放。

3.自主性原则

学生在学习活动中，要根据自己的经验及学习进度，进行个性化学习；要根据兴趣有选择地接受教育，快乐成长。

4.便捷性原则

网络平台的设计要低成本、高效率，最重要的是在使用过程中能便捷、快速，不能让技术成为精准化活动的不稳定因素。

（四）技术路线

为实现学生的个性化学习，有效提高每一个孩子的学习效率，对当前的精准教学开展情况进行分析，并在此基础上制定符合学校实际的针对各学科的精准教学策略，最终通过不断实践、修改，形成符合学校实际情况的有效精准教学策略，具体研究思路因学科不同而不同。

1.语文学科

通过布置学生预习，设计导学单，检测自学效果，了解学情，确定本堂课学习的重难点，在此基础上设计教学。在课堂中，通过课堂评价单，了解教学精准度，也详细把握学生的知识掌握情况，布置个性化作业并进行精准辅导，有效提高语文学科素养（见图2-1）。

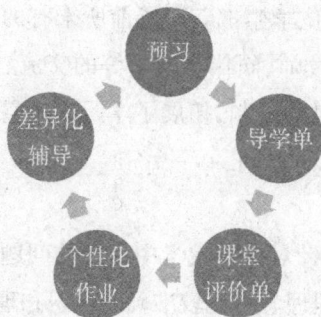

图2-1 语文学科精准教学操作示意

2.数学学科

在班级授课制背景下,精准把握每一位学生的学习状态,为学生的学习提供精准的指导和支持,其实质是利用技术手段,把学生从被动、统一的知识接受者解放为主动、个性化的知识建构者。目标下限是让每位学生都能获得良好的数学教育,不同的人在数学上得到不同的发展;上限是让每位学生轻松、快乐地学习数学,人人得到数学上的最大发展。具体操作路线如下:先是解读内容,把握目标;接着数据采集,技术融合;再进行质性分析,动静结合;然后聚焦重点错题,讲评过程;最后进行多维度评价,根据需要实施精准补偿和个别练习,精准辅导(见图2-2)。

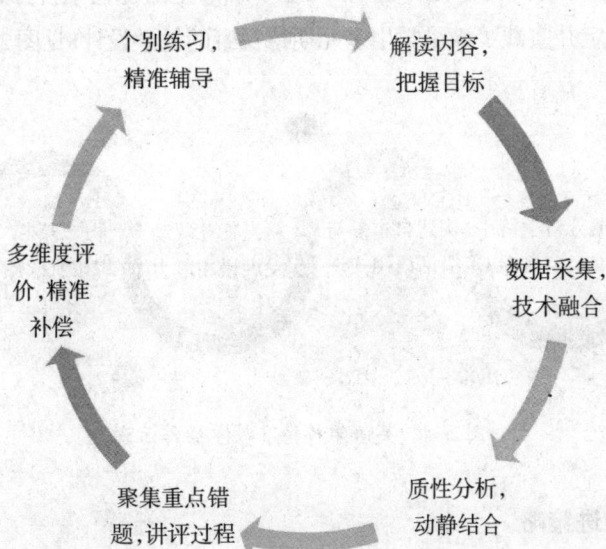

图2-2 数学学科精准教学操作示意

3.科学学科

目前针对小学科学的HiTeach智慧教育系统的实验策略研究非常少,学校科学组重点研究"HiTeach智慧教育系统在实验教学中的分析诊断作用","以HiTeach智慧教育系统大数据为依据,实现教师实验设计的精准化分层",为学生提供更精准的实验体验(见图2-3)。

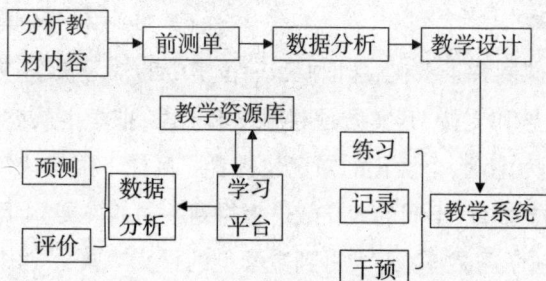

图2-3　科学学科精准教学操作示意

4.英语学科

在开展精准教学过程中，教师筛选和分析从DynEd收集的数据信息，通过对学生学习行为的量化分析，多维度了解学生的课前语言知识和语用能力，从而制定并实践了满足学生多元期待视野的教学设计（见图2-4）。

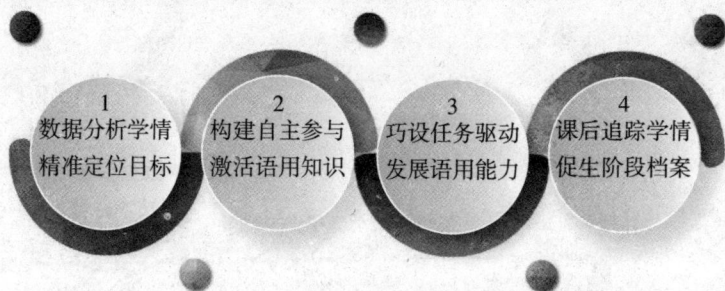

图2-4　英语学科精准教学操作示意

三、推进策略

为了更好地进行精准教学的实施研究，学校以若干学科的具体课例为研究对象，通过对具体课例的剖析，探究精准教学对课堂教学质量提升的作用。在研究中，学生是课例研究的主体，是亲身体验者；要从解决教育教学中的问题入手，而不是来自某本教科书或某种现成的理论；课例研究虽然是对某个教学问题的研究，却"牵一发而动全身"，涉及对课程观、教学观、学生观、评价观的思辨，引发新旧教学理念在研究过程中发生撞击、交锋；研究重在过程,重在教学行为的转变,提升教师的实践智慧。推荐策略如下。

(一)加强学习,树立"一个都不少"的精准教学课堂观

课堂的主导是教师,教师的一言一行直接体现个人的课堂观,并不是每一位教师都能意识到学生的主体地位,观念也不是一朝一夕就能形成的,而一旦形成,则根深蒂固。因此,加强学习是形成教育观念、养成教学行为的最好途径。

1.向书本学习

阅读《可见的学习》《积攒生命之光》等教育教学书籍,学习老一辈教育家关爱学生、纯熟的教育技巧、献身教育事业的情怀;阅读《终身成长》《标准驱动的课堂》等国外当代教育研究书籍,学习精准教学的先进理念,开阔视野,探索教育改革;阅读《新旧教材比对》《一书一桌一阅读》《给孩子上文学课》等作品,和学生一起讨论,指导阅读。不仅给自己提出阅读要求,也倡导教师们加强学习。通过每天阅读打卡,在碎片化的时间里学习。相信,静悄悄的阅读能不知不觉地改变人的观念,这也许就是阅读的力量。

2.交流中找差距

参加各类有关精准教学的培训,比如,浙江省教育厅教研室举行了三届精准教学论坛,在丽水、台州、湖州,不同学科都能参加,走出去看精准,在随堂听课中寻找实施精准教学的课堂与传统课堂的差异。比如,传统课堂组织形式单向,以教师的讲授为主,这样的课堂使"学生中心说"成为一句空话,教师在课堂上就会显得很强势;知识传播载体单一,以纸质为主,把广受师生青睐的电子化、网络化等有着无比优势的载体拒绝在课堂之外,不能让学生及时获取丰富的教学资源;学习状态让人担心,学生往往游离在课堂之外,因为他们只有接受,没有主动……

3.借专家悟内涵

为了让教师对精准教学有正确的认识,学校凭借"风荷书院"平台,邀请了刘力教授、卢真金教授、朱永祥院长等,开展头脑风暴、专题讲座、论坛争鸣等。卢教授帮助厘清精准教学概念,提炼精准教学智能化、高效化、简便性和可供选择性的特征。刘教授提出5W+H框架,让大家思考:谁需要帮助? 诊断问题,明确需要帮助的人;需要什么帮助? 缩小问题的研修范围,聚焦主要问题;这种需要的帮助,在什么情况下发生? 界定问题出现的情境和地点;何时需要帮助? 为什么需要帮助? 追溯原因,拓宽对问题的理解,去帮助那些需要帮助的人等,让老师受益匪浅。

(二)校本研修,寻找实施"智慧课堂"的精准教学方式

要使"精准教学"真正落实,还必须在课堂中实践,并在课后的反思中总结提升。而教师就是课堂教学的实践者,只有教师从不知到了解,从了解到熟练,从熟练到高超,循序渐进,螺旋上升,"精准课堂"的研究才有可能持续发展。

1.课堂观测,为学生提供学习指向

任何理念的落脚点最终都是课堂,尤其是常态课堂。"精准课堂",顾名思义,要重视学生的学情分析,使教学更加精确,这就需要课堂上对每个孩子进行观察,收集数据,进行诊断分析,最后才能做出决策。由此,我们设计了课堂观测表(见表2-1)。

表2-1 采三"精准教学"课堂观测表

学科		上课教师		课题	
上课班级		日期		记录人	
具体情况	等第	情况描述			
学情分析准确					
目标定位精准					
机会把握精明					
结构安排精巧					
教学方法精妙					
知识对位精细					
综合评定					

借助精准教学课堂观测表,各教研组、备课组制订了学期具体计划,设计详细学案,开展全校性教研组课堂研究活动,如菡萏、水华教学比赛活动等,探究"精准课堂"的教学设计和实施策略。

2.一组一品,为学生形成学习导向

精准教学最终指向教师的日常教学,每一学年,我们进行"一组一品"研究(见表2-2),让每一位教师都参与到精准课堂研究中来,改变教师的传统教学方式,真正把理论学习运用于课堂,惠及学生。

表2-2　各学科组"一组一品"

语文组(低)	新教材背景下的低段小组合作学习初探
语文组(高)	课堂练习设计的有效性
数学组	以学定教——基于学生学情的微课课堂设计研究
英语组	微课在小学英语教学中的应用研究
科学组	问题引导——课堂实验中的难点学生自主前置研究
体育组	体育技巧教学中三类学生辅导措施的实践研究
音乐组	奥尔夫音乐教学法在课堂中有效点的研究
美术组	分层作业提高学生创新能力的研究
信息组	基于智慧教室有效提升学生团队协助能力
品德组	低段情感类素材的课堂活动研究
地方组	"走读杭州""我的活动我设计"方案指导研究

每一个教研内容,重点做好一个方向的导向学习,长期下来,突出重点,逐个突破难点。

3.采三论坛,明晰精准教学常规要求

在教研组、备课组积极开展精准课堂教学研究的基础上,举行全校性的"精准课堂"大论坛,针对"精准教学"目标定位、机会把握、结构安排、手段选择等要求,各学科老师代表集中进行汇报交流,借此明确各学科"精准课堂教学"的要求,分享研究中获得的成效,并在其他学科加以推广。如语文学科的谢老师以《只有一个地球》为例,力求通过数据动态采集,精准把握重难点,运用合作探究优化学习方式,将生成的内容化为二次学习的材料与数据,适时融入技术,助力交互学习,实时分析和学习诊断,实现教学管理和评价的精准化,以生为本,促进个性学习。

(三)搭建平台,推进云技术下的精准课堂教学新范式

为了使"让课堂闪烁着智慧的光芒"这一理念深入人心,学校不遗余力,与区域联合、结集群教学集团、争取各级平台,阐述教学观念,演绎课堂实施,推进精准教学新范式。

1.区域推广,以动促变

学校举办了四次"现代技术视野下课堂教学的变革"区域推广会;从白板辅助课堂教学到"空中课堂"架构,无边界混合式课堂学习模式的研讨,一直到精准教学课堂,整体课堂观的全程展示。参加长三角精准教学评价论坛,赢得与会者的一致好评。总之,每一次活动,课上学生呈现出来的积极学习的状态、卓有成效的结果,把采三的课堂教学变革传递给兄弟学校。

2.校际协作,拓展新空间

为了使精准课堂教学更加开放,我们和建德梅城小学联谊,梅城成为采荷三小的另一个校区,践行精准教学理念;在之江汇平台成立"黄升昊名师工作室",学校的精准教学研讨活动向全省直播,老师们可以直接讨论点评;联合八所学校教科室主任,在"周建芬教科研标兵工作室"的引领下,加深理论探讨,开展课例研究,畅谈精准课堂教学的点滴利弊,分享、珍藏。大家或倾诉,或倾听,分享困惑的遭遇,交流珍贵的经验,引发深邃的思辨,可谓"如沐春风,如饮甘露"。老师们体悟到实施精准教学,必须把工夫花在课前的准备上,把精力扑在课堂的纵深处,把落脚点放在学生的快乐学习中,让学生学得轻松有效。老师们还提出尝试空间上的深度整合,打造无边界课堂。

3.数字童年,让指导个别化

数字童年学习平台上有课外阅读网络课程,设有"书目介绍、挑战营、阅读测评、读书感受"等项目,有选择、判断等客观题以及主观题的分享交流板块。学生的完成情况在后台均有完整记录,能快速及时地呈现学生参与学习的情况统计、学习成绩的分析与判断等。根据平台提供的数据信息,对学

生进行一定的分类,并确定不同层面的个别学生,作为个性化学习研究对象,进行定向跟踪,实现精准模式研究。另外,还可以量化学生的阅读,了解学生的阅读兴趣、阅读量、阅读对其成长的帮助等,细化阅读测评题型的编制,改进阅读测评数据统计的类型,设置学生个体Moodle网络阅读学习平台的学习到学校数字童年成长记录平台的自动推送,建构数字化学习资源,实行一种新型的、独立自主的、探究协作的学习方式。

第三章

实践：精准教学在人文学科中的运用

　　精准教学是20世纪60年代美国新行为主义心理学创始人之一的斯金纳所提出的行为学习理论中的一种教学方法，随着信息技术的发展，今天，精准教学已经有了更为丰富的内涵。我们在精准教学的实践中，先后选择了四门学科进行探索。由于不同的学科有不同的特征，精准教学实施的策略、方式也有所不同，因此我们分两章进行论述，本章介绍的是语文、英语这两门人文学科实施精准教学的具体操作情况。

第一节　精准教学在语文学科中的运用

语文学科是我国学校教育中一门最为重要的学科，从小学到大学，都有开设。学生通过这门学科学习母语，为其他学科的学习奠定基础。而小学语文学科则是语文学习的起点，迈好这一步，至关重要。

一、小学语文学科实施精准教学的意义

小学语文学科是小学阶段的一门主要学科，是一个人接受教育的起点，也是实施素质教育的重要基础，对促进学生今后发展和终身学习产生重大影响。因此，在语文学科中实施精准教学具有十分重要的意义。

（一）小学语文学科内容的特点

综观小学语文学科的学习内容可以发现，小学语文学科具有四个明显的特点，即基础性、情感性、实践性和广域性。

1.基础性

小学语文学科包括语言文字知识（如语音、文字、语法、修辞、逻辑等）和运用语言文字进行实践活动并创造语文实践活动成果（如思维、写作、演讲、交际等）的训练内容。它不仅是学生学习各科知识和终身学习的基础，还为学生服务社会、学会做人打下基础。小学语文要培养学生理解与运用祖国语言文字的能力，在语文的文化学习与能力培养过程中，学生的情感、品德、心理得到健康的发展，这又为学生认识世界、改造世界打好了先行的基础。无论是教给学生必要的基本知识，还是培养其运用语文的能力，小学语文教学都显得尤为重要。我们要教给学生语言文字知识，让

学生掌握运用这些知识进行实践活动的方法,使学生听、说、读、写、想的能力得到全面的训练,真正发挥学生的主体意识和参与欲望,真正会学、会探究、会从事有关语文的思维和实践,从而实现学生语文素质和能力的自我发展。

2.情感性

无论是小学语文学科课程还是教材,都特别关注儿童的健康成长与发展,处处体现人类悠久、灿烂的文化,重视人文情感的熏陶。品读语言材料,我们不难发现,不管是在选作课文的童话、诗歌、散文、小说里,还是在编者精心设计的练习里,都饱含着人类丰富、美好的情感,甚至在大多数实用文体中都或多或少地流露出人的情感,就是在学生的作文里,在日常的人际交往中同样也体现着丰富的情感。如果说文以载道的"道"中除了政治思想内容之外,还应包含人类所有灿烂文化和美好情感,那么文以载"文(文化)"或文以载"情"则是语文学科的一个显著特点。可以说,情感性是语文的灵魂,在语文教学中,教师必须创设情境,以文激情、以情激情、以境陶情、以情感人,才可能以文教人,以健康、优美、高尚的人文情境育人。在教学过程中,如果能紧紧抓住情感目标,就能不断给学生以学习动力,也抓住了教学生学会做人的根本。

3.实践性

小学语文学科知识、技能和方法,只有通过不断实践才能逐步掌握。学生离开了丰富多彩的语文实践活动,即便在语文课上能够学到一些知识,也因不能运用而无法巩固和转化为语文能力。这正如人们通常所认为的那样:语言是用会的而不是学会或教会的。当然,必须通过学习才能具有能用来学习、工作及交往的语言文字和语文素养。因此,小学语文教学必须以语文实践和语感培养为基础,科学安排学生掌握字、词、句、段、篇的训练和听、说、读、写的教学,重视观察、记忆、想象和创造能力的培养,将语文技能作为学生练习和实践的基本点,强化朗读、背诵、说话、书写和作文在语文实践中的地位,借以促进倾听、观察、归纳、联想和想象等一般学习能力的提高,使学生在实践中不断巩固知识、提高理解和运用祖国语言文字的能力。

4.广域性

小学语文学科的内容很广泛，仅知识体系就包括语言学、文字学、词汇学、逻辑学、文学、哲学、美学等诸多范畴，能力体系也涉及了朗诵、演讲、写作、心理、交际、书法等。教材中所选的文章涵盖古今中外，涉及许多学科领域，自然学科、社会学科等知识无所不有。

(二)小学语文学科教学的独特性

小学生正处于半少年半儿童时期，既有一定的独立性，也具有对成人的依赖性；既有一定的自觉性，也有与生俱来的单纯性。它们共同构成了小学生独特的心理特点，再加上小学语文学科内容的独特性，小学语文学科教学必然有它的独特之处。

1.学习起点的差异性

小学语文教学是母语教学，即便是刚入学的一年级学生，也绝不是零起点，他们有着一定的生活积淀，已经具备了一定基础的语言能力，特别是口语。更何况，随着年级的升高，在学习过程中，因思维能力、记忆能力、观察能力等不同，每一位学生的学习起点都有着很大的差异性。我们必须正视孩子的这种差异性，教学时要尊重他们的语言基础和生活基础，设计契合不同学生生活实际的教学环节开展教学。语文课堂一旦背离生活，就成为无本之木、无源之水，因此，我们要利用好学生的起点，联系他们的生活经历，为他们创造喜闻乐见的生活体验，唤起他们的生活经验，促进他们更好地掌握新的知识。

2.教学主体的可塑性

教育从本质上讲就是塑造人，通过受教育，人不断地完善自己、改变自己。而小学生的接受能力强，各种新知识的学习活动会大大激发他们强烈的求知欲，催动他们的好奇心，使习得能力不断增强，可塑性就更强。与此同时，他们的认知能力随着学习生活的逐步深入有了极大的发展，对道德、社会、自我、他人、学校和教师等都有了进一步的认识。语文"文道统一"的教学原则告诉我们：语文教学除了进行知识教育外，还要对学生进行思想教育，进行人品的塑造，以塑造学生的优良品德，从这一角度出发，教学要积极发掘思想教育的因素,适时对学生进行思想教育,达到育人效果。教学中在对学生进行人品教育的同时,还要通过对课文的分析,对学生进行艺术的熏陶,使学生在学习的同时提高艺术修养。

3.教学方法的多样性

小学语文教学内容的多样性及学生学习起点的差异性等决定了教学方法的多样化,诸如提问法、演示法、实验法、研究法、多媒体教学法、任务导学法等教学方法日新月异、层出不穷。语文教学方法的多样化是语文教学改革的必然趋势,是语文教育科学化、现代化的必然要求,单一的教学方法只能遏制学生学习语文的积极性,使语文教学很难达到预期的目的。但是,任何一种教学方法,既有优点也有缺点,教学时,我们要针对不同对象和特点,不同目的和要求,选择不同的教学方法。同时,各种教学方法也并不是孤立的,如果能综合运用,将教师教的方法和学生学的方法巧妙结合在一起,既有示范、启发、训练和辅导,又有观察、仿效、运用和创造,教学的效果必会更佳。王荣生[①]认为,教学方法有四个层面:第一个层面是原理层面,具有纲领性和抽象性,如启发教学法、对话式教学法;第二个层面是技术层面,具有中介性和中立性,如讲授法、谈话法;第三个层面是操作层面,如课文题解法、形声字识字法;第四个层面是技巧层面,是教学方法在具体场合的运用,体现出不同教师的个人色彩。在实际教学中,"原理层面"要贯注在"技术层面",要体现为"操作层面",最后通过"技巧层面"得以落实。无论哪个层面的教学方法,都必须以教学内容为中心,以教学主体为中心,即符合教学内容需要,符合学生知识与心理规律,适合教师个体取长补短的教法才是好的教学方法。小学语文是小学阶段的主要科目,教学内容十分丰富,听说读写、古今诗文无一不涉,教师应充分研读教学内容,以符合孩童心理的生活化、情境化、具象化、趣味化教学原则为指导,把课堂中的教学发挥到"艺术"的境界。

4.教学内容的拓展性

小学语文教材所选编的内容涉及了天文、地理、音乐、数学、美术、生物

---

① 王荣生.听王荣生教授评课[M].上海:华东师范大学出版社,2007.

等诸学科,是一个包罗万象的大综合体,是其他任何学科都不能与之相媲美的,这种综合性的特点为我们开展拓展性教学提供了契机。

随着课程改革的深化,越来越多的教师对课程资源的开发和利用意识越来越强,相关资料的补充、其他学科知识的引进、多媒体设备的运用等,使教学时空得到了较充分的拓展。课程资源的开发已然成了每一名教师的业内之事,他们使语文教材的概念不断扩大,涵盖了教科书、教学指导书、补充读物、字词卡片、音频、视频、光盘等。不仅如此,教师和学生本身及周边相关的人也成了很重要的课程资源。教师的学识、思维品质、个性特质、周边人物的故事等对学生来说都是典型的楷模,是活的可以互动的课程资源。有了人的参与,国内外大事、日常生活琐事,经过选择与组织,都可以进入语文课程。与此同时,相应的环境,包括教室、校园、社区乃至博物馆、景区、工厂等都成了可开发的重要的课程资源。只要能够结合教学实际,紧扣语文特点,加强整合与提炼,相关资源就能转化为小学语文课堂语言,使课堂变得丰富而有趣味,收到应有的成效。

5.教学过程的生成性

在教学活动开展的过程中,教师与学生根据教学的进展情况,共同构建起教学活动的过程。在这个过程中,课堂的预设往往遭遇"生成"的挑战,致使教学陷入尴尬的境地,但有时这种生成资源也会成为教学的亮点部分。课堂生成资源是教师预想之外动态产生的教学资源,是学生真实体验的反映,是一种转瞬即逝的非常宝贵的教学资源。不过,它不是教师在课前事先设计好并在教学中不能改变的计划,也不是盲目的、自发的、随意的活动,它反映学生的真实体验,具有较高的价值。对于教学过程中的生成资源,教师应当合理利用,在与学生互动时,根据学生的兴趣或需求,不断对活动进行调整,从而提高学生学习的有效性。在合理利用教学过程生成性资源时,教师的引导是基础,而关键则是把握生成的度,巧妙处理生成与预设之间的关系及利用,使生成的资源更有价值。

(三)小学语文学科需要精准化教学

小学语文学科的内容及教学特性决定了这一学科的教学必须精准,只有基于学科内容,尊重学生差异的精准教学,才能使教学更加高效。

1.小学语文学科教学现状分析

小学语文学科的教学现状如何呢? 通过调研,我们发现很多老师忽略了学习主体在内在需求、学习行为上的个体差异,在教学内容的取舍、教学策略的选择等方面还存在着诸多问题。

(1)目标定位不准确。在新课改的背景下,"知识与能力""过程与方法""情感态度与价值观"是新课程标准中的三维目标,同时也是教师教学的整体目标。三维目标不应该割裂开来,有的教师为了学生能考取高分,只注重"知识与能力"这一目标的达成,而忽略了"过程与方法"和"情感态度与价值观"的能力培养;有些年轻教师的教学目标盲目参照教学参考和网上教案;有些成熟期教师没能与时俱进,没有根据实际情况来设计自己的教学目标,甚至设计教学目标只是为了应付检测,教师在教学结束后无法述说自己的教学目标;还有部分教师为了凸显自己教学的"独特性",会将目标设计得过大或过于抽象,在教学完成后,无法通过学生的学习结果来判断是否达成教学目标。

(2)教学重点不突出。在教学中,教学重点不突出的问题较为常见。老师们在处理教材时模模糊糊,对学生语文能力的培养没有清晰的抓手。识字写字、理解内容、领悟文本、语言运用……要完成的任务太多,都想落实,但最终都没有夯实。过于追求教学内容所涉及的范围,忽视了对教学内容深度的挖掘,教学效果往往差强人意。教学的有效性并不是对内容的简单扩充就能够有所提升,而是需要教师利用有效的教学时间进行详略得当的教学设计,并有针对性地进行信息传输,重点在于让学生留下深刻的印象,而非蜻蜓点水般的简单了解。

(3)教学过程不流畅。教师的教学方法不符合课程标准的要求也是常见现象。现如今,教学方法基本上处于千篇一律的状态,很多教师不注重学生学习兴趣的培养,也不注重学生学习方法的指导,导致教学内容"碎":课堂小问题过多,过程细碎;"烦":重复性的语文过多;"慢":教学进度拖沓,效率不高;"倦":学生学习积极性不高,学习兴趣不强。此外,在课前预习时,大部分教师不会告知学生此次学习目标,也不让学生去回顾和收集与本次教学有关的知识和背景资料,这就导致学生盲目学习,而且无法与其他知识联系起来。最重要的是,教师仅仅教给学生方法,但是没让学生在学习的过程中进行实践,也不关注学生是否真的掌握了方法,导致教学效果不理想。

(4)个体差异被忽视。在教学过程中,教师忽略了学生的学习起点,并没有因学生知识储备的参差不齐而进行教学内容的取舍、重组,导致有的学生因重复学习而失去兴趣。课堂上,大多数教师采取的教学模式还是集体讲解传授,无视学生的主体地位,把自己的方法强加给学生,并没有因为学生之间的差异而采取小组合作学习等方式进行差异互补,调动不了学生的学习积极性。

(5)语文素养无提升。传统的教学比较注重知识的传授,对语文素养的提升相对欠缺。语文核心素养更注重培养学生能够在新情境中应用学习方法的能力,关注学习者通过学习与训练获得语文基础知识、习得基本思维、内化为基本技能以及养成基本品质的过程。在多维素养价值的影响下,阅读素养作为文化素养的核心,更应成为阅读教学的重要任务。遗憾的是,课堂中却常常被老师们忽略了。

透过现象,我们可以看到问题的本质:教师无视学生已有的知识储备,把每一个孩子都当作零起点来教学,违背因材施教的原则,导致语文学科教学出现低效甚至无效现象。教师没有根据学情及教材的特点对教学内容进行取舍、重组,也没有根据学生的心理特点选择精准的教学策略,使得教学效率不高。

2.小学语文学科精准化教学的意义

根据小学语文教学特点及教学现状分析,实施精准教学很有必要。如果教师利用多维度的数据进行精准分析,必能对教学目标的确定起到指导作用。数据经过整理变成信息,从信息中可以总结出知识,知识通过反复实践、融会贯通就能变成智慧。在教学中,教师通过设计测量过程,追踪学生的语文学习表现,包括已有的知识与技能、理解的重点与难点、课堂的专注力与表现力、回答问题时的反应力与准确度等方面,获取有关数据,并根据这些数据进行教学决策,形成切实可行的精准教学过程。其价值至少体现在三个方面。

(1)改变教学方式,凸显主体。传统教学因诸多局限,很难让学生真正做到自主选择。精准教学的课堂中将最大限度地突出学生的自主学习,凸显学习的自主性和深刻性。在教学中,学生可以自主挑选学习内容,选择适合自己的学习方法进行知识的建构。

(2)运用教育技术,提高效率。课堂教学要完成认知目标,就需要解决好"突出重点"和"突破难点"两个常规问题。在课堂教学中合理应用智慧教育技术实现精准教学,就能在最短的时间内定位学生的难点,提高教学效率。精准教学的操作并不繁杂,简单易用且高效,利于学生学习成绩的提高。教学进度符合学生的实际情况,更具有针对性与实时互动性,这些都将大大提升教学的效益。

(3)转变教师理念,提升能力。精准教学对教师的教学理念、教学技巧都提出了更高的要求。教师必须更加清楚地知道教什么、怎么教,必须掌握先进的现代教育技术,每节课都要有每节课的效益,不能造成课时的浪费。通过精准教学的实践,让教师把自己的智慧和技能用在课堂教学的"刀刃"上,将极大地提升教师教学的专业水平和能力。

综上所述,在小学语文学科教学中,我们若能对学生的学习习惯、学习方法、学习内容等进行充分的调查分析,再根据个体差异、不同需求及教材的编排特点等调整教学内容,选择教学方法,设计教学方案,实施教学策略,定能很好地提高教学效率。只有基于这些因人而异的,且与教学有效性密切相关的数据分析,有效的、科学的、智慧的精准教学才有可能在真正意义上变为现实。

二、小学语文学科精准化教学的实施路径

小学语文学科实施精准化教学,是建立在精准捕捉"前概念"的基础上,充分了解学生的原有水平,包括已有的知识储备、学习方式、良好的学习习

惯等,立足于学生个体的差异,满足学生学习的不同需要,寻找相应的教学策略,使语文教学更趋精准,促进学生在原有的基础上得到个性化的充分发展。

从图3-1可以看出,"前概念"是指学生在接受正式的科学的概念教育之前,对日常生活中所感知的现象,通过长期积累而形成的事物的认识,是存在于人们头脑中相对于新知识的已有认知。"前概念"原理告诉我们,教学是有前概念的,前概念是可以捕捉的。利用学生的"前概念",是实施精准教学的路径。

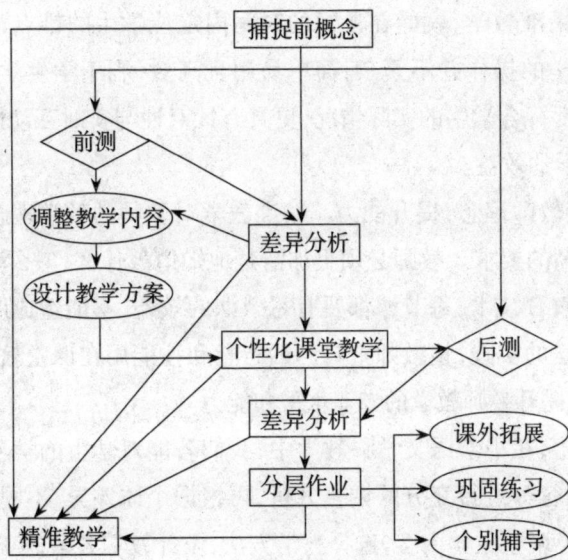

图3-1　小学语文学科精准教学路径

(一)精心设计前测,捕捉学生前概念

由于学前教育、家庭教育及学习能力等方面的不同,学生的知识储备存在一定的差距,只有对学习主体的学习需求、学习起点、学习难点与学习特征等情况进行充分的了解,才能为教学预设提供依据,让教学预设更有前瞻

性、针对性、准确性与层次性。前测是学情分析的重要依据，是有效教学预设的基石，是实施精准教学的重要保障。

1.前测的原则

教学前测必须遵循超前性原则和趣味性原则。超前性原则是指对学生进行前测的内容是进入正规课堂教学之前学生已有的原发性概念，必须是没有教学的内容，是原有的知识储备。前测的时间必须在教学新课前进行，以便调整教学设计。趣味性原则是指对学生进行前测时要符合学生的心理特点，形式多样，语言的表达及页面的设计富有童趣。

2.前测的内容

语文教学的前测内容包括学习行为调查和常规性的学科内容检测。学习行为调查主要从学习兴趣、方法、途径等方面了解学生的学习习惯、学习能力等。常规性的学科内容检测是在每一课的新课教学前，教师通过各种方式让学生认读本课需要识记的生字新词，朗读课文，回答相关的问题等，并进行统计，旨在了解学生的学习起点、学习难点。

3.前测的方式

前测的方式因检测内容而有所不同，通常学习行为的检测以调查问卷的形式进行，可以纸质调查，也可以网络调查。而课前常规性的学习内容检测则多采用纸笔测试方式进行。有时由家长进行前测，让家长听孩子朗读，统计不认识的生字等。有时借助微信、QQ等语音功能进行录音，然后发送给教师统计。

(二)精准分析差异，设计教学预案

根据前测数据统计、分析，了解到学生的学习习惯、学习起点、学习难点等差异后，我们就可以合理地调整教学内容，科学地选择教学方法，准确地设计教学方案。

1.分析个体差异

将统计结果以图表的形式呈现，就能直观地反映学生的学习起点、学习习惯、学习特征等。以低年级识字教学为例。

(1)识字行为的前测情况统计分析(见图3-2至图3-4)。

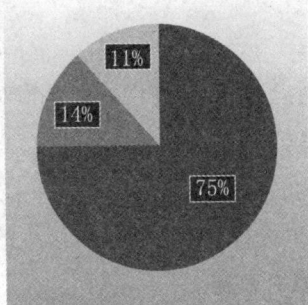

图3-2　识字兴趣调查分析

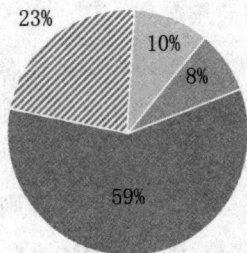

图3-3　识字途径调查分析

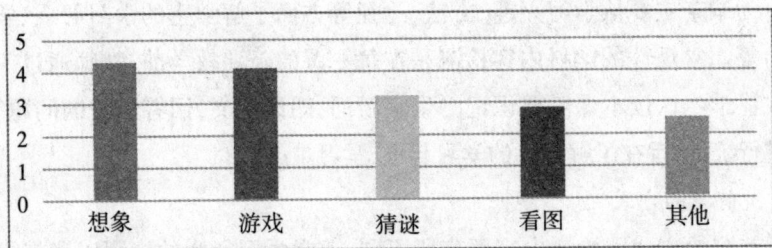

图3-4　识字方法调查分析

从图3-2至图3-4可以看出,对调查和问卷结果的统计分析显示,大多数学生识字的兴趣比较浓厚,也愿意通过多种方式自主识字,且形式多样。但也有少数学生相对来说比较被动,兴趣明显不浓,有些学生甚至出现了厌恶的情绪。从识字途径看,大多数学生是通过课堂学习认识生字,也有相当一部分学生有课外识字的好习惯。而识字方法的调查显示,学生都有自己独有的方法,但最受欢迎的却是想象编故事和游戏识字。基于以上分析,课堂教学中我们要重视培养学生的识字兴趣,鼓励他们课内外结合多途径识字,还要根据学生的内心需求,以他们喜欢的方式引导他们识字,增加识字量。

(2)识字内容的前测情况统计分析。为了更精准地设计识字教学方案,我们对识字内容的检测结果进行统计、分析,以更准确地确定重难点。以《荷叶圆圆》一课为例,前测结果统计数据如下(见图3-5至图3-7)。

13.《荷叶圆圆》识字前测结果统计

1. 生字认识情况。(正确人数统计)

珠(39) 摇(33) 躺(28) 晶(39) 停(35) 机(40)

展(29) 透(32) 翅(21) 膀(31) 唱(36) 朵(30)

2. 词语认识情况。(会认人数统计)

荷叶(37) 绿绿的(39) 歌台(33) 放声(28)

凉伞(36) 摇篮(20) 朋友(40) 停机坪(15)

图3-5 《荷叶圆圆》识字前测结果统计1

生字	机	珠	晶	唱	停	摇	透	膀	朵	展	躺	翅
会认率(%)	100	97	97	90	86	82	80	78	75	73	70	53

图3-6 《荷叶圆圆》识字前测结果统计2

词语	朋友	绿绿的	荷叶	凉伞	歌台	放声	摇篮	停机坪
会认率(%)	100	97	93	90	83	70	50	38

图3-7 《荷叶圆圆》识字前测结果统计3

经过测试统计,我们充分了解到班中学生在本课生字识记方面,“机、珠、晶、唱”四个字是较为熟悉的,大部分学生已经认识;“透、膀、朵、展、躺、翅”等字约有1/3的学生不认识;词语认读方面,“歌台、摇篮、放声、停机坪”四个词语认识的人数较少。以上调查统计结果分析,更好地为教师确定教学重难点提供了有力的依据。

2. 设计教学预案

古语有云:“凡事预则立,不预则废。”“先学后教,以学定教”的教育理念深入人心,预学单的设计和数据的反馈可以成为课堂教学的切入点。合理的预学设计不仅能找准学生学习的起点,更能从“最近发展区”入手,打通学生学习的外延。有了前测数据,我们可以以此为依据调整课堂教学内容。针对多数学生难以掌握的内容进行重点教学,学生已掌握的内容可以忽略不教,个别现象采取课下教学。

（1）调整教学内容。拿《荷叶圆圆》一课的生字教学来说,通过对前测数据分析,我们就可以把"机、珠、晶、唱"等字的教学内容删去,课下找相关学生进行个别指导。课堂上的教学重点则是"透、膀、朵、展、躺、翅"等生字的认读与识记。

再如《海底世界》一课的阅读教学,预学单包括三个基本环节:①字词积累;②把握主旨;③学有所思。其中,"字词积累"分成两个部分:一是本文需要认读的生词;二是需要学生随文理解积累的词语。"把握主旨"一般以填空的形式出现,旨在让学生在提取文本信息的基础上进行概括。"学有所思"基于学生自主阅读,尝试提出问题,为接下来的学习做好铺垫(见图3-8)。

图3-8 《海底世界》预习单

预习之后,老师对学生的预习结果进行统计,在"字词积累"板块,学生认为难读的词语如下(见图3-9)。

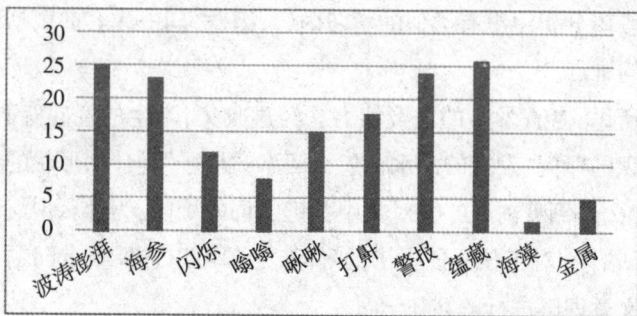

图3-9 《海底世界》词语认读前测统计

　　将数据分析后可知,学生对多音字"参",后鼻音"警""澎"以及"蕴藏"有一定的认读困难,需要教师在教学中多加关注。在理解词义方面,统计后发现,学生的困难集中在拟人手法的"窃窃私语"和不常用的生活用品"梭子"(见图3-10)。

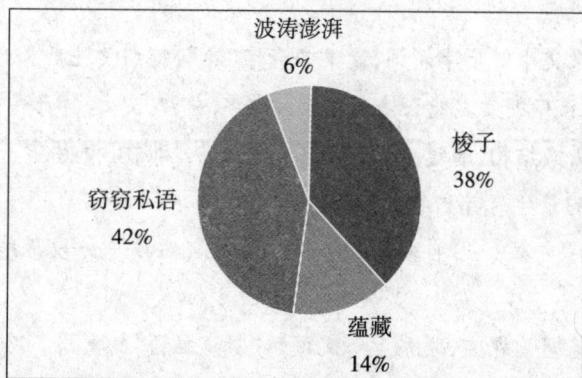

图3-10 《海底世界》词语前测分析

　　书写的大部分错误集中在"速"的最后一笔写成了"捺",导致字形错误。还有部分同学对"辶"的形状把握不到位,字形不够美观。

　　把握主旨,考查学生对课文结构的探究。课文从动物、植物、矿产三部分来写海底世界的景色奇异和物产丰富。学生在分析文章结构的时候,不会把同一类内容进行整合和概括。例如,课文第2～4自然段写的是海底的发光鱼、动物的声音和动物的活动,可以视作一个整体,但对学生来说有一定难度。段落分析中也有类似的学习内容,因此,同一内容的概括与归纳应作为学习的难点。

学有所思,考查学生的质疑能力。经过收集,学生的疑问有两大类:①对科学知识的疑问:发光的深水鱼怎么回事?"梭子"是什么形状的?"乌贼和章鱼"为什么是倒着前进? ②对文中关键字词的疑问:为什么说海底动物是在"窃窃私语"? 对于孩子们提出的疑问,老师可以选择重点问题在课堂教学中结合文意理解进行解答和学习。

(2)确定教学目标。还是以《海底世界》为例,由以上预习单介入,结合数据分析就可精准了解学生的学情起点和学习困难点,提出精准的2课时学习目标。

【案例3-1】 《海底世界》学习目标精准定位

第一课时:

1.认识课文中的生字新词,读准多音字"参",特别关注后鼻音"警报""澎湃""蕴藏"的正确朗读。能正确书写课后生字,关注"走之"字形的结构。

2.探究课文结构,通过思维导图了解课文从"动物、植物、矿产"三个方面写海底世界的景色奇异和物产丰富。

3.学习课文第1~3自然段,明确第2~3自然段总分段落结构,会找总起句。

4.能熟练朗读课文,联系上下文理解"窃窃私语"的意思。感受文艺性说明文语言准确且有趣的特点。

第二课时:

1.通过圈画词句、勾画示意图等方式,进一步认识"总分段落"。

2.通过合作学习,明确总分段落写了事物的哪几个方面及其排列顺序。

3.能根据海洋生物资料包,按一定顺序写一个简单的总分段落。

4.通过抓关键词、想象等方式体会"比较""拟人"的作用,能有感情地朗读课文。

由预习单切入,进行弹性预设。利用智慧教育技术结合数据统计对学生的学情起点进行分析和定位。在准确了解学生对课文的熟悉程度,对重点字词的理解程度后,制定精准而恰当的学习目标,聚焦重难点,可使教学更精准,教学效率更高。

(3)编写教学流程。基于前测分析,我们尝试运用"前测反馈—交互学习"的新模式开展教学。我们以前测反馈引出学习内容,明确学习方向;以小组互动与全班交流相结合的学习方式,加强互动,在同伴互教互学中提高学习能力,巩固学习成果。同时,我们尝试学生授课模式,让学习能力较强的学生帮助学习能力较弱的学生,充分调动学习积极性,激发学习兴趣,提高学习效率。教学流程如图3-11所示。

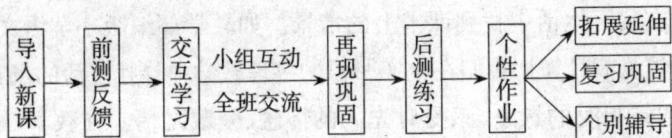

图3-11　教学流程

前测反馈后,教师布置学习任务,组织学生开展小组学习。在小组互动中,学习能力强的学生以小老师的方式,运用多种方法帮助学习能力较弱的学生学习、掌握前测中较难掌握的知识。接着,各组代表在班级中交流、反馈,大家选择自己喜欢的方式进行介绍。这样,既调动了学生的学习兴趣,使课堂教学生动有趣,又增强了学习主动性,提高了学习能力,使教学更加高效。需要注意的是,交互学习时教师要把握好时机,做到适时、适度。

(三)尊重个体差异,实行个性化课堂教学

精准教学就是要针对学生的实际情况,采取相应的教学方式,提供适切的教学支架,从而帮助学生取得学习的成功。因此,精准教学实质上强调的是一种个别化教学。

1.联系生活体验,将前概念转化为课堂学习的因素来源

"教师如果不关心广阔的实际生活就很难学好语文,也很难教好语文。"这就说明,语文与实际生活是密切相关的,不仅要在语文教学实践中真切地

去感受,还要在实际生活过程中做一个有心人,认真去发现周围活生生的素材。

小学阶段的孩子,学习兴趣大多来源于生活,每个孩子的生活经历都是丰富多彩的。若将学习的过程和生活中的活动联系在一起,课堂中将会让我们看到孩子身上许多潜在的概念,若能唤起孩子不同的生活记忆,及时捕捉到这些瞬间呈现的概念,迅速转化为课堂学习的因素来源,必将大大提高教学目标的达成速度。

首先,要帮助学生找到联系生活的切入点,将课文学习与现实生活联系起来,可以有效降低学习难度。教学时,教师不仅要注意字、词、句等知识的教学联系生活实际,还要特别重视其中蕴含的中国文化传统等,引导学生通过联想,在实际生活中找到课本上的情景。如教学部编版小学语文教材二年级下《传统节日》时,我们在生字"祭"的字理教学中寻找生活的场景,帮助学生忆起祭祀时的景象,感受对先人的怀念、爱戴之情。在教学"贴窗花""放鞭炮""赛龙舟""乞巧"等相关内容时,也可以引导学生回忆过节时的情景,将脑中已有的概念转化为新的学习内容,那么就很容易理解课文所要表达的美好的节日气氛,将课文的学习难度降低了不少。同时又能使学生对生活有更深的理解与感悟,从而激发他们珍惜、热爱美好生活的感情。

其次,引导学生通过观察生活中的实际现象,寻找、积累生活素材,将其转化为课堂学习中的重要因素,可以使表达更加精准。写作是学生学习语文最基本也是最重要的板块,学生必须把自己的看法用恰当、准确的语言呈现出来。但长期以来,学生的写作始终存在着"缺乏新颖""内容枯燥"等诸多问题。如果能够根据习作主题,引导学生联系实际生活,将亲眼所见、亲耳所闻、内心所感等如实记录,所写的内容就不会空洞无味,反而会更真实、更能打动人。教学时,教师不仅要努力引导学生回忆生活,尽可能全面地将生活中真实发生的内容罗列出来,将生活前概念转化为课堂教学的素材,成为再生资源运用到写作中,更要帮助学生打开情感的记忆之门,重温心路历程,这样的习作指导才会精准,写出的文章表达准确,情感丰富。如池锦榕老师在教学六年级习作《难忘的第一次》时,首先帮助学生打开记忆的大门,探寻曾经亲历的第一次。学生纷纷谈到:第一次购物、第一次烧菜、第一次洗衣服、第一次测体温……继而池老师引导学生从众多的"第一次"中寻找"新""奇""异"，将生活的范围缩小。在确定要写的内容后，再次引导学生走进记忆中的这个"第一次"，唤起当时不一般的体验。同时，引导学生用思维导图的形式画出经历第一次时内心复杂的情感体验。有了这样一步步精准的指导，学生的习作表达丰满而生动（见图3-12）。

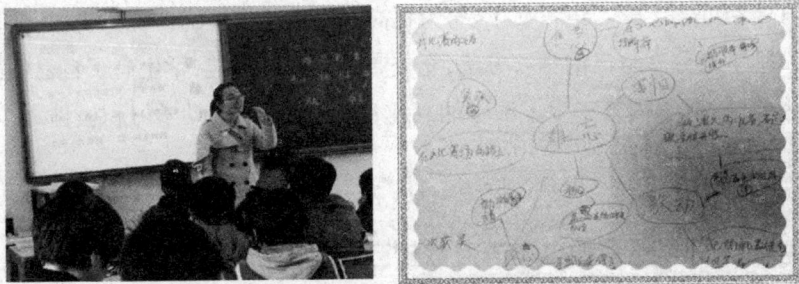

图3-12　池老师指导学生习作《难忘的第一次》

良好的语言生成环境往往能激发出学生潜在的生活经验和丰富的知识储备，只要我们能充分利用好它，及时抓住新生成的资源，借助这些现有经验，将其转化为新的课堂教学抓手，定能降低学习难度，加深学生对所学知识的印象，学习效果不言而喻。

2.尊重经验差异，运用多种方法帮助学生提高学习效率

以往的课堂教学中，教师首先关注的是这一节课要学会什么，比如识字教学，老师一般关注的是课堂上学生要学多少生字，哪些字要求会认，哪些字要求会写。无论学生是否已经掌握了这些字，都必须跟着老师一个字一个字地从头学，学生的已有经验被完全忽略。再如阅读教学，老师做得最多的是带着学生理解课文内容，读懂课文讲了什么，体会文章表达了作者怎样的情感。至于学生是否已经掌握了阅读方法，是否会运用这些方法独立理解文章的内容与主旨，却很少去关注。而现在我们做的第一件事是转变思想，使教学的出发点由原来的"从教学任务出发"转变为"从学生的已有经验和学习愿望出发"。

"学生是语文学习的主人"，无论是识字教学还是阅读、习作教学，都要

使学生"喜欢学习汉字,有主动识字的愿望""对学习汉字有浓厚的兴趣,养成主动识字的习惯""具有独立阅读的能力,学会运用多种阅读方法""写自己想说的话""写下自己的见闻"……《语文课程标准》对于识字、阅读、写作教学的这些论述,字里行间渗透着对学习主体——儿童的关注。

教学时,我们要在前测的基础上充分预设,充分尊重学生已有的知识储备,尊重学习经验的差异,尊重学生的意愿,激发他们大胆表达、交流,用多种方式帮助学生学习语言文字,努力提高学生的学习能力。课堂上,还要多多鼓励学生分享自己的学习方法,充分激发他们的潜能,学生有了自己的独特体验,对所学内容产生了浓厚的兴趣,就能极大地调动学习积极性,学习效率也会得以提升。

【案例3-2】 部编版小学语文教材二年级上《狐假虎威》的精准设计

汪梦瑶老师在教学部编版小学语文教材二年级上《狐假虎威》时,就在课堂上对学生进行了词语学习调查,了解学生认为难读的词语(见下图)。

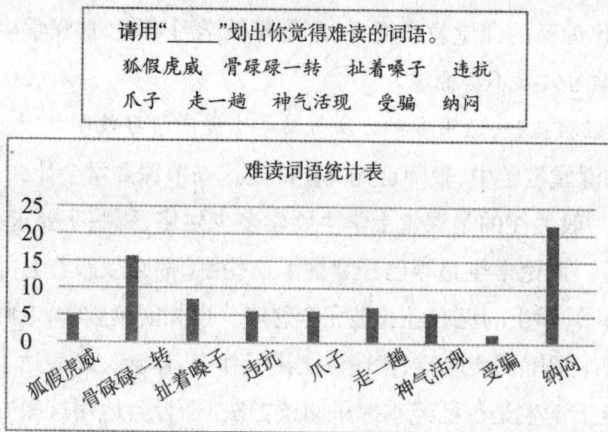

根据调查结果,汪老师立即调整教学方案,将带有多音字的"骨碌碌一转"与"纳闷"作为词语教学重点,帮助学生读准音,理解意思。在接下来的教学中,汪老师根据学生的不同特点,分别让学生通过查字典和运用微课的

视频动画等手段直观展现了"转"的两个读音的不同用法。接着采取动作和语言结合的方式，请学习有困难的学生上台表演"眼睛骨碌碌一转"，学生在有趣的表演中，很快就记住了"转"读第四声时的意思。

3.遵循学习规律，运用多元思维提升学习能力

语文的学习是有规律可循的，组字成词，组词成句，由句连成篇，都含着一定的逻辑关系。就拿汉字来说，它是汉民族思维和交际最重要的书面符号系统。汉字的构成一般先有象形，而后派生出指事、会意、形声乃至假借和转注。现行教材根据汉字的构字规律，编排了归类识字，如看图识字、儿歌识字、字谜识字、字族识字等，教给学生识字方法，拓宽了识字途径。

【案例3-3】 部编版小学语文教材二年级上《寒号鸟》的精准教学

叶田田老师在教学部编版小学语文教材二年级上《寒号鸟》时，引导学生运用多元思维提升识字能力。在引入"寒号鸟"这种动物时，她采用了HiTeach的聚光灯效果，让学生通过观察"耳朵"图片猜一猜动物，并通过抢答器回答，引入"寒号鸟"这种动物和"号"这个多音字。因为"号"在字典中念第四声时有非常多的解释，如果全部说明，学生无法记住，同时也降低了课堂效率。于是，叶老师利用微课进行了选择，通过之前学过的词语"一把铜号""问号""口号""号令"等帮助理解，加以区分。学生联系旧知，很快便明白，当它表示名称、记号等意思时念第四声，当它表示拖长声音大声叫唤或者大声哭的意思时念第二声。通过前测单，叶老师了解到学生最难读的词语是"当作"时，就出示字典中的多项释义，让学生通过投票器现场选一选，并且追问选对的同学，为什么选择这个读音。通过技术手段，可以清楚地知道，还有多少学生没有掌握，然后让已经掌握的学生发挥小老师的作用，帮助同伴。教学"衔"这个字时，学生识记有困难，叶老师就采用字理识字，让学生了解这个字的构字方式。衔：为了控制马匹前进，横在马嘴中间的铜棒，所以衔字是一个行字中间加入一个金字旁，然后通过组词加强记

忆。最后,根据课文内容和本课的生字,叶老师把《寒号鸟》一文中的生字全部编在一起成了一首诗歌,让学生在诵读中反复再现,再次巩固。叶老师充分遵循学习规律,借助信息技术,结合学生的心理特点,引导学生多元思维,大大提升了学生的学习能力,提高了学习效率。

教学中,我们如能精准分析教材的编排意图,准确引导学生发现汉字的"象",探究汉字的"理",体会汉字的"韵",感受汉字的"序",调动学生以视觉、听觉、逻辑等多元思维去品味汉字的美,感受字音、字形、字义等的异同,一定能激发学生的识字兴趣,提高识字能力。从引导学生发现偏旁到猜测字义、组词、拓展运用等,每一步教学行为的实施,老师都要根据构字特点,充分利用信息技术等各种手段,精准地从字音、字形、字义等多方面的融合为学生识字提供良好的思维方式,不仅仅让学生领略中国汉字的绝妙,更感受汉语言文化的魅力所在。

4.技术精准助力,课堂教学情趣交融、学过留痕

信息技术的运用改变了传统课堂的模式,为语文课堂教学注入了新的活力。现代化教学手段将文字、声音、图像、动画等多种教学媒体有机结合,不仅直观形象地给学生创造愉快的学习氛围,激发学习兴趣,还能清晰地展示过程,加深对教学内容的理解,养成良好的学习习惯,给学生留下深刻的印象。

如在教学部编版小学语文教材三年级下《燕子》时,宋利利老师运用微课辅助教学,在导入时播放了燕子的微视频,激发学生学习兴趣的同时帮助学生了解燕子,对燕子有了初步的印象。祝艳老师在教学时,运用微课引导学生通过"找""想""展"的方法一边读一边想象画面。"找",就是"找景物",找一找这段话或这篇文章中有哪些景物;"想",即"想特点",想一想这个景物有什么特点,把这些带着特点的景物组合起来,就是一幅完整的画面;"展",就是"展画面",把自己脑海中出现的画面展现出来。学习方法分步实施,画面清晰,讲解清楚,指导细致,学生一目了然。借助技术,运用微课精准教学,使学习过程情趣交融,避免了老师讲课的枯燥乏味,给学生留下了深刻的印象(见图3-13)。

图3-13 教学微课

微课的核心内容是教学视频,图、文、声、色、光并茂,具有问题聚焦、主题突出的特点,便于学生根据自身的水平进行观看。小学生活泼好动,有意注意时间短,在课堂中适时引入微课等现代化教学形式,使教学过程更加具体化、动态化、形象化。

基于前测分析,教师还可以在课堂中选择更为有效的手段,激发学生的学习兴趣。比如,用动态视频代替简单的图片呈现,用白板笔展示思维过程,依靠信息技术对学生的思维过程进行精准评估等都能让学生的学习效果得到提升。

5.个体差异互补,小组合作实现学习效率最大化

精准教学模式在小学语文课堂教学中的运用,更体现在小组合作上。各个小组可以看作一个整体,进行个性化教学。小组合作学习,让师生在合作的基础上有意识地为学生提供更广阔的学习空间和自由。每一次的小组活动都应根据学生个体的差异来组合,组内成员有明确的分工,有不同难度的任务,在互学互助、相互激励、相互启迪的学习过程中,每个人都能得到提升。

【案例3-4】 部编版小学语文教材一年级下第八单元"识字加油站"的教学

在教学部编版小学语文教材一年级下第八单元"识字加油站"时,教师采用了小组合作学习的形式。教师事先在每个小组的桌上放了一个资料袋,里面装着今天要学习的词语,然后四人小组合作学习,完成以下任务。

（1）里面有八个生字，小组成员一起想办法，让所有人都能记住它们。

（2）请合作读一读这些生字组成的词语。

（3）高级挑战：用上两个词语说一句话。

这是一年级下册最后一个识字单元的内容，学生经过一年的学习，对于识字已经有了经验。所以，教师采用让学生自主学习的方式，设定了三个阶梯：第一个阶梯是合作识字；第二个阶梯是认读词语；第三个阶梯是理解运用。小组成员中的基础知识能力各不相同，老师采用小组合作的方式，发挥一部分同学的优势，让他们带领其他同学进行自主学习。在小组合作学习中，碰撞智慧的火花，既让基础薄弱的学生能够顺利地识记生字，又为早就已经掌握内容的学生设计了挑战，让每一个学生在小组合作中都得以提升。

苏格拉底说，教育不是灌输，而是点燃火焰。根据学习主体的差异开展自主、合作相结合的交互式探究识字，极大地激发了学生的学习热情，使识字方法在实际运用中充分体现的同时，又促进学生从同伴处发现更多新的方法，识字能力得以不断提升。同时也减轻了教师的教学压力，起到了事半功倍的作用。

（四）后测评估，差异性辅导措施使精准化教学更加高效

传统教学中，对于学生的学习表现，教师要么凭经验判断，要么只对测试结果进行核算总分、平均分、优良率、合格率等粗线条的分析。而精准教学则要求用具体的、精确的数据代替模糊的感觉、粗糙的统计。在课堂教学中，我们同样也可以运用精准教学理念来评估学生的学习情况，为他们建立档案，针对性地进行个别辅导，巩固、提高学习效率。

1.呼应前测，后测辅学

为了更好地巩固所学知识，我们对应前测结果设计后测内容，有针对性地进行检测，从学生的课后掌握情况来判断是否达成基于前测的教学目标，并根据结果的差异开展相应的辅导工作，以测辅学。

【案例3-5】 部编版小学语文教材一年级下《棉花姑娘》教学中的以测辅学

教学部编版小学语文教材一年级下《棉花姑娘》前,教师在学生没有任何准备的前提下下发前测单,了解学生的掌握情况。根据测试结果重点教学学生难记的字,学习后设计后测单,进行检测,以便查漏补缺。前、后测如下。

选择正确的读音。写序号。

(1)zhì　　(2)yàn　　(3)rán　　(4)tǔ　　(5)piáo　　(6)gàn

(7)bié　　(8)qí　　(9)bì　　(10)kē　　(11)la

治病(　)　　碧绿(　)　　燕子(　)

别人(　)　　忽然(　)　　笑啦(　)　　惊奇(　)

瓢虫(　)　　吐出(　)　　树干(　)　　七颗(　)

一、选择正确的字

(1)颗　(2)棵

一(　)糖果　　　一(　)大树

一(　)纽扣　　　一(　)禾苗

二、猜字谜

王老师穿着白衣服站在石头上。答案是(　　　),组词_____。

这幅图表示的是(瓜　瓢),选择正确的√,组词_____。

基于前测,"瓢、碧、颗"三字的错误率较高,教师在课堂识字教学中重点加强了这三个字的教学。课后的检测单则根据课堂内容,以简单、趣味的题型,如选择正确字形、猜字谜等形式,检测学生是否真正掌握。从后测结果来看,只有个别同学出现了错误,说明大部分同学已经掌握了识字难点。随

后，教师为学生建立档案，一一登记出错的内容，再进行个别辅导，不断复习巩固，真正实现了精准教学的有效性。

医者通过望闻问切了解病症，为患者制订精准的治疗方案。同理，教师采用多种形式测试学生学习前概念，根据前测结果精心制订教学方案，选择教学策略，为识字教学提供准确的教学思路，为实现精准教学提供保障。医生通过复查来检验治疗效果，以便后期巩固治疗、调整方案。教师则通过后测来检查教学的有效性，以多种形式反复再现教学内容，刺激学生的记忆，确定被遗忘的内容，对症下药，查漏补缺，确保学习效率最大化。

2.量身定制，分层作业

课后巩固要实现精准，需要根据学生的掌握情况和不同的学习方式，来设计合适的练习。要将"一对一"个性化精准教学模式融入其中，必然要求作业具有开放性、层次性。只有分层设计开放的作业，才能让学生根据自己的需求、自己的学习习惯等对知识进行复习巩固。这样不仅能使学生带着主动的、愉快的情感体验完成作业，还能促进学生对语文学习兴趣的提高以及学习能力的有效发展。如学习了"识字加油站"后，可以根据学生自身特点选择完成课后作业。

（1）制作小报，提倡生活中识字。学生独立制作小报，自主寻找报刊、包装纸、说明书等，可以剪贴内容，也可以在小报上画图案和文字等。作业过程由孩子独立完成，家长唯一可以协助的是当孩子的素材有需要时，带孩子拍照，缩小照片，打印（见图3-14）。

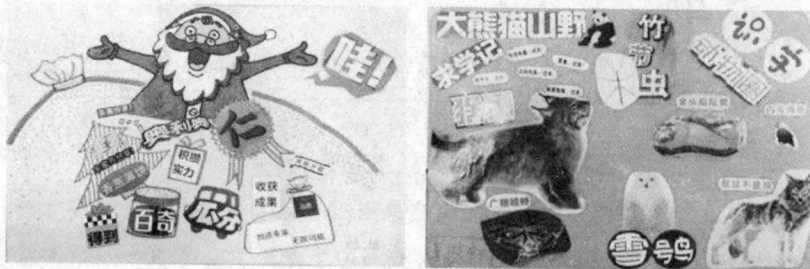

图3-14　识字小报

学生在编制小报时,可以研究自己感兴趣的主题,从各类书籍、杂志、报纸中选择素材。这种作业方式符合学生的心理特点,可以充分调动学生主动学习的积极性,在快乐的搜索过程中学习汉字。在这一过程中,不仅认识了许多汉字,还提升了信息搜索和主题建构的能力。

(2)打卡记录,识字与阅读相结合。培养良好的阅读习惯终身受益。在熟悉课文的基础上,选择适当的课外读物,让学生在不同的语言环境中和文字打交道。学生在自主整理的过程中可以根据自己的情况,选择今天新认识的字和词语,而且,这个字不仅可以来源于阅读的书中,还可以来源于生活当中的对话,不给学生限制学习范围(见表3-1)。

表3-1 学生阅读记录表

日期	书目	阅读时间	我今天新学的字和词(生活中、书中均可)

一个过程下来,学生见到表格中自己已经记录的汉字和词语,就会产生成就感,激发进一步学习的意愿。经过一段时间的积累,定期开展自查活动,给自查评定等级,检查自己学习的生字是否已经全部记住。每位同学都有与众不同的测查单,还未记住的生字记录下,以便后期复习和巩固。

3.错题整理,强化巩固

表3-2是错字登记表,教师针对检测结果,将学生出错的生字记入错字登记表,进行反思、总结,找到强化措施,以便进一步巩固。孩子们也可以通过错字登记表,发现自己识字上的不足,如形近字混淆、记忆回生等。一则教师可以针对共性问题,在复习时准确设计方案,突出重难点。二则可以通过学生的个人体会,及时了解学生是否真正意识到自己的问题所在,帮助分析和解决问题。三则帮助学生养成良好的纠错习惯,使其终身受益。如果

将每次后测的错字记录在自己的本子上,定期进行复习巩固,定能收到意想不到的效果。

表3-2　错字登记表

日期	暂时出错的生字	强化措施

4.技术平台,精准互通

当前信息社会,各行各业利用技术平台都可以非常精准地解决许多后期服务问题,语文教学也是如此,为了便于掌握学生的巩固情况,我们可以通过信息技术平台,为课后差异辅导提供精准的服务。很多教师选择用网络平台布置作业,但是对于低段的学生来说,他们还不具备独立在网络平台上完成作业的能力。为此,可以利用比较常见而便捷的软件,实现教师与学生、教师与家长、学生与家长之间的多方沟通。如微信小程序朗读分享。

由教师创建圈子,鼓励学生将自己的朗读音频发上来,形成动态朋友圈。老师和别的家长都可以听到学生的朗读,在音频下方可以评论,打造一个开放式的交流平台。

因为是开放式的平台,孩子们会调动自身的积极性,努力追求,让自己的读音更加准确。学生在朗读中不仅巩固了生字的学习,还能加深对文本的理解。选择在常用的软件中构建一个交流平台,既不会打扰到家长个人的朋友圈,还能够实现多方交流。朋友圈式的音频,让教师方便了解每一个孩子的学习情况,便于给每一个孩子进行精准的指导。有的孩子基础弱,一开始读得并不是很好,但是通过日积月累,在平台上大胆展示自己,得到老师和家长的建议,努力练习,不断提升自己。不论程度好坏,都能够在这里获得自信,享受成功带来的喜悦。

信息技术为课后的学习搭建了良好的交互式平台,但我们不能为用技术而用技术,而要让其真正为我们的教学服务。不给家长、学生增加负担,而是要为老师了解学情提供便利,为精准教学提供强有力的技术支持,能够及时精准地为学生提供提升对策。

三、小学语文学科课堂精准教学策略

在语文课堂教学实践中,我们总结了五条行之有效的精准教学策略。通过这些策略的运用,我们的语文课堂教学变得更具有针对性,更富有实效。

策略一:链接生活

链接生活,是基于教学内容与生活经验的零差异或微差异,引导学生联系生活体验,将前概念转化为课堂学习的因素来源。

"识字途径"的调查结果显示,23%的孩子喜欢联系生活识字,他们的识字兴趣往往来源于生活,课堂中若能唤起孩子不同的生活记忆,就会引发孩子身上许多潜在的概念,及时捕捉到这些瞬间呈现的概念,并迅速将此转化为课堂学习的一个有力抓手,必将大大提高教学目标的达成速度。

此教学策略适用于教学生活性较强的生字,如在学生的生活经验中多次出现的字或者经常运用的字;适用于阅读教学中理解相关的词句;也适用于习作教学中生活素材的积累;等等。运用链接生活策略要注意以下两点。

1.创设环境

要为学生创设环境,让学生置身于某一生活情境中,如模拟超市、菜市场等场景,给某些商品贴上标签,就能勾起孩子的生活体验,助力识字;模仿劳动场景,做做相关动作,就会唤起记忆,理解词义。

2.把握时机

要把握最佳时机,当学生对某事某物有浓厚的兴趣和好奇心时,其记忆力、理解力都很容易被唤醒和激活,此时教学往往能收到事半功倍的效果。

【案例3-6】 部编版小学语文教材一年级下《操场上》

师:操场上,小朋友们在干什么?(生根据画面说活动项目,师点出新词)

生:拔河比赛。(师出示词语卡片:拔河)

师：请你当小老师带着大家读一读。(评价：读得真有劲！拔河是要用力的。)

师：在生活中，小朋友们拔过什么？(生纷纷举手回答)

师：哦，明白了，"拔"就是用手"抽""拉"，将东西连根拽出。我们边做动作边读。

(动画演示：左边出来一只手，右边是"发"字，但起笔转化为萝卜、小草……)

师：来，小朋友们，伸出你们的左手，我们一起将右边的这根头发拔掉。

(动画演示："发"的起笔——一根粗粗的头发，随着小朋友的动作渐渐离开，左边的手变形为提手旁，右边的头发不见了，画面上只有"拔")

师：小朋友，这下你们记住"拔"字了吗？

生：我用顺口溜记：拔、拔、拔，拔头发。

生：我会想象：用手拔头发，头发没了才是"拔"。

……

在这一识字教学片段中，教师成了一位魔术师，把课堂变成一个活动场所，让学生在轻松与愉快的环境下，将识字与生活经验相结合，唤起学生已有的认知，借助现代化教学技术，巧妙地将"拔"的前概念转化为生成性资源，伴随教学过程推动教学进程，充分调动了学生学习的积极性。

策略二：差异互补

差异互补，是指教师根据课前对学生进行的学习内容调查结果，分析不同学生的学习起点与难点，尊重学习经验差异，将程度不同的学生混搭组合，开展小组合作学习，互帮互助，在互补学习中取得最佳学习效果。

此教学策略适用于班级中部分学生课前对某些教学内容有所掌握，但掌握的对象、掌握的程度有所不同，显得参差不齐。在这样的情况下，教师如果进行统一授课，必会影响这部分学生的积极性。采用小组合作差异互补学习，不仅提高了零起点学生的学习效果，而且促进了已掌握学生的巩固提高，大大调动了所有学生的积极性。

运用差异互补策略的前提是对学生的学习起点进行全面的了解，关键在于小组的组合，每个组必须有一个主心骨，各组员所掌握的学习内容要有所不同。同时还要规范学习过程中的管理,培养较强管理能力的组长,合理利用有限的时间达到最好的学习效果。差异互补模式如下图所示。

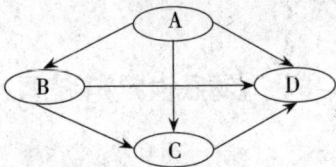

A学生是主心骨,B为辅助人员,协助A分别帮助C与D,D为较薄弱学生,接受A、B、C的帮助。这样互帮互助的方式,实现差异互补,一对一、一对多、多对一的帮助,改变了常规课堂教学中学生无论是否已经掌握了相关内容,都必须跟着老师——从头学的模式,使教学的出发点由原来的"从教学任务出发"转变为"从儿童的学习愿望和需要出发"。

【案例3-7】 部编版小学语文教材一年级下《棉花姑娘》的合作学习

在教学部编版小学语文教材一年级下《棉花姑娘》时,前测数据统计如下。

zhì 治病(9)	gàn 树干	yàn 燕子	rán 忽然
piáo 瓢虫(20)	tǔ 吐出	bì 碧绿(7)	bié 别人(8)
qí 惊奇	kē 七颗	la 笑啦	

《棉花姑娘》识字前测数据统计

20人不认识"瓢",9人不认识"治",8人不认识"别",7人不认识"碧"。于是,教师就采用了小组合作学习的形式,事先在每个小组的桌上放了一个资料袋,里面装着今天要学习的词语。然后四人小组合作学习,识记生字,并用上其中的两个词语练习说一句话。

在传统教学中，师生之间交流较多，生生交流的空间比较局限，而在采三精准课堂中，这样共同体学习的模式使个体学习与合作学习有机融合，形成一种"交响的学习模式"。

【案例3-8】《海底世界》中的互补学习方式

（1）组内交流：《海底世界》第5自然段采用的是小组合作学习。每个学生的学习起点不同，根据"组内存差异，组间同结构"的原则，以学生现有的学习水平为基础进行分组。第4自然段学习中充分掌握了学习方法后，教师提出合作学习要求，指导学生用学到的方法，合作探究课文的第5自然段，并利用智慧教育技术将各组学习成果呈现在屏幕上。

这样的合作学习让学生在学习共同体中有了更多的自主分配时间，原先课堂上的任务式驱动也转变成浸润式、探究式学习。自发地倾听和表达，大大提升了学习的主动性。

同伴间的互助和分享，促进了思维的碰撞，也大大降低了阅读的难度。

小组合作学习单

学习任务：

1.读一读：认真读课文。

2.画一画：画出总起句。

3.填一填：分述部分写了几个方面？（可以填一填，也可以画一画导图）

　　课文的第5自然段是从＿＿＿＿＿＿＿＿＿＿＿＿＿＿＿＿＿＿

＿＿＿＿＿＿＿＿＿＿这几方面介绍植物的差异也很大。

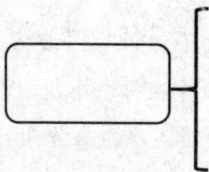

---

(2)生生交流:将各组学习结果呈现后发现,同学们就"第5自然段从哪几个方面来介绍植物的差异"发生了分歧。出现了以下几种答案。

A.颜色、大小

B.颜色、最大的、最小的

C.颜色、最长的、最小的

老师并没有急于评价学习结果,而是让学生再读文思考,用投票器选择自己认为正确的答案,情况如下。

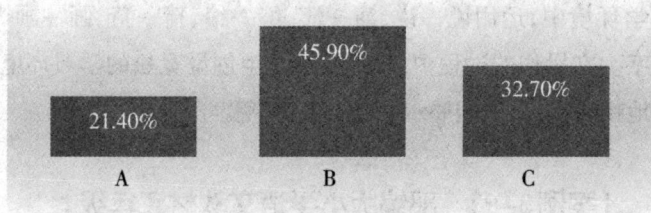

选择结果统计

经过统计,发现选择B、C选项的同学比较多。其实,B选项和C选项很相似,只是表述不同。教师引导学生再回顾课文:第5自然段共四句话,第一句总起句,写海底植物差异巨大。接着分别写了海底植物的颜色多种多样,最大的植物和最小的植物。学生细读之后发现,第三句和第四句其实是从同一维度来介绍海底植物的,合并归纳后就是在写海底植物的大小。因为单方面无法体现巨大的差异,所以这两句要进行归纳和概括。这时,孩子们恍然大悟。

利用智慧教育技术和数据的分析统计,将学习过程充分展开,既有组内合作学习,也有生生交互。学习的重难点得到了有效解决,也推动了学生思维的纵向发展。同时,听课教师需要进行课堂观测。事先设计好量表,深入课堂,用蚂蚁之眼注意观察并记录。了解每个学生的学习情况,包括发言的次数、发言的正确率、课堂的专注度等,从而观察这样的学习方式在引导学生自我教育、自主学习和自我管理方面的作用。这类数据的信息采集,使精

准教学对学情的了解更加深入,教学也越来越成为一种"定制式服务"。

策略三:情趣交融

"情趣交融",是根据学生个体不同的学习兴趣、学习习惯、学习经验创设情境,多种方法并存,凸显个性化趣味学习。

此策略适用于阅读教学时再现课文内容进行表演。如教学部编版小学语文教材二年级上《狐假虎威》时,在学生了解故事内容后,教师创设情境,给学生戴上头饰,演一演故事。学生在轻松愉悦的氛围中将自己的理解通过表演表现出来。该策略也适用于学生习得了一定的识字方法后,在开放的课堂教学环境中,运用说一说、演一演、编一编、猜一猜、画一画等多种方法进行识字。在操作的过程中,教师要给学生创设宽松的学习环境,让学生无拘无束地畅所欲言,大胆展示、交流,充分感受学习的乐趣。

【案例3-9】 部编版小学语文教材二年级上
《语文园地四》教学片段

师:小朋友们,这节课我们来玩转盘游戏。(师出示"包",学生读)

师:这个"包"可神奇了,它可以和许多偏旁组成新字。(出示"火、艹、饣、氵",学生自由读)

师:转盘转起来了,看,"包"与"火"组成什么字?

生:这是"炮","大炮"的"炮"。(师出示"大炮"图片)

师:谁有好办法记住"炮"?

生:炮遇到火就着,所以部首是"火字旁"。

生:我用加一加的方法记,"火"加"包"就是"炮"。

生:"炮"与火药有关,所以是"火字旁"。

师:小朋友们的方法真不错!(转盘又转起来了,组合成"苞"字)

师:这是什么字?

生:这是"花苞"的苞。

师:见过花苞吗?

生:没开放的花朵,正要开放的花朵。(师简笔画释义,转盘转成"饱"字)

师:这是什么字?(生齐读)

师:"饱"还可以组成哪些词呢? (生:吃饱、饱和、饱满……)

师:小朋友看,这是什么?(师出示豆荚,让小朋友用眼观察、用手摸)

师:感觉怎么样?

生:这豆荚鼓鼓的,好像马上就要炸开了。

生:感觉豆荚胖胖的。

师:鼓鼓的,胖胖的,就是我们经常说的"丰满"。

生:老师,我知道了,"饱满"就是"丰满"的意思。

师:真聪明! 今天,小朋友们上课精神很饱满。这个"饱满"也是"丰满"吗?

生:不是,这里的"饱满"是指我们上课的劲儿很足。

师:说得真好!(师继续转转盘,认识"泡""袍""跑""抱"……)

师:带有"包"的字可真多啊! 瞧,它们都跑到儿歌里来了,快来读一读吧。

有水把茶"泡",有饭能吃"饱"。

有足快快"跑",有手轻轻"抱"。

有衣穿长"袍",有火放鞭"炮"。

师:同学们读得真好! 看来,你们都是识字小能手!

　　此教学片段中,教师结合学生已有的知识储备,运用多种直观、形象的教学手段,创设教学情境,引导学生主动识字、学词,在自主探究中掌握识字方法,理解字词意思。整个教学过程利用情趣牵引,借助游戏推进,注重实践,引导积累和运用,体现自主性与实践性,凸显语文学习的特点。课堂上,教师充分尊重学生的意愿,激发他们大胆表达、交流,分享自己的识记方法,在加偏旁、换偏旁、编顺口溜等识记过程中,学生有了自己的独特体验,在很大程度上增强了识字的趣味性,提高了识字能力,课堂教学效果显著。

策略四:多元思维

　　多元思维,是指教师遵循汉字构字规律,准确引导学生发现汉字的"象",探究汉字的"理",体会汉字的"韵",感受汉字的"序",调动学生以视觉、听觉、逻辑等多元思维去品味汉字的美，感受字音、字形、字义等的异同，从而激发学生的识字兴趣，提高识字能力。

多元思维策略适用于具有一定构字规律的归类识字教学。现行教材根据汉字的构字规律，编排了归类识字，如看图识字、儿歌识字、字谜识字、字族文识字等，我们都可以采取这一策略，教给学生识字方法，拓宽他们的识字途径。

【案例3-10】 部编版小学语文教材
一年级下《荷叶圆圆》教学片段

师：这里边藏着生字宝宝。瞧，它跳出来了！（点击图片，跳出"珠"字）

师：谁能领着大家念一念？（小老师领着大家读准翘舌音）

师：仔细观察，这个"珠"左边是什么偏旁？

生：王字旁。

师：这个王字当作玉来讲，它跟珠宝玉器有关系，你们瞧！（出示"珠"字演变过程）

师：现在，人们把像珍珠这样圆圆的、亮亮的东西也称作珠。你们瞧！（出示水珠照片）

师：像这种亮亮的、圆圆的水状东西，我们把它叫作——

生：水珠。

师：人的眼睛，圆圆的、亮亮的，我们可以叫作——

生：眼珠。

师：像这种圆圆的、亮亮的，还有什么？

生：汗珠、泪珠、露珠、玻璃珠、弹珠、钢珠……

师：同学们真聪明，我们再跟它打声招呼吧！

以上教学片段中，教师领着学生发现汉字的偏旁，引出王字旁的字和珠宝玉器有关系。学生通过组词水珠、眼珠等，加深对"珠"字的理解，并由一个字认识更多的字词。教学过程中，从引导学生发现偏旁到猜测字义、组词、拓展运用等,每一步教学行为的实施,老师都没有强行灌输,更没有局限于枯燥的字形分析,而是根据构字特点,充分利用信息技术等各种手段,精准地从字音、字形、字义等多方面的融合为学生识字提供了良好的思维方式,完成识字教学。学生不仅领略到了中国汉字的绝妙之处,更感受到了汉语言文化的魅力所在。

策略五:结构图示

小学阶段的学生,其认知模式处于以形象思维为主逐步向抽象思维过渡的过程。教学中,结合形象思维,让学生运用思维导图把握文章的脉络和线索,有助于提升学生的阅读兴趣,无形之中培养学生的信息提取能力和整合能力。

在这个过程中,可以调动学生的发散性思维,由一个主题向四周发散,撷取关键词,备注关键性的语言信息,充分调动多种感官和已有的生活经验。通过阅读,可以把文本转化成直观形象、可视的图画,有助于实现学生与文本内容的互动。二次阅读时,学生还可以对照思维导图,回顾课文内容,不仅加深记忆,也能激发更多的创造性。例如,在梳理《海底世界》的文章和段落结构时,就可以利用思维导图进行整理(见图3-15)。

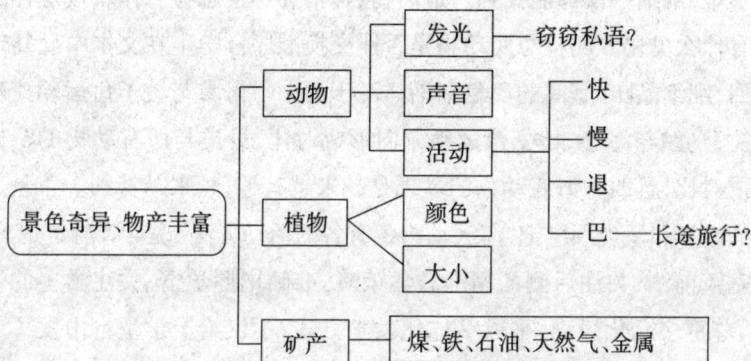

图 3-15 《海底世界》思维导图

课堂中,老师和同学共同整理了课文结构导图,有利于学生对课文整体了解。整理时,学生还提出了自己的疑问,有利于二次阅读时进一步走进文本。比如,有学生在写到"动物的声音"时,备注了"窃窃私语"一词,并在旁边加注了"？"。通过回归课文，我们发现"海底的动物常常在窃窃私语"这是一处拟人写法，既精确地写明海底的特殊环境使得声音无法清晰传播，又将海底动物的声音写得生动有趣。图示的质疑让学生的思维更深入。又如，另一个学生在写到"巴"一词时，备注了"长途旅行？"。课文是这么写的："还有些贝类自己不动，却能在轮船底下做免费的长途旅行。"基于学情，有部分学生不理解贝类为什么能做免费的长途旅行。这就需要教师在课堂上普及相关知识，引导学生理解。

阅读的过程中，学生需要从书面信息中提取关键信息进行建构，《海底世界》这篇文章的一大特点就是总分段落。本单元的语文要素也是对段落结构的探究：如何围绕总起句把意思写清楚？ 这个问题指向段落理解能力的培养。这时，教师就需要起到辅助作用，分化细目降低学习难度，通过与学生一起阶梯式抽丝剥茧地分析，使学生逐步培养纵向深入学习的品质。

首先，找出总起句。引导学生找到第4自然段的总起句，在文中画出来。智慧教育技术的使用，使教师能根据学生的答案在白板软件上直接圈画，这是对学情最精准的反馈。其次，梳理句子结构。找找这个自然段写了哪几种海底动物，它们分别是怎样活动的？ 在文中圈出来。此任务对学生来说不难，细细一读都能找到。最后，教师指导学生思考。作者按这样的顺序写有什么奥秘？ 四种海底动物是否能交换顺序？ 学生在文本中反复走几个来回，细细品味，其间的奥秘渐渐洋溢于心中。海参与梭子鱼运动速度形成对比，乌贼与海参、梭子鱼运动方向形成对比，贝类与所有动物的行进方式形成对比，且四种海底动物的呈现是越来越有趣，越来越特别。正是这样特别的内容和呈现顺序把"海底动物各有各的活动方法"说得清清楚楚。

基于前测、关注后测的精准教学策略，准确把握学情，关注学生的个体差异，尊重多元化思维，采取多样化教学方式，不仅给予学生自由发挥的时间与空间，更凸显学生的主体地位，调动了学习积极性与主观能动性，提高了学生的学习能力，拓宽了学生的学习途径，大大地提高了教学效率，使语文课堂素养落地更平稳，教学的方向更精准。

第二节　精准教学在英语学科中的运用

英语学科属于语言教育,但与同属于语言教育的语文学科有着不同之处,有着自己的特殊性。因此,精准教学在英语学科中的应用也不同于其他学科,而有其自身的特点。

一、英语学科特征

在义务教育小学阶段,英语是一门比较特殊的学科。与数学、科学等理科科目不同,英语属于语言教育,然而与同属于语言教育的语文学科相比,英语又有着不同之处。英语既是一门技艺与实践紧密结合的语言学科,又是一门包罗万象、涉猎广泛的知识学科,同时还是一门集人生哲理与人类成长经验于一身的文学学科。在小学阶段,英语学科的学习能使学生在学习语言知识的同时扩大知识面,拥有跨文化交际意识,也能帮助学生建立更加完整和具体的世界观。换言之,英语教育不仅传授语言知识、培养语言技能,它还是一个塑造人格、涵养道德、发展理性、开阔视野、追寻生命意义的过程。

小学生作为英语学习的主体,本身具有极为特殊的年龄特点。小学阶段的学生年龄为7～12岁,每个年龄组的学生各有不同的特征。在小学低段,学生的好奇心和好胜心强烈,但注意力不够集中,在英语教学过程中需要提供趣味性高的课堂活动,教学过程也需要多元化。小学中段的学生有一定的英语学习基础,自主能力增强,是培养审美与社会关系的关键期,在英语教学过程中要提供一定量的小组合作活动,以启蒙团队精神。在小学高段,学生容易出现叛逆等情绪化行为,对知识的掌握能力提高,渴求一些新鲜事物,因此在英语教学过程中,需要教师适量增加课外知识的输入,同时也要时刻保护学生的自信心。

结合学科本身特性与学生的年龄特点,小学阶段的英语学科具有以下四个特征:趣味性、新异性、应用性和人文性。

(一)趣味性

长期以来,英语学科一直被认为是一门工具性学科,学习英语只是为了实现交流与沟通,伴之以浓厚的应试氛围,中国学生学好英语绝非易事。因此,建立起英语学习的长期兴趣尤为重要。

小学是不少学生英语学习的起始阶段。因此,在低段英语教学中,教师尤为重视激发和培养学生的英语学习兴趣,例如,为学生提供丰富多彩的图片和生动有趣的动画资源、创设真实快乐的语言情境、设计趣味十足的课堂游戏等。

在小学高段,英语学习兴趣容易随着应试压力的增大而减弱。此时,教师更应该采取多样化教学措施,如富有新意的学习内容、富有创意的课外学习任务等,在一定程度上唤醒学生的英语学习兴趣,转变其对待英语学习的态度。只有对英语产生正确的认识和持续的兴趣,才会有"积极主动的学习态度和成就动机",才能够"确立明确的学习目标,有主动参与语言实践的意识和习惯"①。

(二)新异性

作为印欧语系的一员,英语与属于汉藏语系的汉语在发音、词汇、语法和表达上存在着许多差别,两者所蕴含的文化更是迥然有异。这样的新异性无疑给中国学生带来了不小的学习难度。例如,低段学生在学习拼音和26个字母初始,时常混淆两者的发音和书写。在教学中,英语教师要帮助学生发现其差异性,并指导辨清其中的区别。

(三)应用性

作为国际通用语言之一,英语具有鲜明的应用性,其特征贯穿英语学习的始终。在小学英语PEP教材中,语言知识便是以对话的形式在语

---

① 程晓堂,赵思奇.英语学科核心素养的实质内涵[J].课程·教材·教法,2016(5):85.

境中一一铺展。

课堂上，学生在对话中习得新知，在贴近生活的语境中交际运用，加深理解。课后，采荷三小三至六年级学生运用We Speak听说软件强化听说能力。同时，教师通过丰富多彩的主题学习以提升学生的语言素养。

【案例3-11】 "Welcome to Hangzhou"英文手账制作

结束六年级上册 Unit 1 How can I get there 和 Unit 2 Ways to go to school时，恰逢国庆假期到来，教师充分利用"小长假出游"及"2022年杭州举办亚运会"两大情境，设计了以"Welcome to Hangzhou"为主题的英文手账制作，建议如下。

2022年9月10日至25日，我们的家乡将承办第十九届亚运会。届时，亚洲各个国家的运动员代表和友人都将欢聚这人间天堂。金秋的杭州那么美，总有一处让你想要推荐他们去看看！我们不妨提前三年去实地考察一下，感受过后充分施展你的才智，在大号英文手账中记录这份美好吧！

☆主题:Welcome to Hangzhou。

☆纸张要求:A4大小,底色不限。

☆内容:

1.介绍自己的家乡杭州(1~2句话);

2.向游客推荐一处自己最喜欢的地方(2~3句话);

3.介绍这处地方的位置(结合 Unit 1 How can I get there 所学知识,2~3句话);

4.简单介绍如何前往这处地方(结合 Unit 2 Ways to go to school 所学知识,如 take the No.×× bus, by bike, by subway等,2~3句话)。

☆图文并茂:文字内容如上,画横线规范书写;图片可以拼贴,也可以自己手绘。

通过各种内容和形式的课外实践活动，学生在语言学习过程中并非一味地重复已知的语言材料，而是会创造性地使用语言，将有限的知识转变为

无限内涵的文本。

（四）人文性

英语是一门语言，但在学习英语的过程中所学会的又不仅仅是语言。英语的语音、词汇、短语、句型，无不具有人文内涵，课文的内容更是包罗万象，无所不有。学习英语，我们可以了解到异国的风土人情、风俗习惯、历史文化、社会生活、政治经济、教育科技，带领我们理解世界文化的多元与丰富多彩。

学习母语以外的语言，能够使我们了解其他国家的文化与价值观。在感受这些异域新奇的社会文化时，英语教师可以通过有趣丰富的方式，引导学生形成自己的文化立场与态度、文化认同感和文化鉴别能力。

教师只有充分了解英语学科的特征，才能更好地为学生提供知识教育。所谓精准教学，就是为学生提供他们真正需要的知识，有的放矢地调整教学内容和难度，更好地体现学生学习的主体性。以上总结的四个英语学科特征充分符合《义务教育英语课程标准（2011年版）》中提出的五个课程设计总目标，即语言技能、语言知识、情感态度、学习策略和文化意识。

达成语言技能目标，需要教师有技巧、精准地找到学生的语言能力短板，有策略地进行查漏补缺和复习巩固，多维度提升学生的语言素养。达成语言知识目标，就是要承认英语学科的新异性特征，教师需要精准把握中英表达的不同之处，并在教学中逐个突破。达成情感态度目标就是要求明确英语学科的应用性特征，在实际运用中感受到英语的情感态度。达成学习策略目标，则是需要教师意识到英语学科的趣味性特征，在富有趣味的学习环境和轻松的表达氛围中，学习方式不再是枯燥的，学生也能在玩中学，在学中玩。达成文化意识目标，就是体会到英语学科的人文性，这两者是十分相近的概念，感受两种语言带来的不同文化氛围，培养学生的跨文化交际意识，既要热爱祖国，也要放眼世界，做一个新时代的中国好少年。

所谓"知己知彼，百战不殆"，在教学伊始，需要对学科有足够的分析与了解，对学生的年龄特征有所把握，才能为学生带来真正的精准教学，才能开展真正有效的课堂教学活动。

二、现代技术在日常英语教学中的精准运用

在教育领域,随着教育信息化的不断推进,越来越多的数字化智能系统和智能终端广泛应用于教学实践。教育部等五部委2014年在《构建利用信息化手段扩大优质教育资源覆盖面有效机制的实施方案》中指出:到2020年形成与国家教育现代化发展目标相适应的教育信息化体系;信息技术与教育融合发展的水平显著提升;教育信息化对教育改革和发展的支撑与引领作用充分体现。

响应教育信息化的大势所趋,采荷三小在日常英语教学活动中采用了We Speak 听说软件和"小闲智慧教育助手"网络阅卷两大技术手段,助力精准英语教学的落地与研究。

(一)个性化学:We Speak 听说软件在日常英语教学中的精准运用

语言能力是英语学科核心素养的重要部分,是一个含义很广的概念,其中一项便是"使用英语口语和书面语进行表达的能力"[①]。作为语言交流的两种主要方式,口语和书面语在小学英语教学中扮演着不可或缺的角色。对于英语学习者而言,单词发音是口语的核心,地道的发音对于信息的准确捕捉和正确表达起着至关重要的作用。

2008年,斯坦福英语与教育部"多媒体信息技术与英语教学整合"课题组从美国DynEd公司引进原版多媒体课程,以期通过后者大量的口语交流实践和科技手段,实现突破时空限制的互动式学习,从根本上帮助中国学生告别"哑巴英语"。

有鉴于此,从2018学年起,采荷三小作为区域首批试点校之一,将斯坦福We Speak 听说软件中与PEP教材相辅相成的We Do课程,作为三至六年级学生的听说课外补充。[②]按照国家课程规定,每周三节英语课,若当天有英语课,学生在课余跟读课本课文;若无,则依照与课程同步的定制学习单,

---

① 程晓堂,赵思奇.英语学科核心素养的实质内涵[J].课程·教材·教法,2016(5):84.
② 杭州采荷第三小学采荷校区和江锦校区学生以三年级为起点开始系统学习PEP教材,笕正校区一、二年级学生学习杭州市英语地方课程"English for KIDS"。

借助We Speak听说软件完成听说技能练习,也可以自主选择级别稍低或稍高的课程进行学习,时间控制在15～20分钟。

如图3-16所示,We Speak 6A课程六个单元分别对应PEP六上教材的六个单元,每个单元又分为Words and Chunks、Dialog 1、Dialog 2和Task(见图3-17),引导学生按序练习单词和较为简单的对话1,在较好地掌握PEP教材的基础上,进阶到稍有难度的对话2,适量增加课外知识,拓宽语用选择。

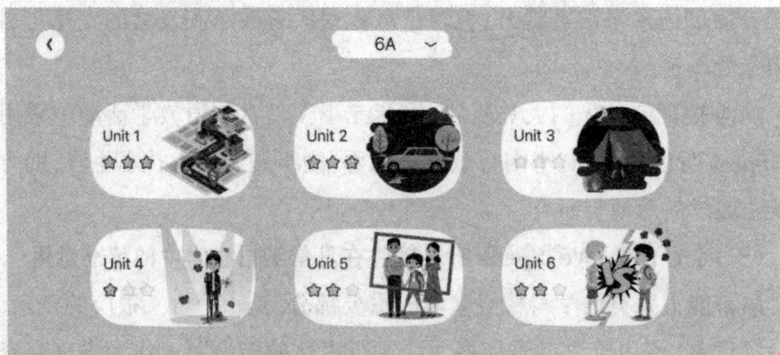

图3-16　We Speak听说软件We Do 6A课程

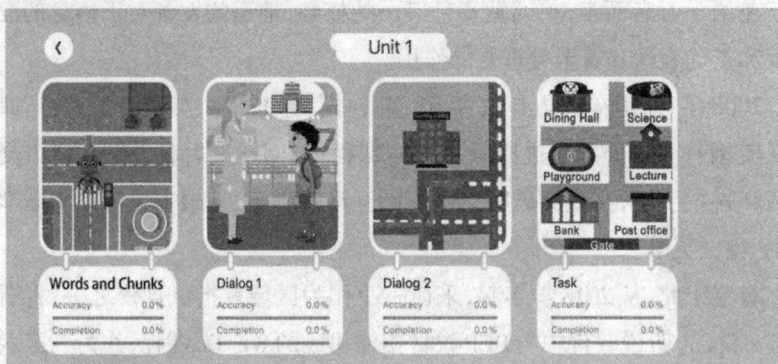

图3-17　We Speak听说软件We Do 6A课程 Unit 1知识模块

在练习过程中,学生通过使用重复键强化输入,录音键帮助开口练习、强化输出,按回听键回听自己的录音,通过和系统原声比对,有针对性地优化语言表现力(见图3-18)。

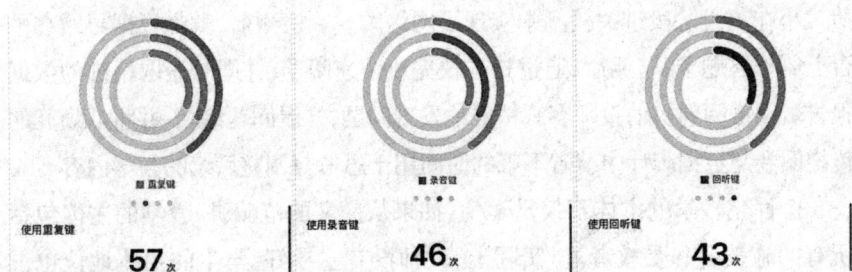

使用重复键 **57**次 使用录音键 **46**次 使用回听键 **43**次

图3-18　三大功能键使用反馈

　　相较传统机械的抄写、默写与背诵，We Speak听说软件的分层学习更加注重学生的主体性地位和个体性差异，解决了以往在校课程学习因时空所限导致的"一刀切"现状，允许学生在学生端根据自己的实际语言能力选择课程，根据自己的消化速度决定课程的进展，有针对性地强化训练；同时，移动终端的学习有效消除了课堂情境下师生面对面英语交流的压力，灵活自由的语言环境让学生大胆开口说英语。

　　听说能力是语言教学的基础。没有良好的听说能力，我们无法理解对方的话语，也不能准确表达自身观点，实现有效交流。通过We Speak听说软件，学生能够更扎实地掌握英语语音、词汇和语法等基础知识，从而提升语言能力。诚如周序所言，要发展学生的核心素养，正确的途径不在于知识的放逐，而在于知识的回归①。

　　同时，借助We Speak移动终端，教师可以随时了解班级整体概览(见图3-16中的星星颗数)、学生单元学习进展(见图3-17中的Accuracy与Completion完成百分比)和学习方法记录(见图3-18)等。通过分析阶段性群体报告和学生个性学习档案，教师能够更加清楚地了解学生对于语言知识的掌握情况，关注每一位学生语言能力的可变发展，精准教学目标，同时设计满足个体差异的梯度课堂活动与课后练习。这样，英语精准化教学才能得以实现，学生才能在最适合自身能力的精准课程学习中提升核心素养。

(二)个性化教:网络阅卷技术在日常英语教学中的精准运用

　　为了更科学全面地了解学情，借助"小闲智慧教育助手"这一技术依托，采

---

① 周序.核心素养:从知识的放逐到知识的回归[J].课程·教材·教法,2017(2):63.

荷三小在英语阶段过关检测中实现了网络阅卷。检测前，教师根据习题在平台上制作答题卡；检测后，通过扫描仪完成快速阅卷，并即时获取精细的数据报告。网络阅卷协助教师客观精准地发现问题，开展问题诊断，并将从烦冗的传统阅卷与数据统计中节省下来的时间用于思考与调整后续的教学内容。

个性化教学的主体不仅是学生，如果从广义的范畴讲，教学的主体包括所有的施教者和受教者。[①]实际上，教师没有主导好，学生的主体地位也没有稳固好，究其原因就是教师与学生的个性都没有得到充分的展现。要求教师做到乐于传道、乐于授业、乐于解惑，而乐教的本质就是最大限度地发挥教师的主观能动性，这是实现个性化教学的关键所在。在面向学生讲解习题前，英语教师开展了系列研究。

1.教师自研

教师根据学生的学习情况，进行各方面的分析、研判，找出学生学习的问题和症结，采取相应的改进措施，帮助学生完成学习任务（见图3-19、图3-20）。

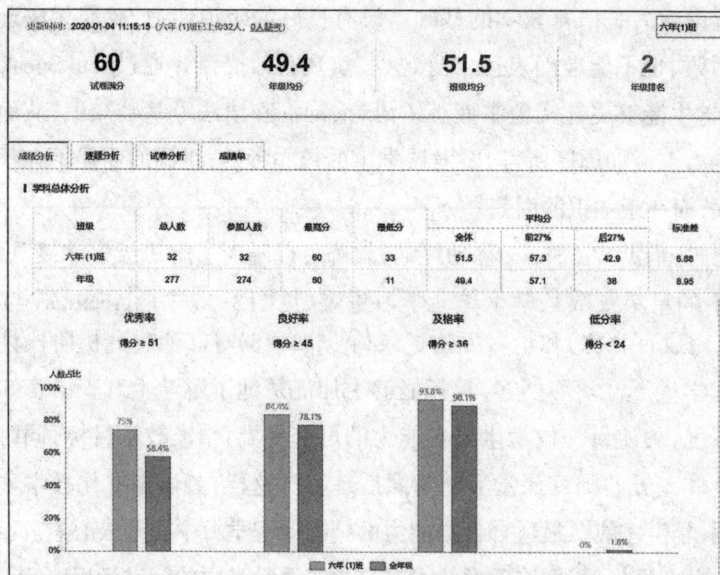

图3-19　班级整体成绩分析

---

① 李如密,刘玉静.个性化教学的内涵及其特征[J].教育理论与实践,2001(9):37-40.

题号 ⇕	题型	分值	本班得分率 ▲	年级得分率 ⇕	详情
3-2	单选题	2	51.5%	37%	A 17人　B 15人
5-6	单选题	1	63.6%	66.9%	裴乘毅　陈睿祺　周宸　郑杨洋　余扬　邱泽瑞　C 12人
6-3	单选题	1	72.7%	82.3%	颜斯杭　应子涵　李子靖　C 0人
3-3	单选题	2	72.8%	65.9%	管存柔　赵子优　沈泗彤　姚添韵　吴越好　柯芷淇
5-5	单选题	1	75.8%	58.4%	A 25人　B 7人　C 1人
3-5	单选题	2	78.8%	75.1%	A 26人　B 5人
5-1	单选题	1	78.8%	87.9%	A 5人　B 2人　C 26人
5-9	单选题	1	78.8%	51.1%	A 1人　B 26人　C 6人
9-4	单选题	2	78.8%	77%	A 7人　B 26人

图3-20　逐题分析

图3-19、图3-20反映的是对班级整体成绩的分析和每一道题的分析,教师通过分析任教班级答题情况,如班级均分、优秀率、普遍存在的共性问题等,就可以形成教师个人的教学质量分析。在此基础上,教师可以采取有针对性的改进措施。

2.教研组合研

通过校级学情报告(见图3-21)等数据,在自研分析的基础上,教研组开展高效且有数据支撑的"靶向"问诊团队研讨,从而更好地实现小学英语个性化教学,找到后期教学的着力点,以期提升学生的英语综合能力。

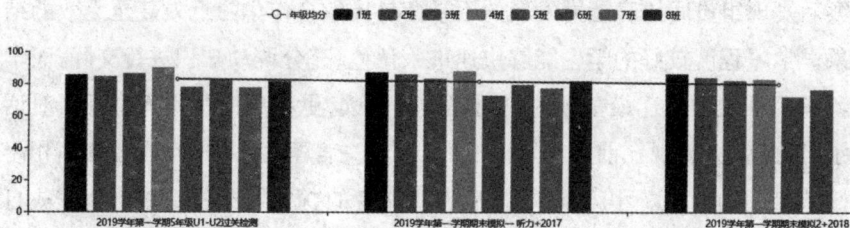

图3-21　校级学情报告

在"互联网+教育"时代,学生与教师如何在数据支撑下充分发挥"双主体"作用,实现个性化学与教的统一? 教师从智能平台收集数据后,如何分析和运用这些海量数据中的有效信息,从而更好地实现个性化教育? 如何

第三章　实践：精准教学在人文学科中的运用

为每一位学生制定最适合的学习策略,使课堂教学及课余语言能力提升成为愉快的体验? 采荷三小的英语教师们展开了一系列的探索与实践。

三、线下英语课堂的精准教学实施

对于个体而言,受教育的目的之一就是通过教育过程,使其内在能量获得最大限度的激发,这就是教育的发展性。教育的发展性意味着教育结果是个性化的,即满足不同人的不同需求。[1]相较于传统教育的统一"标尺",大数据时代背景下的各类信息促进从教者对教学过程的认知,为不同风格的学习者享受精准服务和个性化学习提供了可靠的科学支持。

(一)小学英语对话课的精准教学设计与实施

小学英语学科的教学目标是使学生掌握一定的英语基础知识和听、说、读、写技能,形成一定的综合语言运用能力。据此,对话课就成为小学英语课的一种基础课型,是小学生英语学习的起步教学。

1.当前小学英语对话课存在的问题

现代外语教育注重语言学习的过程,强调语言学习的实践性。作为提升英语语言技能的有效实践方式,对话课贯穿小学英语学习始终,然其开展现状却存在诸多问题。

(1)学生水平参差不齐,小组合作收效甚微。合作学习中,小组成员扮演不同的角色,共同完成一段语言构建。看似每个学生都参与其中,深入观察后发现组员间语言能力发展的不平衡易导致合作学习低效甚至无效的结果。学习程度较好的学生能够快速进入角色,充分调动知识进行交际,而学习有困难的学生连最基础的单词都不会朗读,更不用说运用句型开展对话了,因此就会出现在前者头脑碰撞时,后者一言不发不作为,或者两两相凑嬉戏打闹的情况。小组展示时,后者在前者的"循循善诱"下艰难地完成自身部分,架起前者们侃侃而谈时过渡的"桥梁"。

(2)教学目标定位单一,实施过程简单枯燥。在传统小学英语对话课上,教师对对话教学缺乏精准把握,容易被考试本位和分数至上的思想禁

---

① 吴刚.大数据时代的个性化教育:策略与时间[J].南京社会科学,2015(7):104-110.

锢,认为只要反复操练课文句型,死记硬背语法知识即可,因而对话课的流程单一刻板。以PEP人教版为例:通过不同的方式导入Let's talk课文→教师教读新单词,讲解新语法→跟读课文录音→通过全班齐读、分角色扮演等方式熟练朗读→结合Let's learn部分单词,创设新语境进行替换练习。进入五、六年级后,课文内容增多,有的老师甚至因课堂时间有限而省略最后的操练环节,如此一来,尽管学生对于课文句型已有所了解,但缺乏在更多语境下运用这些句型举一反三的实践,对话能力得不到切实的提高。

2.基于We Speak大数据的小学英语对话课精准教学设计与实施

如何让学生真正受益于英语对话教学,让低年级的学生在对话教学中培养起对英语的兴趣和爱好,让高年级的学生在对话教学中获得表达自己的机会和提升能力? 教师如何探寻更适合学情的教学方法以改变当前英语对话教学不甚理想的现状? We Speak听说练习平台帮助采三英语教师在解决上述问题的道路上迈出了科学有效的第一步。在日常教学中,分析并利用平台提供的数据信息,能够更好地实现精准对话教学,提升教学质量。借助We Speak生成的大数据,我们开展了一系列英语对话课精准教学探索与研究(见图3-22)。

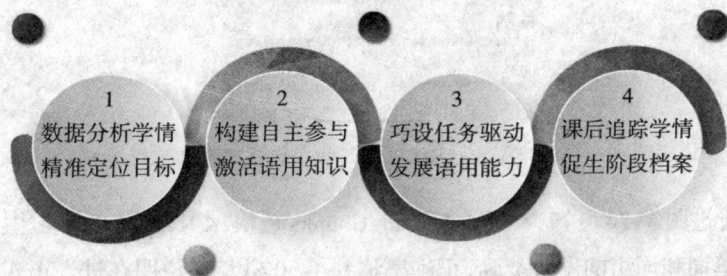

图3-22 小学英语对话课的精准教学设计流程

(1)课前:数据分析学情,精准定位目标。在课前,教师量化分析预习数据,多维度了解学生课前的语言结构和语用能力,在普适的教学目标上及时调整学习策略,制定精准课堂目标。

例如,在学习PEP教材四下Unit 3 Weather前,教师提前一周在We Speak上布置了预习作业,初步了解九个四会单词cool/ hot/ cold/ warm/

rainy/ sunny/ windy/ cloudy/ snowy 和重点句型 What's the weather like in ...? 及其回答 It's ... 。

从图3-23可见，四年级各班4B U3课程学习的完成率和正确率差异明显，401班对于新知的掌握情况最好。

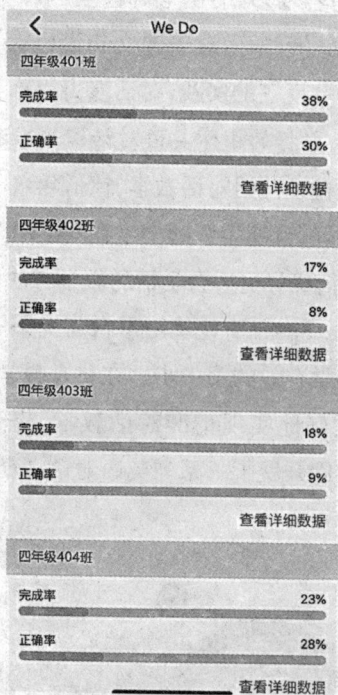

图3-23 We Speak 4B U3课程四年级各班整体预习数据

通过图3-24可知，在 Words and Chunks 板块，401班的35位学生中有16位单词和词组的发音准确，正确率达到了50%以上，说明在进入正式学习前，已建立了较好的新知基础。但是，个体掌握情况悬殊：学习能力突出的学生，完成率自不必说，准确率也是高达99%，而语言能力稍弱的学生，完成率和正确率皆为0，说明对于新知的了解近乎空白。

基于401班整体良好的预习效果，教师可以适当缩减在课堂上教读新知的时间，但同时考虑到学困生的语言基础，不能急于求成，因而可以设计有梯度的操练活动，一方面，借助难度较低的练习以校准少数学困生的发音，保证他们得到足够的关注与辅导;另一方面,多数的学优生和中等程度的学生也能够在难度依次递增的练习中运用新知,语言能力得以提升。

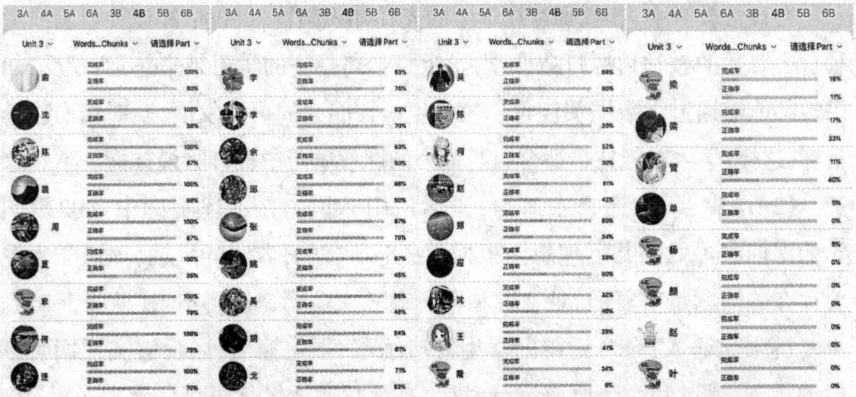

图3-24 We Speak 4B U3课程401班学生个人Words and Chunks板块预习数据

借助We Speak听说软件生成的大数据,教师将401班第三单元的第一、二节课,即A. Let's talk & Let's learn的学习目标进行了精准定位。

【案例3-12】 PEP教材四下Unit 3 Weather的学习目标定位

1.能熟练听、说、认读单词:cool,cold,hot,warm,并准确使用上述单词和句型It's ... in ...描述气候特征;

2.能够在情境中熟练运用句型Can I go outside now? Yes, you can./No, you can't.询问他人意见并能进行回答;

3.能够按照意群流利且富有感情地朗读短文、理解短文内容并完成句子仿写。

在预习效果不那么显著的四年级其余三个班,学习目标精准定位如下。

1.能准确听、说、认读单词:cool,cold,hot,warm,并准确使用上述单词和句型It's ... in ...描述气候特征;

2.能够在情境中准确运用句型Can I go outside now? Yes, you can./

No，you can't.询问他人意见并能进行回答；

　　3.能够按照意群准确地朗读短文、理解短文内容并完成句子仿写。

　　在日常教学中，若教师忽视学生的先在知识结构，仅仅依靠以往经验或者教材中普适的教学目标打造课堂，学生只会离真正的学习越来越远；相反，如果教师能够通过大数据关注每一位学生语言能力的可变发展，及时精准教学目标，这样，学生就能在最适合自身能力的课程学习中提升听说技能。

　　（2）课中：①构建自主参与，激活语用知识。在上述案例中，402班同学的课前预习效果并不理想。根据We Speak学习方法的反馈，该班学生主要存在的问题是重复键、录音键和回听键三大功能键使用不当（见图3-25）。重复键强化输入；录音键帮助学生开口练习，强化输出；回听键实现回听自己的录音，通过和系统原声进行对比，有针对性地优化语言表现力。

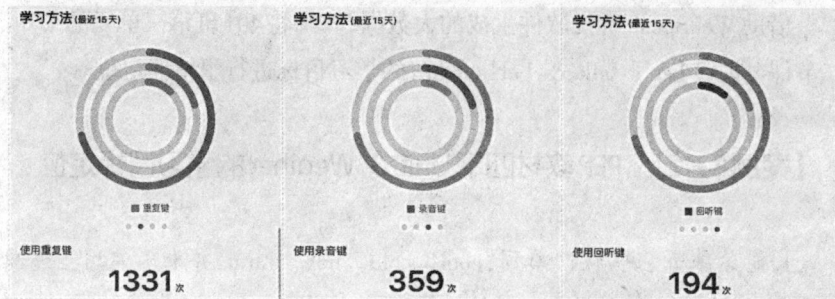

图3-25　We Speak 4B U3课程402班三大功能键反馈

　　因此，针对402班同学如上情况，基于"能准确听、说、认读单词：cool，cold，hot，warm"的教学目标，教师在教学U3 Weather A.Let's learn时，设计了如下教学环节：热身歌曲结束后，每位同学使用iPad进行Words and Chunks部分的学习。5分钟内，学生可以根据自身水平挑选相应模块，自主分配单词跟读和词汇练习的时间。对自身口语不自信的同学可以借此机会再学习较为基础的SR Follow Me和Listen and Click，优化语音语调，而学有余力的同学可以通过多样化练习，如Listen and Do和Listen and Speak，进一步夯实语音基础（见图3-26）。

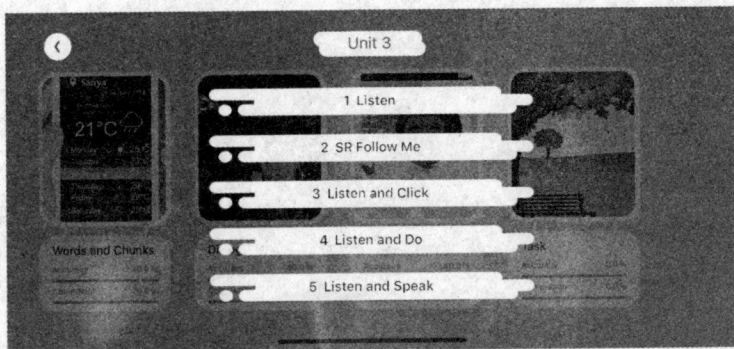

图3-26 课中自主再学习 We Speak 4B U3课程 Words and Chunks

课前,教师通过分析信息技术生成的大数据,准确获取每位学生的学习需求,并在课堂中借助设备实现个性化练习。看似402班36位学生身处同一个课堂学习同一节课,实则每一位学生的学习进程截然不同,每一位学生都在为自己量身打造的教学活动中收获了实实在在的能力提升。

随后,教师在课件中呈现天气图片,挑选学生带领全班认读。选择谁,教师在课前也做了细致的准备。具体的学情报告为教师清晰地了解每一位学生的课前语言能力提供了科学依据,从而更好地关注学生课中的知识结构变化。

②巧设任务驱动,发展语用能力。在学习过程中,教师扮演的是搭建学习支架的组织者,而学生才是攀登支架、加工新知、创造性地建构知识殿堂的设计师。在课堂上,教师通常会创设贴近生活的语境为学生提供运用英语进行交际的机会。尽管身处同一个班级,年龄相仿,社会环境和学习氛围大致相同,形成了共有的群体视野,然而又因自身阅历和学习能力各异,导致视野呈现个体特征。每个学生都是群体视野和个体特征的集合,都带着独特的语言能力进入主题学习,都应当被鼓励运用自己的知识、情感和想象力在不同梯度、不同层级的"学习支架"上进行能动而有效的填充。对于教师而言,也应当为"支架"铺设跨度不同的"台阶",关注每一位学生的语言素养提升。借助听说软件提供的大数据,教师可以了解学生前期学习成果和存在的问题,精准设计不同难度任务驱动,有针对性地发展学生的语用能力。

【案例3-13】 五上Unit 3 What would you like单元B. Let's learn

在教学五上Unit 3 What would you like单元B. Let's learn前，教师通过分析学生个性学习报告（见图A）在新知操练环节创设了满足群体的语境，并以此为基础设计了符合个体能力的多梯度交流活动。

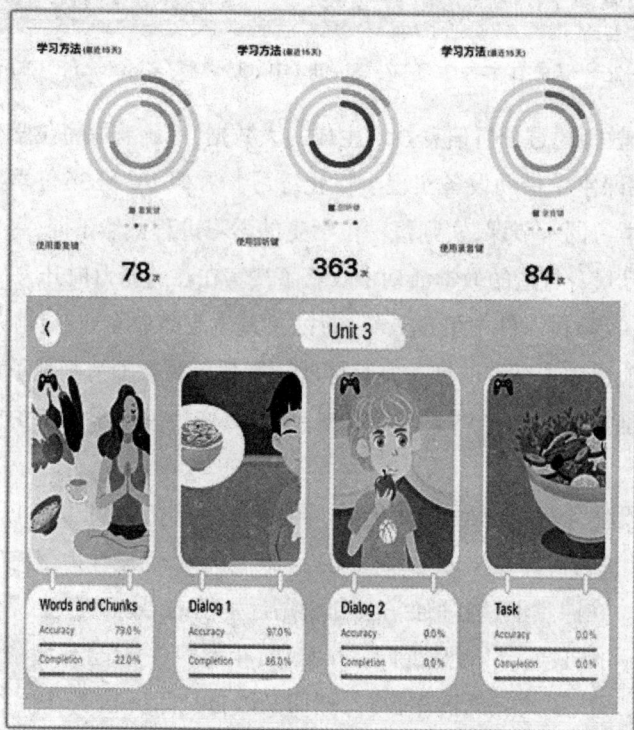

图A We Speak 5A U3课程学生个性学习报告

课堂上，教师首先挑选3位语言能力较好的同学，根据图B中的语言框架样本合作完成对话示范。在示范过程中，教师所扮演的角色适当发挥，引导学生激活旧知，发散思维。

A: It's ... What's for breakfast/lunch/dinner?

B: ...

A: Mmm, that's good. I like ...

C: I do, too.

B: Do you want ...?

C: Yes, please. ... is/are/can...

D: No, thank you. ...

图B 较为丰满的语言框架

　　随后的小组讨论,文本框架样本以类似"助步器"的形式帮助基础较为薄弱的小组进行对话交流;对于中等程度的小组,教师可以在提供参考句型(Word Bank)的基础上缩减语言支架(见图C);而对于程度较好的小组,则可以只限定食物主题、时间和地点,充分调动学生主体能动性进行创编(见图D)。

A: It's ... What's for breakfast/lunch/dinner?

B: ...

Word Bank(参考句型):

What would you like for dinner/lunch/breakfast?

Can I have some ..., please?

I'd like some..., please.

Have some..., please.

Sure, here you are.

Do you want...? Yes, I do./ No, I don't.

图C 附有参考句型的较为简单的语言框架

Group Work

Time: 6:00 p.m.

Place: in a restaurant

图 D　限定主题的语言场景

　　各个小组精彩的展示充分证明了相较统一的、根据教师以往经验而构建的语言框架,小组成员自主选择文本框架或语言场景这一精准教学环节更能激发学生参与其中的积极性。简易的文本框架和限定主题的语言场景本身所附有的丰富性、开放性和包容性既满足学生实现自己预想的目的,同时又在与组员的交流互助中收获意外的语用知识。

　　在线上平台的技术支持下,教师冲破了模式化教学目标和教学过程的禁锢,打破了普适性的和以应试教育为导向的教学方式,在线下课堂中逐步实现尊重差异性和开放性的英语精准教学。

　　(3)课后:课后追踪学情,促生阶段档案。课后,学生可以按照教师推送的定制学习任务继续 We Speak 听说软件中的单元学习,也可以根据自身的语言能力选择难度稍低或稍高于 PEP 教材水平的课程进行个性化学习。一方面,作为与教材同步的课程,有效提升学生的听说技能,同时丰富语用选择;另一方面,班级整体学情报告和学生个体学习档案也为教师追踪学生学情,掌握学生动态的语言能力发展提供指导与建议。值得一提的是,听说软件生成的数据也为教师布置书面作业提供了数据支持。

【案例3-14】 英语居家学习设计

在全球新冠疫情肆虐导致的居家学习期间,采荷三小为了使在线远程教学更真实有效地开展,在三至六年级推出了"挑战自我"居家学习活动,整合课程内容,拓展学习时空,着力学生发展核心素养。六年级第一次英语居家主题学习为"抗疫中的爱与责任",引导学生开展调查,假设自己身处疫情中的各行各业,运用英语汇报身负的责任和为社会所做的贡献。基于学生不同的英语表达能力,主题学习设计了不同难度的汇报形式供学生参考。

(选择1)假如你是杭州市市长,下午2点的"抗击疫情"新闻发布会,你会说些什么呢?

▷ 汇报形式:拍摄一段英文演讲视频。

▷ 要求:不少于2分钟,记得要沉着冷静,信心百倍哦!

(选择2)假如你是一名奋斗在抗疫一线的医生、护士、社区工作者或警察,你有什么建议保护大家远离新冠病毒吗?

▷ 汇报形式:

① 拍摄一段英文视频,告诉大家你的建议(要求:不少于2分钟);

② 英文图文小报:纸张大小不限;

③ 日记:用一般过去时记录一天的所见所做所思。

(选择3)假如你是一名歌手,在小学四年中学了那么多英文歌曲,你能挑选其中一首,改编成抗疫英文歌曲,鼓励大家吗?

▷ 汇报形式:拍摄一段英文演唱视频。

(选择4)假如你是一名厨师,那就制作一道简单的菜肴吧!

▷ 汇报形式:

① 拍摄制作过程,并辅以英文介绍;

② 用图片和文字记录在小报上也可以噢!

(选择5)假如你是……

欢迎更多的职业与汇报形式,相信聪明的你一定充满了创意!

在设计主题学习前，教师认真分析了听说软件中自动生成的6B U2单元学情数据。例如，608班37位学生，19位已提前于PEP教材学习，居家自学了一般过去时这个知识点，并取得了较好的成绩（见图3-27）。

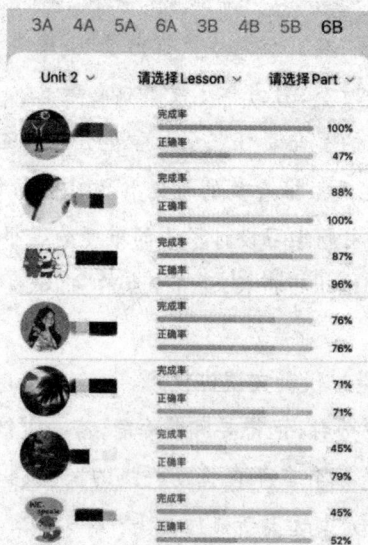

图3-27　学生自学6B U2课程的学情报告

有鉴于此，教师在成果汇报参考形式中添加了"运用一般过去时记录一天的所见所做所思，撰写日记"这样一个选项，鼓励已接触一般过去时的学生提前运用该语法知识，记录行业中的一天，这样不仅提供了运用和加工新知的机会，而且通过日记，教师也能够及时知晓学生在一般过去时运用上存在的问题，为复学后开展精准的一般过去时课堂教学提供了真实有效的信息。

在日常教学中，越来越多的信息被收集且以数据形式呈现。有效挖掘和分析这些数据，并将其转换为教学的积极因素，科学地尊重学生的主体性、敏锐地掌握学生的差异性、灵活地发挥学生的能动性，必能使得小学英语对话课充满学生个性的闪光、思维的碰撞和情感的共鸣，如是，英语学习才能真正走进学生的主体生命，这对精准教育的实施有着积极的作用。

(二)小学英语习题讲解课的精准教学设计与实施

充分认识到网络阅卷数据统计快捷全面、教学质量评析多维客观、阅卷工作省时省力的优势，采荷三小借助"小闲智慧教育助手"这一技术依托，于2017年开始，在英语阶段过关检测中使用网络阅卷。通过筛选、分析并利用平台提供的数据信息，老师们探索出了一套基于大数据的个性化习题讲解教学方案，为实现精准教学与试题的精准讲评开展了一系列的实践与研究（见图3-28）。

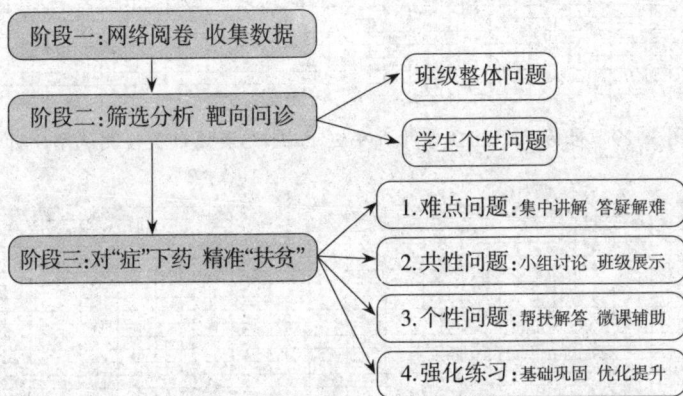

图3-28　基于网络阅卷大数据的个性化习题讲解教学方案

1.课前：收集数据，靶向问诊

将答题卡扫描批改后，阅卷平台即时生成的信息科学全面，大至年级均分、最高分和最低分，小至学生个人的答题情况和每个小题的班级答题率，所有原始数据都能够快速清晰地以Excel形式呈现，这是传统手工阅卷耗费大量时间与精力却难以保证准确率所无法比拟的。

【案例3-15】　五年级下英语Unit 1-3阶段过关检测的精准讲评

以五年级下Unit 1-3阶段过关检测为例。通过图3-29，教师可以准确地获取每个班、每道小题的得分率，并与年级得分率做横向比较，精准定位班级整体的难点问题和共性问题；同时，根据图3-30，清楚地了解每一位学生的知识点掌握情况，精准地读懂每个个体存在的个性问题。

杭州采荷三小英语五年级下U1-U3过关检测 试题分析																								
题号	答案	最高分	最低分	难度	平均分		得分率		满分率		零分率		漏选		A		B		C	
					班级	年级	班级	年级	班级	年级	班级	年级	人数	选率	人数	选率	人数	选率	人数	选率
1.1	C	1	1	1.00	1.00	0.96	1.00	0.96	1.00	0.96	0.00	0.04							33	1.00
1.2	B	1	1	1.00	1.00	0.98	1.00	0.98	1.00	0.98	0.00	0.02					33	1.00		
1.3	B	1	0	0.97	0.97	0.95	0.97	0.95	0.97	0.95	0.03	0.05					32	0.97	1	0.03
1.4	A	1	0	0.97	0.97	0.90	0.97	0.90	0.97	0.90	0.03	0.10			32	0.97	1	0.03		
1.5	C	1	1	1.00	1.00	0.94	1.00	0.94	1.00	0.94	0.00	0.06							33	1.00
2.1	A	2	0	0.94	1.88	1.79	0.94	0.90	0.94	0.90	0.06	0.10	1	0.03	31	0.94	1	0.03		
2.2	A	2	0	0.97	1.94	1.94	0.97	0.97	0.97	0.97	0.03	0.03	1	0.03	32	0.97				
2.3	B	2	0	0.67	1.33	1.36	0.67	0.68	0.67	0.68	0.33	0.32	1	0.03	10	0.30	22	0.67		
3.1		9	6	0.96	8.61	7.20	0.96	0.80	0.73	0.38	0.00	0.02								
4.1		1	0	0.73	0.73	0.77	0.73	0.77	0.70	0.73	0.24	0.20								
4.2		1	0	0.95	0.95	0.80	0.95	0.80	0.94	0.79	0.03	0.20								
4.3		1	0	0.94	0.94	0.77	0.94	0.77	0.94	0.77	0.06	0.23								
4.4		1	0	0.80	0.80	0.50	0.80	0.50	0.64	0.27	0.03	0.28								
4.5		1	0	0.70	0.70	0.67	0.70	0.67	0.70	0.67	0.30	0.33								
4.6		1	0	0.76	0.76	0.73	0.76	0.73	0.76	0.73	0.24	0.27								
4.7		1	0	0.70	0.70	0.46	0.70	0.46	0.58	0.21	0.18	0.30								
4.8		1	0	0.79	0.79	0.50	0.79	0.50	0.67	0.23	0.09	0.24								
4.9		1	0	0.79	0.79	0.70	0.79	0.70	0.79	0.69	0.21	0.29								
4.10		1	0	0.95	0.95	0.85	0.95	0.85	0.94	0.84	0.03	0.14								
5.1	C	1	0	0.97	0.97	0.86	0.97	0.86	0.97	0.86	0.03	0.14					1	0.03	32	0.97
5.2	A	1	1	1.00	1.00	0.93	1.00	0.93	1.00	0.93	0.00	0.07			33	1.00				
5.3	A	1	0	0.82	0.82	0.69	0.82	0.69	0.82	0.69	0.18	0.31			27	0.82	5	0.15	1	0.03
5.4	A	1	0	0.79	0.79	0.71	0.79	0.71	0.79	0.71	0.21	0.29			26	0.79	1	0.03	6	0.18
5.5	C	1	0	0.94	0.94	0.93	0.94	0.93	0.94	0.93	0.06	0.07			2	0.06			31	0.94
5.6	C	1	0	0.88	0.88	0.54	0.88	0.54	0.88	0.54	0.12	0.46			3	0.09	1	0.03	29	0.88
5.7	B	1	0	0.97	0.97	0.94	0.97	0.94	0.97	0.94	0.03	0.06			1	0.03	32	0.97		
5.8	C	1	0	0.67	0.67	0.71	0.67	0.71	0.67	0.71	0.33	0.29			8	0.24	3	0.09	22	0.67

图3-29 采荷三小2019学年五年级下U1-3英语过关检测试题分析

姓名	总分	一、单项选择题		二、单项选择题		三、主观题		四、填空题类		五、单项选择题		六、单项选择题		七、单项选择题		八、单项选择题		九、单项选择题		十、填空题类	
		得分	得分率	得分	得分率	得分	得分率	得分	得分率	得分	得分率	得分	得分率	得分	得分率	得分	得分率	得分	得分率	得分	得分率
俞	97	5	1.00	6	1.00	9	1.00	10	1.00	10	1.00	10	1.00	10	1.00	8	0.80	10	1.00	10	1.00
袁	95	5	1.00	6	1.00	9	1.00	9	0.90	10	1.00	8	0.80	8	0.80	10	1.00	10	1.00	10	1.00
吴	97	5	1.00	6	1.00	9	1.00	10	1.00	9	0.90	10	1.00	10	1.00	10	1.00	10	1.00	10	1.00
陆	84	5	1.00	6	1.00	7	0.78	3.5	0.35	10	1.00	10	1.00	10	1.00	10	1.00	10	1.00	6	0.60
杨	98	5	1.00	6	1.00	9	1.00	10	1.00	10	1.00	8	0.80	10	1.00	10	1.00	10	1.00	10	1.00
陈	100	5	1.00	6	1.00	9	1.00	10	1.00	10	1.00	10	1.00	10	1.00	10	1.00	10	1.00	10	1.00
周	97.5	5	1.00	6	1.00	9	1.00	10	1.00	10	1.00	8	0.80	10	1.00	10	1.00	10	1.00	10	1.00
郑	96	5	1.00	4	0.67	9	1.00	10	1.00	10	1.00	10	1.00	10	1.00	8	0.80	10	1.00	10	1.00
余	100	5	1.00	6	1.00	9	1.00	10	1.00	10	1.00	10	1.00	10	1.00	10	1.00	10	1.00	10	1.00
陈	90.5	5	1.00	4	0.67	8	0.89	7.5	0.75	6	0.60	10	1.00	10	1.00	10	1.00	10	1.00	10	1.00
邵	87.5	5	1.00	4	0.67	9	1.00	5.5	0.55	7	0.70	8	0.80	10	1.00	10	1.00	10	1.00	10	1.00
顾	89.5	5	1.00	4	0.67	7	0.78	8.5	0.85	9	0.90	10	1.00	10	1.00	10	1.00	10	1.00	8	0.80
叶	58.5	4	0.80	4	0.67	8	0.89	1.5	0.15	6	0.60	6	0.60	0	0.00	10	1.00	8	0.80	4	0.40
应	95	5	1.00	6	1.00	9	1.00	8	0.80	7	0.70	10	1.00	10	1.00	10	1.00	10	1.00	10	1.00
沈	82	5	1.00	4	0.67	9	1.00	4.5	0.45	9	0.90	8	0.80	10	1.00	4	0.40	10	1.00	9	0.90
梁	97.5	4	0.80	6	1.00	9	1.00	10	1.00	9	0.90	10	1.00	10	1.00	10	1.00	10	1.00	10	1.00
李	100	5	1.00	6	1.00	9	1.00	10	1.00	10	1.00	10	1.00	10	1.00	10	1.00	10	1.00	10	1.00
戈	96.5	5	1.00	6	1.00	9	1.00	9	0.90	10	1.00	8	0.80	10	1.00	10	1.00	10	1.00	10	1.00
金	99	5	1.00	6	1.00	8	0.89	10	1.00	10	1.00	10	1.00	10	1.00	10	1.00	10	1.00	10	1.00
李	94	5	1.00	6	1.00	6	0.67	9.5	0.95	9	0.90	10	1.00	10	1.00	10	1.00	10	1.00	9	0.90
赵	88	5	1.00	2	0.33	8	0.89	9.5	0.95	8	0.80	10	1.00	10	1.00	8	0.80	10	1.00	8	0.80
管	86	5	1.00	0	0.00	9	1.00	5.5	0.55	9	0.90	10	1.00	10	1.00	10	1.00	8	0.80	10	1.00
赵	93	5	1.00	6	1.00	9	1.00	10	1.00	9	0.90	8	0.80	10	1.00	6	0.60	10	1.00	10	1.00
沈	96.5	5	1.00	6	1.00	9	1.00	8.5	0.85	8	0.80	10	1.00	10	1.00	10	1.00	10	1.00	10	1.00
梁	76.5	5	1.00	4	0.67	8	0.89	5.5	0.55	5	0.50	6	0.60	10	1.00	8	0.80	10	1.00	6	0.60
钱	98.5	5	1.00	6	1.00	9	1.00	10	1.00	10	1.00	10	1.00	10	1.00	10	1.00	10	1.00	10	1.00
连	91.5	5	1.00	6	1.00	9	1.00	9	0.90	9	0.90	10	1.00	10	1.00	8	0.80	6	0.60	10	1.00

图3-30 采荷三小2019学年五年级下U1-3英语过关检测学生个人答题情况

在传统的阅卷模式下，教师往往根据自己的教学经验以及对试卷批改的感性判断，推测学生在英语学习上可能存在的不足，例如，总是会约定俗成地认为相较单词默写，学生的句型书写存在更大的困难。然而，借助网络阅卷系统的数据支撑，教师在五年级下英语期中过关检测中发现考查学生单词默记能力的第四大题的得分率比考查学生句型书写能力的第十一大题的得分率要低：以某班为例（见图3-31），第四大题的九个小题的得分率皆低于第十一大题的五个小题，尤其是题号为4.4、4.7和4.8的得分率跌至了0.5

以下,而第十一大题的得分率反而介于0.82~0.93。通过详细的数据呈现,该班英语教师可以清楚地了解到,相较句型结构的良好掌握,学生在听力中的单词识别与默写方面有更大的提升空间,在后续的教学中可以加强相应的听力练习与单词强化训练,同时也为更好的句型书写夯实基础。

题号	答案	最高分	最低分	平均分		得分率		满分率		零分率	
				班级	年级	班级	年级	班级	年级	班级	年级
1.1	C	1	0	0.98	0.96	0.98	0.96	0.98	0.96	0.02	0.04
1.2	B	1	0	0.98	0.98	0.98	0.98	0.98	0.98	0.02	0.02
1.3	B	1	0	0.90	0.95	0.90	0.95	0.90	0.95	0.10	0.05
1.4	A	1	0	0.81	0.90	0.81	0.90	0.81	0.90	0.19	0.10
1.5	C	1	0	0.95	0.94	0.95	0.94	0.95	0.94	0.05	0.06
2.1	A	2	0	1.76	1.79	0.88	0.90	0.88	0.90	0.12	0.10
2.2	A	2	0	1.95	1.94	0.98	0.97	0.98	0.97	0.02	0.03
2.3	B	2	0	1.19	1.36	0.60	0.68	0.60	0.68	0.40	0.32
3.1		9	4	7.45	7.20	0.83	0.80	0.40	0.38	0.00	0.02
4.1		1	0	0.74	0.77	0.74	0.77	0.69	0.73	0.21	0.21
4.2		1	0	0.70	0.80	0.70	0.80	0.69	0.79	0.29	0.20
4.3		1	0	0.67	0.77	0.67	0.77	0.67	0.77	0.33	0.23
4.4		1	0	0.40	0.50	0.40	0.50	0.19	0.27	0.38	0.28
4.5		1	0	0.65	0.67	0.65	0.67	0.64	0.67	0.33	0.33
4.6		1	0	0.71	0.73	0.71	0.73	0.71	0.73	0.29	0.27
4.7		1	0	0.40	0.46	0.40	0.46	0.12	0.21	0.31	0.30
4.8		1	0	0.45	0.50	0.45	0.50	0.12	0.23	0.21	0.24
4.9		1	0	0.64	0.70	0.64	0.70	0.64	0.69	0.36	0.29
11.1		2	0	1.82	1.90	0.91	0.95	0.88	0.92	0.07	0.03
11.2		2	0.5	1.87	1.82	0.93	0.91	0.86	0.84	0.00	0.03
11.3		2	0.5	1.70	1.83	0.85	0.91	0.64	0.81	0.00	0.01
11.4		2	0.5	1.63	1.67	0.82	0.83	0.50	0.62	0.00	0.03
11.5		2	0.5	1.85	1.85	0.92	0.93	0.79	0.84	0.00	0.03

图3-31 五年级下U1-3英语过关检测某班答题情况

网络阅卷技术科学而又客观的反馈助力教师从经验决策走向数据决策。教师可以通过直观的数据比较,了解学生对知识的掌握情况,分析差距背后存在的原因,及时发现提升教学质量的着力点。

此外,教师也可以通过对数据的二次加工,如制作折线图等,跟踪分析学生个体的学情变化,从而提出有针对性的个性化学习建议。

2.课中:对"症"下药,精准"扶贫"

传统的习题讲解课通常采用的是"教师主讲制",教师讲得滔滔不绝,学生听得昏昏欲睡,后者在教学活动中的主体地位没有得到实现。

有了前期教师的靶向分析,精准定位"疑难杂症",基于网络阅卷大数据的个性化习题讲解教学方案在阶段三为"对'症'下药",不同的问题采用不同的教学措施,使得试卷的讲评有的放矢。以英语能力分别处于高、中、低三个水平的学生(下文以A生、B生、C生代替)为例,再现不同学习程度的学生在习题讲评课上的参与情况。

（1）难点问题，集中讲解。每一次阶段过关检测，总会有一些小题失分率非常高，是全班普遍存在的共性问题，是学生知识结构中的薄弱环节，所以在课前，教师应当认真反思为什么这些题会成为学生的失分点。是知识点没有掌握？是在考查语法的基础上，有一定程度的综合提升？还是在文本中穿插了个别陌生的词汇，导致学生的语义解读失败？

如果是第一种情况，那么教师可以在课堂上就相应的知识点展开较为细致的二次教学，帮助学生二次消化和建构该知识点。如果是第二种情况，那么教师可以逐步引导。让学生意识到解答这样的题目需要充分调动自己的多维度能力，如听音辨词并判断、读图辨析并书写等。越是到了高年级，随着题目难度的增大和对知识水平要求的增加，学生越是需要老师加以积极且合适的引导。第三种情况则往往出现在阅读理解中。平时的阅读遇到陌生的词汇和表达，学生倾向于借助网络或询问同伴。一旦在考试中遇到了这样的"拦路虎"，而身边又没有可依赖的"工具"，慌张无措的情绪导致不少学生整篇阅读理解都读取失败。如何帮助学生在答题过程中，依靠自身能力处理这些"突发情况"，也需要教师在课堂中开展集中且正式的讲解，如带领学生通过上下文语境猜测陌生词汇的含义。

全班同学普遍存在的难点问题，图3-31中的4.4、4.7和4.8，分别考查星期单词的默写和一般现在时三单的使用，那么教师可以在课堂上借助之江汇平台互动课堂中的"聚光灯""随写板"和"屏幕截图"等功能详细讲解。例如，运用字母和字母组合的发音规律记忆单词、动词变三单的变化规律等，同时衍生相应的练习，随机挑选A生、B生、C生回答以加强巩固。

（2）共性问题，小组讨论。例如，针对得分率在0.5～0.8的题目，教师在提前了解学生知识点掌握情况的基础上，将全班裂分为几个学习小组，如将英语能力突出且责任心较强的A生，能力中等但学习习惯良好的B生与基础薄弱且缺乏英语学习兴趣的C生组成一个学习小组，以互补共助的形式开展精准教学。

如图3-32所示的第29题和第30题，班级得分率分别为0.79和0.67。其中第29题，答对的A生可以为答错的B生和C生解答，同时，在教师规定的时间内,A生可以拓展讲解"不同的介词与时间的搭配"知识点,帮助B生和C生了解相关衍生语法知识;第30题,答对的B生可以为答错的C生讲解,程度较好的A生在旁认真聆听,在B生讲解有误或者不清楚的时候,提供帮助。在这一互助的过程中,A生作为小老师,对自己与同伴的学业表现产生了高度责任感,在讲解题目的过程中进一步巩固了知识点;兼任老师与学生的B生,不仅掌握了自己之前没有掌握的薄弱知识点,同时身为一名中等程度的学生,在辅导学困生的过程中慢慢树立自信心与提升学习动力;而C生在没有老师点名回答问题和同伴教学的轻松学习氛围中,逐渐恢复英语学习兴趣,重拾丢失的英语知识。

六、单项选择。(10分)

(   ) 29. Do you read books_____the weekend?
　　　　A. on　　　　　　　B. in　　　　　　　C. at
(   ) 30. We'd like some_____.
　　　　A.noodle and tomato　B.noodles and tomatos　C.noodles and tomatoes

图3-32　五下U1-3英语过关检测部分单项选择题

规定时间结束后,教师可以借助之江汇平台互动课堂中的"分组挑人"功能,请原本答错的C生解答共性问题,以检验学习小组的互助效果。如果C生能够较为清楚地讲解相关知识点,甚至对于教师提供的变形题也能够准确解答,那么就可以在"光荣榜"中为自己所在的学习小组加分(见图3-33)。

图3-33　之江汇平台互动课堂中的"光荣榜"功能

相较传统的教师侃侃而谈式的试卷讲评，基于网络阅卷大数据的试卷讲评更精准"扶贫"，也更能够激发学生的主动性与积极性。

3.课后：微课辅助，分层练习

一是针对个性问题，微课辅助。在课堂上，教师集中讲解了难点问题和以学习小组的形式解答了共性问题后，学生依旧会留存个性问题，也就是班级内只有极个别学生出错的问题。个性问题迥然有异，即使是看似相近的分数，隐藏的是学生个体对于知识掌握的多样性差异。借助阅卷平台，教师可以清晰地了解每一位学生的个性问题。

例如，通过仔细查看个人小题得分情况，教师发现五下U1-3过关检测卷第六大题第四小题在全班得分率为0.94的情况下，C生没有得分。经了解得知，五年级的C生确实对三年级的知识点"be动词的使用"掌握不到位，经常混用am，is，are，但是在学校里询问老师或同学，担心大家会因为自己不会三年级的知识点而被耻笑，所以一直处于该知识点的盲区。

此时，若课堂时间有限，教师可以为C生推送量身打造的"个人学习挑战"，如观看之江汇学习资源库中有关be动词的微课视频，并完成相应的练习。同时，与家长取得联系，采用"家校联手"的方式，后期跟进C生对"be动词使用"的掌握情况。

若课堂时间富余，教师也可以在课堂上开展个性问题的精准帮扶，如C生可以和有相同个性问题的同伴一起，借助iPad学习微课，遇到疑惑，及时询问；而另一边，教师为另一群拥有相同个性问题的学生开展"个性解答"。

二是通过分层练习，巩固强化。采取不同的教学措施有针对性地解答难点问题、共性问题和个性问题后，教师可以在课后提供分层练习，就相应的知识点追踪落实：基础较为薄弱的C生可以完成基础卷（例如，在原试卷题的基础上做适当变化），基础较好的B生则完成提升卷（例如，同一知识点，题型由选择题进化为填空题等）。学习优异的A生可以选择以下形式的作业：①为B生出一份提升卷并配以相应的讲解；②为C生出一份基础卷并配以相应的讲解；③自主完成一份同步课外练习。

在网络阅卷系统的技术支撑下，英语教师依据数据精准分析每一次过关检测，精准读懂每一位学生的语言能力，采取多样化的习题反馈形式与教学方法，从而实现了小学英语习题讲解课的精准教学。

第四章

实践:精准教学
在理科类学科中的运用

在第三章中,我们介绍了精准教学在语文、英语两门学科中的运用。实践表明,精准教学的实施,改变了这两门学科的课堂教学样态,使教师的教学更有针对性,让每一个学生的学习都有了改变,提升了课堂教学的效率。本章,我们将以数学、科学两门学科为例,就精准教学在理科类学科中的运用进行阐述,从而使大家更好地了解学校推进精准教学的实践探索。

第一节　精准教学在数学学科中的运用

在各门学科中，数学是相对严谨的一门学科，各类知识点和结果都要求非常精确，因此，在小学数学教学中开展精准教学是很有必要的。在课题研究的实践过程中，我们更加深刻体会到小学数学教学中精准教学实施的意义和价值。

一、小学数学教学中精准教学实施的必要性分析

在数学学科中实施精准教学，首先要对目前数学教学的现状和学生的数学学习真实状态进行分析，找到问题所在，才能有针对性地开展精准教学的探索。

（一）班级授课制的教学形式要求关注教学效率，讲究学习的时间与效益比

小学数学课程标准及教材都对每个年段、每个学期，学生需要学习的内容做了明确的安排和设计。因此，在单位时间内学生的学习结果与学习过程都需要精准考虑。对于学段目标、年段目标、内容板块及单元目标的达成水平，我们必须做到精准施策。

（二）小学生数学学习的真实起点参差不齐，课堂教学目标千篇一律

美国教育心理学家奥苏伯尔指出："如果我们不得不将教育心理学还原为一条原理，我将会说，影响学习的最重要因素是学生已经知道了什么，我们应当根据学生原有的知识状况进行教学。"这就表明，我们的教学需要遵循"以学定教"的规律，而要落实"以学定教"最重要的是精准确定学生的真实学习起点。我们在数学课堂中经常发现，教师在讲台上讲得轰轰烈烈，而学生却在下面昏昏欲睡。究其原因，往往是教师一方面简单地处理学习内容，学习活动设

计千篇一律,教师学习过程平淡乏味,学习节奏平铺直叙;另一方面对学生的预设主要依赖教师以往的教学经验,导致在与学生实际学习匹配时,出现较大的偏差。精准的学情分析是实现因材施教、提高教学效率的前提。学情分析包括了解学生的基础知识、学习态度、习惯与能力,生活经验和学习环境等要素。对任教对象的整体水平做到心中有数,以便于适时进行分层教学。日常作业、学生访谈、课前测试和教师经验等都是学情分析的基本方法与途径。

在日常教学中,教师可以用主观推测和客观调研两种基本策略来了解学生的学习基础。主观推测就是依据教师已有的知识背景与教学经验,对假想中的一个或一群学生的知识基础做推测性分析,类似于平时说课中的"说教材"与"说学情",借助教材的逻辑体系和学生的生活经验,模拟学生面对新的学习任务时会做出的反应。客观调研可以验证教师主观推测的正确性,手段一般有课前测试、个别访谈等,对象是即将学习新知的学生。课前测试一般分为试题的编制、组织测试与测试结果分析。测试题的编制建立在主观推测的基础上,为了减少测试题之间的相互影响,有时还要按一定的顺序分步完成,一般把较开放的问题放到前面,完成后上交,再下发具体情境的测试题。个别访谈可以分为两种形式:第一种是作为课前测试的辅助,对检测中学生的解答过程需要进一步了解时,抽取个别学生进行访谈。第二种是直接随机抽取学生进行个别访谈。例如,在教学设计时,想大致了解教师提出某一个问题时学生是如何思考的,可以从班级分别抽取成绩好、中、差的学生进行访谈,了解他们回答问题的情况。

教学中,教师不但应该对学生的知识基础非常关心,对学生经验积累也应该非常重视。利用前测,让"经验"显露出来。在某些探究性浓、体验性强的数学课教学前,为了充分了解学生已有的知识经验,教师可以组织前测,可以设计几道与新知理解密切相关且学生有一定基础的测试题,让其充分描述自己拥有的生活经验及学习经验。前测后,教师客观地进行汇总梳理,全班学生的经验水平便全都显示出来了,新课开展也可顺势而为。改进导入,让"经验"凸显出来。综观当前的课堂导入,"创设情境,引出新知"是常见方法。这种方式对于激发学生的参与热情、链接新知的问题原型是有好处的,但对于"学生已经知道了什么"通常关注不够。我们应该根据内容特

点,改进导入设计,将注意力聚焦到学生已有知识经验的充分挖掘上来。这样一来,新课学习的经验基础在学生独立回忆、相互交流、集体分享的过程中得以充分显现。有时,教师还会将含有经验的"核心词"加以板书来引导新课学习。将学生的经验基础当成教学展开的重要资源,使课堂导入时"经验"发挥黏性,教师必须在前期教学中重视学生"基本活动经验"的积累,优化活动,让"经验"显露出来。我们知道数学学习离不开活动,但是,我们看到很多的课堂活动没能体现"基于经验的自主探究",而异化成了"服从标准的被动操作"。

二、小学数学教学中精准教学的基本内涵

义务教育阶段开设的每一门学科都有其自身的特点和意义,小学数学学科也不例外,它不仅是其他学科的基础,还在指导日常生活、开发学生智力、培养学生逻辑思维能力方面起着独特的作用。因此,在小学数学教学中实施精准教学,必须把握其内涵。

(一)教学内容、学习材料的精准选择

精准选择具有结构性的学习材料。学习材料具有结构性就是指教师设计课堂教学时,能够把学习材料作为一个学习系统加以组织,体现在情境、信息、问题与材料组织等几个方面,按结构的范围可以分为课时与课时、课时与单元、单元与单元间学习材料的结构性。

1.课时材料的结构性

要体现课时学习材料的结构性,首先要在充分了解学生的知识基础上制定出明确的教学目标;然后围绕教学目标的达成过程,把不同类型的学习材料组成一个有机整体。例如,四年级下册"四则运算"——同级混合式题。在学习前,学生已经有了一定的基础,能够结合具体的情境,初步感知这类式题的运算顺序。因此,就运算顺序掌握制定的对应目标是在解决应用问题、分析与计算相关式题的过程中,逐步归纳抽象出运算顺序,并学会用递等式计算式题。

2.单元学习材料的结构性

教材的单元编写体系已经十分关注单元学习材料结构性,大多数单元

都有单元主题图,并由单元主题图提出有关联的问题。因此在备课时,首先要分析单元学习内容之间的结构体系,再构想各个课题之间共同的学习思路,进而编制出具有相同结构的各个课时的学习材料。例如,四年级下"四则运算"这一单元,教材把"四则运算"分成同级混合式题、二级混合式题与有括号混合式题三类。这三类混合式题,教材都由同样的主题引出学习材料,且都在解决问题后引导学生对运算顺序进行概括,因此,后面两个课时的学习材料,可以参考第一课时的结构组织。第二课时的学习单与第一课时的结构相同,只是增加了用递等式计算的要求。这样的学习材料有利于策略迁移、思维的延续和数学知识的结构化。

3. 单元间学习材料的结构性

主要指数学知识体系上具有内在联系的单元,这些单元教材的编排结构往往也基本相同。例如,五年级上的"小数乘法"与"小数除法"两个单元,由于除法是乘法的逆运算,都可以从数量关系入手来实现学习材料的结构性。

(二)教学活动中的精准提问

数学课的推进主要是靠各类大小不同的问题群组推进的。怎样精准提问才能让学生理解呢? 这是一个十分棘手的主题。一是在教师提问后,学生难以回答,表现为难堪的静默;二是在教师提问后,学生回答热烈,却始终回答不到关键点。不管是哪一种形式,都让上课的教师紧张,甚至害怕,这成为教师有效改变教学方式的主要心理障碍之一。导致这些问题的原因在于教师应对课堂突发情况的能力不足。针对这一状况,教师不妨因势利导,启发学生。在教学过程中,教师的临场应对能力在较大程度上取决于教师能否理性地接受学生问题思考中的合理性,如果能接受学生问题思考中的合理性,就能相应主动调整教师的状态,从而使教师与学生的想法渐趋渐近。

除了提问,数学课堂还经常需要针对某一内容或问题进行二次追问,激活学生思维,促进学生深入探究,从而提高学生的学习能力,它的目的是让学生进一步发现问题、解决问题,使问题的交流走向深处。没有追问的课堂,其本质是教师教的缺失,它导致的直接后果是学生的学习始终在一个层

次上徘徊。那么,如何进行精准有效的递进式追问呢? 需要教师做一个有心人,追问重点处、关键处、疑难处,这样就能极大地提高数学课堂的教学效率。

(三)教学中操作活动的精准组织

动手操作是数学课堂上常见的一种学习方式,因为必要的操作活动,可以帮助学生更好地理解和掌握所学的数学知识。那么,学生的操作活动组织时到底有哪些注意点呢?

1.材料精心准备

探究材料的准备是操作活动得以有效进行的重要基础。材料的准备,要根据教学的需求,在充分预设学生的行为、考虑操作的可行性后再精心准备。探究材料丰富了,可操作性增强了,探究所用的工具完备了,探究活动的有效性也就有了保障。

2.任务要交代清楚

操作活动之所以混乱,很多情况下都是因为教师没有预先把要求说清楚就让学生动手,或者没有把要求讲完整,等到操作过程中发现了问题再补充,这些是操作活动最应该避免的。在操作前,教师要让所有学生明明白白地知道操作的目的、方法、注意点。

3.过程要调控到位

学生进行操作,教师应有几个重要任务,如了解学生探究的过程,对有困难的学生进行指导帮助,维护因为"激动"而引起的纪律问题等。探究活动过程中,比较常见的问题是快的同学早已结束,慢的同学尚未理解。这就需要教师在学生探究过程中,深入了解、参与、指导,尤其是对能力相对较弱的那些小组要适时辅导。另外,探究之后的反馈也是探究活动重要的一环,因为这一环节是对探究的提炼和总结,是探究的最终目的所在。但很多探究活动,开始反馈了,而学生还意犹未尽。遇到这样的问题时,教师应下令所有学生停止活动,把探究材料、学习纸等物品都收拾好。

三、小学数学教学中实施精准教学的作用

小学数学作为基础教育的重要学科,承担着培养学生基本数学素养和能力的任务。精准教学在本学科中的应用,对于培养学生多元能力具有重要意义。

(一)能准确把握学情

实行精准化教学,能更准确地把握学生学情,更清楚地了解学生的前概念,提高学生数学学习的能力。做好前测,能让老师对学生已有的知识储备和学习能力等情况有进一步的了解,学生也能更清楚地了解自身的情况,学习的意识更加强烈,目标也更加清晰。

(二)能有效收集信息

实施精准化数学学习策略,能更有效地提高学生提取数学信息及提出问题和解决问题的能力。在实践中,学生会养成更好的问题意识,不仅能在课堂上用所学的策略解决问题,还能充分发挥自己的主观能动性和创造性,更积极地探索适合自己的方法和策略。有了一定的解决方法,学生可以类推掌握解决其他问题的策略和方法。

(三)能使课堂更加开放

实施精准化数学学习教学策略,能使我们的课堂更加开放,依靠大数据为支撑的精准教学,能利用各个行业的跨学科、跨平台、跨领域的开放资源,学校、家长、教师、社会大众等,都可以成为教育大数据的生产者和应用者,在这样的背景下,精准教学的主体不再仅是教师和学生,学生可以为自己量身定做教学方案、测量数据,甚至进行自我学习。

(四)能提升教师的教学能力

实施精准化数学教学,能提升教师的教育教学水平和科研能力。利用精准教学的数据、技术手段,教师能更清楚地知道教什么、怎么教、教的结果是什么,清楚地知道每节课学生的增量在哪里。通过精准教学的实践,教师在清楚地知道学生状况和自身水平的基础上,教育教学的专业能力也将不断地提升。

同时,在实践研究的过程中,教师需要学习各种先进的理念和教育教学观点,每一次的教学实践和磨课展示,都将是对专业能力的提升。教师就某一问题反复地研讨,能积累大量的研究案例,对科研能力的提升有很大的益处。

四、小学数学实施精准教学的实践探索

《义务教育数学课程标准(2011年版)》指出：数学教学活动必须建立在学生的认知发展水平和已有的知识经验基础之上。基于这一理念，教师必须走到学生当中，了解他们的真实认知状况、知识经验、思维状态，在充分了解、理性分析的基础上精心设计教学活动，这样的教学才是真正有效的。教师要想准确地了解学生已有的知识和经验，光凭经验是不够的，还需要在教学前对学生进行前测。

(一)基于前测，精准设计教学目标

要实施精准教学，就必须准确把握学情，而前测就是准确把握学情的一个重要手段，因此我们十分重视前测。通过前测，把握学生的认知基础，据此设计教学目标。

1.分析前测，精准把握学生学情

对于教师课堂教学设计中的探究过程，如果学生不需要探究就明白了，那这种教学设计就是无效的；如果教师设计教学环节难度很大，学生不能回答、不能操作，新旧知识之间没有建立联系，则这个设计也是失败的。那么，怎样的教学设计才是有效的呢？第一，它必须符合学生的认知需求；第二，它必须重视新旧知识的过渡。要做到这两点，必须做好前测。

【案例4-1】 "倍的认识综合练习课"前测

要上好这节练习课，首先要精准确定这节课的教学目标，才能有的放矢。作为一节倍的认识综合练习课，常规的目标都是单纯地通过练习巩固倍的认识，并熟练解决和倍有关的问题。但事实上，大部分学生对倍的认识这个知识点掌握得都很不错，因此，在练习课上反复操练"求倍数"和"求几倍数"的问题是毫无意义的。

因此，在上课之前老师添加了课堂前测这个环节，通过前测收集学生的起点和学习的难点，以便精准制定教学目标。

一、你能用倍的知识来介绍一下小猴队的队旗？（每种颜色不可拆开）

我知道：

（　　）是（　　）的（　　）倍。

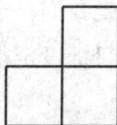
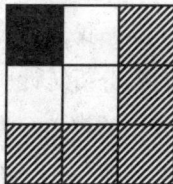

（　　）是（　　）的（　　）倍。

（提示：可以把两种颜色的小正方形合在一起看。）

二、解决问题（画线段图并列式计算）

1.小兔有 18 只，小猴是小兔的 2 倍，小猴有几只？

画图：　　　　　　　　　　　列式：_____

2.小兔有 18 只，是小象的 2 倍，小象有几只？

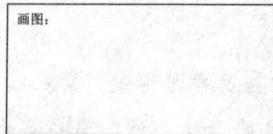

画图：　　　　　　　　　　　列式：_____

　　前测第一题为了了解学生对求一个数是另一个数的几倍掌握情况。第二题为了了解学生求多倍数和求一倍数的解决问题的能力及解决问题中画图策略的使用情况。通过简单的前测，教师发现当一倍数很明确时，学生都很容易找到倍数关系，当一倍数变得复杂一些，学生就很难找到倍数关系，特别是比较缺乏整体观察的意识。而解决倍数问题列式计算掌握得都不错，但画图的策略掌握得不是很好。

　　这样一来，原本练习课上需要完成的目标其实在前测中已经完成，并且还能在前测中精确地找到学生真正需要练习的内容，即"求几倍数""求一倍数"与乘除法的意义进行沟通和"求一倍数""求几倍多几""和倍问题"等关于倍的拓展问题，精确把握了学生学情，真正地做到讲其所惑，练其所短。

　　2.利用前测，精确提供数据支持

　　感性让数学课堂更具人性化、更精彩生动，理性让数学课堂的"数学味"

更浓。在追求数学生活化的同时,我们不能忽视数学本身的东西,应让课堂多一些理性,让我们的教学行为更有效、更科学化。而前测就是让数学课堂科学化的第一步。我们在设计教案时,总是对学生已有的知识认识不到位。而做了前测,分析统计所得的数据,就是我们科学合理设计教学的正确依据,它能让我们的教学行为更有效,教学目标设定得更为精确。接下来就以"小小毅行设计师"一课为例。

【案例4-2】 "我是'毅行'设计师"教学设计

(一)回顾前测,介绍背景,清晰研究板块

1.播放"毅行"视频,介绍"毅行"背景。

师:同学们,我们先来看一个视频。(播放毅行视频)

你们还记得这是什么活动吗?

预:毅行活动。

2.讨论合理设计一场毅行活动,需要考虑哪些因素。

师:要办好一场毅行活动需要提前设计一个合理的活动计划,今天我们就来做一次毅行设计师,为集团下一次毅行活动出谋划策。(出示课题)

师:那么合理设计一场毅行活动,需要考虑哪些因素呢?课前我们也在班级里进行了调查,一起来看看调查结果吧。(出示统计图)

3.根据学生前测统计确定毅行方案的研究内容:路线、时间、补给。

师:观察统计图,你发现了什么?

预:我发现同学们最关心的是路线、补给和时间等方面问题。

师:那这次的毅行活动我们就从这三个方面进行设计。

(二)分享互评,分析路线,提高综合分析能力

1.分析学生课前设计的毅行路线,排除不合理的路线方案。

师:昨天同学们在iPad上设计了路线图(出示课前任务和同学们路线图汇总截图),老师选了其中的四幅(点击PPT),请你静静地观察30秒,这样的设计合理吗?(计时30秒)

师:在同学们进行点评之前,老师想先问问大家,我们应该怎样来点评同学们的路线?

师:点评时要先说清楚我要点评路线( ),我认为他设计得合理(不合理),因为( )。

预1:没有沿着道路行走。

预2:只有单程,走了回头路。

预3:路况复杂,拥堵,不安全。

预4:安全,景美。

预5:转弯太多……

板书:路程、环线、路况(包括安全、景致等)

师:根据同学们提到的这些因素,前两条路线不太合理,而后两条路线相对比较合理。

2.课前互评点赞,呈现合理的路线方案。

呈现:点赞排行榜。

师:其实,这两个方案正是前测中点赞数最高的两条路线。

师:他们的路线到底好在哪里? 请你来说一说。

(学生现场点评)

预1:沿江边风景好。

预2:路比较安全。

预3:路程正好10千米……

师:同学们都说得很有道理,掌声送给精彩点评的同学。

师:其实同学们在课前的点赞时都已经评论得非常全面了,我们一起静静地看看他们的评论。(播放点评弹幕)

3.出示学生前测统计,总结设计路线时需要综合考虑的要素。

师:正如同学们在前测时考虑到了这些方面,(出示前测统计图)我们只有综合考虑路程、安全、景致等多方面的因素,才能设计一条合理的毅行路线。

(三)任务驱动,确定时间,多角度解决问题

1.讨论时间确定的要素。

师:路线定好了,那么毅行这一天(重音强调)的时间我们该怎样来安排呢? 需要考虑哪些时间?

预：考虑出发时间、休息时间、回校时间。(同时点击课件出示三个时间)

师：想一想，大约几点出发合适呢？

预1：考虑出发时间，不能太早，避开高峰，不能太晚等。

预2：大约9:00出发比较合适。

预3：出发前还要举行开幕仪式，不能太早……

师：根据大家的意见我们把出发时间定在大约9:00，中途可以休息1小时。

师：那么想一想，大约几点回到学校比较合适呢？

师：老师从同学们的前测中挑选了三种不同的到校时间。

出示学生前测中的三种情况。

(1)9:00 — 12:00，休息1小时

(2)9:00 — 13:00，休息1小时

(3)9:00 — 15:00，休息1小时

师：你觉得哪个时间比较合适，请拿出答题器选一选。

预：没有人选择(1)。

师：为什么没人选(1)？

预1：时间太短，肯定不够。

预2：总共3小时，休息1小时，只能走2小时，1小时要走10千米，根据平时走路的速度肯定不够……(抓住有数据考虑的反馈)

师：这位同学不仅靠生活经验来判断，还给出了具体数据来说明，更加具有说服力，我们给他鼓鼓掌。(板书："数据"写在一边，最后总结时要用)

2.判断验证，选择信息，解决实际问题。

师：那B和C到底哪种更合适？老师请你选择有用的信息来证明。

出示材料：

(1)小强：马拉松运动员的速度能达到250～300米/分。

(2)小亮：快走时每分钟大约150步，5.03千米走了12039步。

(3)小美：200米的操场步行1圈3～4分钟。

师：同学们不着急，做任务之前请大家先想明白，选(　　)的信息来证

明;再写下来,让别人看懂你的思路;最后说清楚,这个问题我是怎么解决的。明白了吗?现在给大家6分钟,开始证明吧。

反馈(找不同信息验证的方法):

层次1:(错误)如果有人选择信息(小强)的信息来证明,先反馈。正好请同学们来评价,说明要选用有效信息来解决问题。如果没人选小强的信息,那就在反馈完后再问同学们"为什么不选小强的信息",从而说明要选用有效信息来解决问题。

层次2:选择信息(小强)的信息来证明:

(1)比较时间(倍比、估算)

$10÷5.03×12039÷150≈160$(分)<3小时

(2)比较步数(巡视指导,如果没有也没关系)

$10÷5.03×12039≈24000$(步)

$150×60×3=27000$(步)>24000(步)

层次3:选择信息(小美)的信息来证明:

(1)比较时间

$10000÷200×3=150$(分)　　$10000÷200×4=200$(分)

毅行是快走,接近最快的速度,小于3小时。

(2)比较路程(巡视指导,如果没有也没关系)

$60×3÷3×200=12000$(米)　$60×3÷4×200=9000$(米)

毅行走得比较快,10千米可以到达。

师:同学们选用了不同的信息,从不同的角度证明了9:00—13:00比较合适。同时我们还要注意选择有用的信息来解决问题。

(四)搭配补给,估算水量,提取数学信息解决实际问题

师:毅行时间也安排好了,接下来就要考虑你们最关心的吃的问题了。先看看大家前测的选择吧。

呈现:补给食物统计图。

师:观察统计图我们可以发现,同学们主要是从哪些方面来考虑补给?

预:补充水和食物。

师：那下面我们就先为自己挑选一下合适的食物来补充我们消耗的能量。

1.合理搭配食物。

师：我们先来看看如何算出我们消耗的能量，这个公式怎么理解，请哪位小老师来给大家解释一下？

预1：3.4千卡/千克/小时表示每小时每千克重量消耗3.4千卡的能量。

预2：3.4乘以的是运动时间3小时，再乘以一个人的体重几千克。（注意强调体重以千克为单位）

师：那我们随机选一位同学来算一下你消耗的能量吧。

预：3.4×3×39。

师：大约是多少？

预：3.4×3可以估成10,39可以估成40,大约390千卡或者400千卡。

师：我们平时有许多数据不需很精确时，可以用估算更加方便。

师：下面就请大家自己选一选，老师给大家4分钟，开始吧！

任务：请你根据提供的信息，为自己选择合适的食物，把它完成在练习纸上。

材料：

(1)快走时消耗能量=3.4千卡/千克/小时×运动时间×体重

(2)食物能量表

反馈：

层次1：能量消耗有计算错的先反馈，强调体重是以千克为单位，如没有就不反馈，因为理解公式时已有强调。

层次2：选择食物比较集中，只选一种多份的。（反馈：营养要均衡搭配）

层次3：选择食物相对合理，但有选冰激凌的。（反馈：虽然他的选择营养搭配合理，但不便于携带，考虑实际情况）

层次4：选择食物比较合理，且方便携带。（请同学们点评优点）

师：看来我们在选择食物时首先要合理搭配，营养均衡，还要考虑到实际情况，如是否方便携带等因素。

2.估算水的箱数。

师：那现在我们还有什么问题没解决呢？（水）

任务:估一估,五、六年级的补给站共需( )箱水。

师:那我们到底需要多少箱水呢? 大家先猜猜。

预1:随便猜。

预2:估了几个数据猜。

师:刚才这位同学并不是随便猜的,他还估计了几个数据来猜,可能会更加准确一些,那你想要了解哪些信息?

师:通过调查我们得到了两张统计图表,现在你能帮我估出结果吗?

材料:

(1)各校区五、六年级人数统计表。

(2)学生喝水量统计图。

反馈:

(1)读图分析信息,获得总人数和平均喝水量。

师:从统计图上估计每位同学大约要喝几瓶水? 集团五、六年级约几人?

预1:平均每人喝2~3瓶水(范围,最值)。

预2:总共大约600人(估算)。

(2)根据信息估算得到总需水量。

反馈:2×600÷24=50箱,3×600÷24=75箱,估算50~70箱亦可。

(五)回顾小结,知识迁移,形成项目设计的基本思路和方法

师:到现在路线、时间、补给我们都确定好了,请同学回顾一下这节课我们是怎样设计整个毅行方案的?

预:我们考虑了路线、时间、补给等多方面因素。

师:这些因素我们是从何而来?

预:通过课前对同学们的调查得到的统计图。

师:是的,我们先进行了调查。

预:然后对课前设计好的路线进行了对比评价。

师:也就是进行了分析,最后才把路线确定下来。时间和补给我们也是按照这样的流程来进行研究讨论的。

师：在这个过程中，同学们不能仅凭生活经验，还要有数据的支持，这样才能设计出一份合理的毅行方案。

师：其实我们今天只是设计了毅行方案中最重要的三个方面，还有其他方面，比如，补给站设在哪里，同学们可以根据今天学习的流程回家自己确定一下补给站的位置。今天这节课就上到这里，同学们再见！

在上面这个案例中，老师通过对同学们进行前测，精确收集各种数据对课堂各个环节提供支持。第一个环节通过视频回顾"毅行"活动，介绍"毅行"活动方案设计的大背景，并通过学生前测确定本节课研究的三个主要方面。因此，本节课讨论的所有内容并不是老师提前设定的，而是同学们自己选出来的，精准地体现了学情前置、以生为本的理念。

第二个环节通过对比分析课前完成的路线设计图，典型例子的点评，由同学们自己总结出设计路线时需要着重考虑的几个因素：考虑实际路程、不走回头路、沿途安全和景致等，并配合弹幕的形式展示学生对各类因素的考虑，而这里的统计图和弹幕中的意见都是精准收集了前测中同学们的数据。

第四、五个环节通过让学生计算消耗能量和估算水的箱数，培养学生基于数据分析，提取有效信息、灵活运用估算等策略解决实际问题的意识与能力。正是通过前测才能给我们的这些情境和练习提供精准的数据支持。

(二)围绕目标,精准选择学习材料

每个老师都知道，课堂教学需要有准确清晰的目标。问题在于，该如何在课堂教学中落实目标？我们在精准教学的实践中，把精准选择学习材料作为重要的一环。

1.精准解剖教材,明确教材目的

教材是教学设计的依托，能帮助教师理解"教什么"的问题，而对于教材的理解，我们认为不能只停留在某一节课，而是应该明白这节课在这一年级、这一学段中发挥了哪些承上启下的作用，因此我们对第一学段的整体教学目标进行了梳理(见表4-1)。

表4-1　小学数学第一学段整体目标分析

数 与 代 数	**1.数的认识** (1)能认、读、写万以内的数,会用数表示物体的个数或事物的顺序和位置。 (2)认识符号"<,=,>"的含义,能够用符号和词语来描述万以内数的大小。 (3)能说出各数位的名称,识别各数位上数字的意义。 (4)结合现实素材感受大数的意义,并能进行估计。 (5)能结合具体情境初步理解分数的意义,能认、读、写小数和简单的分数。 (6)能运用数表示日常生活中的一些事物,并进行交流。 **2.数的运算** (1)结合具体情境,体会四则运算的意义。 (2)能熟练地口算20以内的加减法和表内乘除法,会口算100以内的加减法。 (3)能计算三位数的加减法,一位数乘三位数、两位数乘两位数的乘法,两位数和三位数除以一位数的除法。 (4)会进行同分母分数(分母小于10)的加减运算以及一位小数的加减运算。 (5)能结合具体情境进行估算,并解释估算的过程。 (6)经历与他人交流各自算法的过程。 (7)能灵活运用不同的方法解决生活中的简单问题,并能对结果的合理性进行判断。 **3.常见的量** (1)在现实情境中,认识元、角、分,并了解它们之间的关系。 (2)能认识钟表,了解24时计时法;结合自己的生活经验,体验时间的长短。 (3)认识年、月、日,了解它们之间的关系。 (4)在具体的生活情境中感受并认识克、千克、吨,并能进行简单的换算。 (5)结合生活实际,解决与常见的量有关的简单问题。 **4.探索规律** 发现给定的事物中隐含的简单规律

1.图形的认识

(1)通过实物和模型辨认长方体、正方体、圆柱和球等立体图形。

(2)辨认从正面、侧面、上面观察到的简单物体的形状。

(3)辨认长方形、正方形、三角形、平行四边形、圆等简单图形。

(4)通过观察、操作，能用自己的语言描述长方形、正方形的特征。

(5)会用长方形、正方形、三角形、平行四边形或圆拼图。

(6)结合生活情境认识角，会辨认直角、锐角和钝角。

(7)能对简单的几何体和图形进行分类。

2.测量

(1)结合生活实际，经历用不同方式测量物体长度的过程；在测量活动中，体会建立统一度量单位的重要性。

(2)在实践活动中，体会千米、米、厘米的含义，知道分米、毫米，会进行简单的单位换算，会恰当地选择长度单位。

(3)能估计一些物体的长度，并进行测量。

(4)指出并能测量具体图形的周长，探索并掌握长方形、正方形的周长公式。

(5)结合实例认识面积的含义，能用自选单位估计和测量图形的面积，体会并认识面积单位(平方厘米、平方米、平方千米、公顷)，会进行简单的单位换算。

(6)探索并掌握长方形、正方形的面积公式，能估计给定的长方形、正方形的面积。

3.图形与变换

(1)结合实例，感知平移、旋转、对称现象。

(2)能在方格纸上画出一个简单图形沿水平方向、竖直方向平移后的图形。

(3)通过观察、操作，认识轴对称图形，并能在方格纸上画出简单图形的轴对称图形。

4.图形与位置

(1)会用上、下、左、右、前、后描述物体的相对位置。

(2)在东、南、西、北和东北、西北、东南、西南中，给定一个方向(如东)辨认其余七个方向，并能用这些词语描绘物体所在的方向；会看简单的路线图

图形与几何

统计与概率	1.数据统计活动 (1)能按照给定的标准或选择某个标准(如数量、形状、颜色)对物体进行比较、排列和分类;在比较、排列、分类的活动中,体验活动结果在同一标准下的一致性、不同标准下的多样性。 (2)对数据的收集、整理、描述和分析过程有所体验。 (3)通过实例,认识统计表和象形统计图、条形统计图(1格代表1个单位),并完成相应的图表。 (4)能根据简单的问题,使用适当的方法(如计数、测量、实验等)收集数据,并将数据记录在统计表中。 (5)通过丰富的实例,了解平均数的意义,会求简单数据的平均数(结果为整数)。 (6)知道可以从报纸、杂志、电视等媒体中获取数据信息。 (7)根据统计图表中的数据提出并回答简单的问题,能和同伴交换想法。 2.不确定现象 (1)初步体验有些事件的发生是确定的,有些是不确定的。 (2)能够列出简单试验所有可能发生的结果。 (3)知道事件发生的可能性是有大小的。 (4)对一些简单事件发生的可能性做出描述,并和同伴交换想法
综合实践	(1)经历观察、操作、实验、调查、推理等实践活动;在合作与交流的过程中,获得良好的情感体验。 (2)获得一些初步的数学实践活动经验,能够运用所学的知识和方法解决简单问题。 (3)感受数学在日常生活中的作用

根据之前的学生前概念分析和对学段目标的细化分析,我们将本节课的重难点确定为能用合适的方法阅读和理解题意,能根据有关联的信息提出数学问题。

此外,根据学生前概念了解以及对教材的精准对比分析,我们制定了如下教学目标。

（1）创设问题情境，指导学生用合适的方法阅读、理解题意，选择有效信息，厘清数量关系，从而进行阅读理解能力的培养。

（2）通过指导，使学生学会"选择有关联的信息进行提问"，促进发现问题和提出问题能力的培养。

（3）通过真实问题的解决，使学生能用多种策略，从而提高分析解决问题的能力。

（4）经历用数学知识解决生活问题的过程，感受数学在生活中的应用价值，获取数学学习的成功体验。

2.拓展材料形式，精准分层教学

有了精准的教学目标，有了恰到好处的教学材料，我们还要更好地善用这些精挑细选的学习材料，才能更加体现精准教学的优势，以"倍的认识综合练习课"为例，这节课的练习在呈现形式上也做了如下创新的拓展。

（1）基础形式练基础。反馈前测中基础练习的答案，重点反馈当一倍数变得复杂时的倍数关系，特别要求学生具有整体观察的意识。

（2）对比区别求异同。通过相同素材、不同题型的对比，让学生感受"求多倍数"和"求一倍数"的区别，并将这两类题和乘除法的意义进行沟通，使学生知其然，也能知其所以然，同时根据前测中的情况，在反馈时着重反馈线段图的补缺和图与算式的结合。

（3）变式拓展有新意。变式练习中通过猜一猜的形式，让学生感悟区间的概念并渗透估算的思想。再通过算一算小猫小狗队的只数将"求几倍数"延伸为"求几倍多几或少几"的问题，增强了学生解决倍数相关问题的解题能力。

拓展练习采用优生引导，分层练习的形式，培养学生思路的宽度，对于有困难的同学，即使不会做也可以通过微课的学习体现解题方法的多样性和开放性——移一移，增加、减少。在移一移中还拓展了"和倍问题"。

将原本枯燥难懂的拓展练习通过对比和变式等形式变得有趣易懂，并且层次分明，更加体现了分层教学的精准理念。

（三）依据差异精准设计课堂练习

在日常数学教学中，教学是基本途径，备课、上课、练习是基本环节，作为学校的研修活动，我们都很重视备课、上课，往往会花比较多的精力在这两个方面,但关于练习的研究却比较少。那么,课上的练习应该如何设计?学生对练习是怎么看的?学生喜欢什么样的练习?怎样的练习能更好地帮助学生掌握一节课的知识点?所以,练习的设计应遵从学生的心理状态和知识间的联系,在设计练习时,精准把握,使班里不同的学生都有不同程度的发展,使练习发挥最大效用。

为了提升解决问题的教学质量,更好地落实数学学科核心素养,精准合理地设计数学练习,首先就是要准确了解和把握目前学生对于解决问题学习的现状,这样才能基于学生的现实和发展需求,有效开展教与学,才能科学合理地设计数学练习,培养学生的数学学科核心素养。我们就老师布置练习的形式,练习的趣味性、有效性及理想的练习等方面,通过问卷的形式,对学校六年级123名学生进行随机抽样调查(见图4-1至图4-5)。

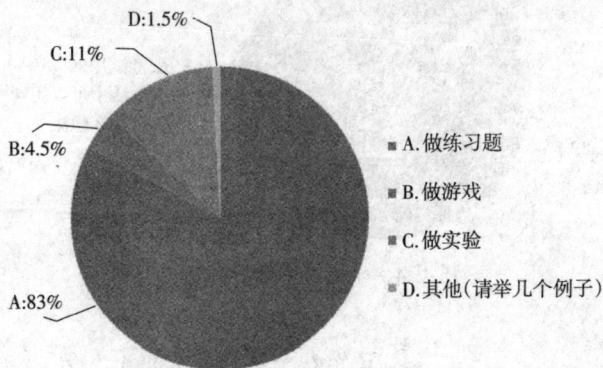

D:1.5%
C:11%
B:4.5%
A:83%

■ A.做练习题
■ B.做游戏
■ C.做实验
■ D.其他(请举几个例子)

图4-1　练习的形式

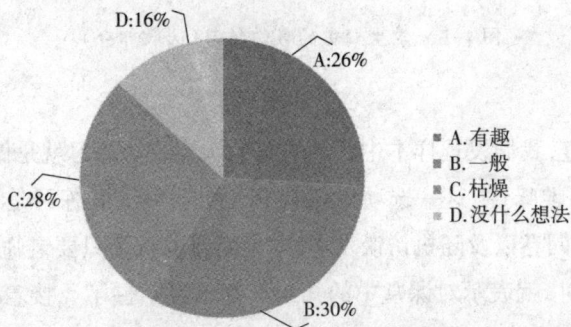

D:16%
A:26%
C:28%
B:30%

■ A.有趣
■ B.一般
■ C.枯燥
■ D.没什么想法

图4-2　练习的趣味性

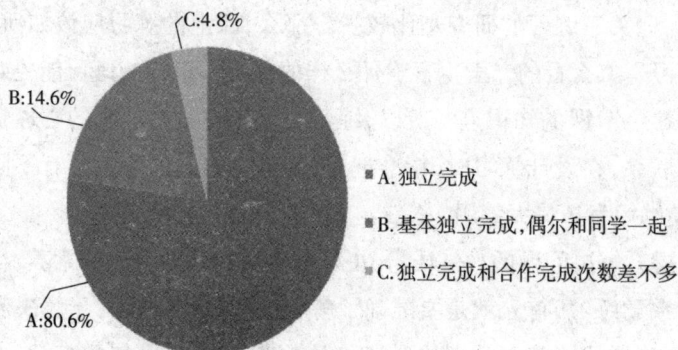

图4-3　练习的完成形式

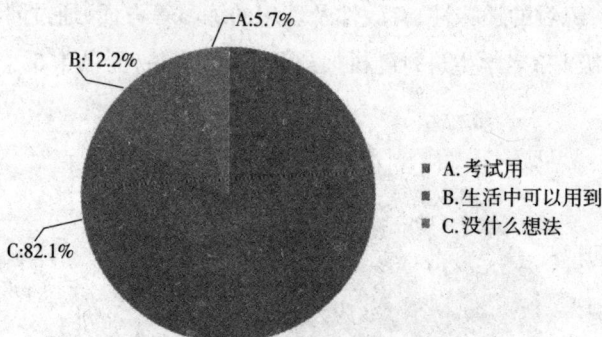

- ■ A.独立完成
- ■ B.基本独立完成，偶尔和同学一起
- ■ C.独立完成和合作完成次数差不多

C:4.8%
B:14.6%
A:80.6%

图4-4　学生心中练习的用处

- ■ A.考试用
- ■ B.生活中可以用到
- ■ C.没什么想法

A:5.7%
B:12.2%
C:82.1%

我希望数学作业不要只有写的。

如果数学作业能像〈科学〉一样做实验就好了。

图4-5　学生心中的数学练习（选取部分）

通过调查，我们发现样本中83%的学生认为数学练习就是做练习题，并且在"练习的趣味性"这一选项中仅有16%的学生认为练习是有趣的。此外，通过调查问卷以及随机访谈发现，学生们普遍认为只要老师布置的练习及试卷能做对，就表示对课堂中的知识点都已经掌握了。接着我们对三年级某班学生在学习完"时分秒"之后进行访谈，询问学生还想知道什么，能主动提出问题的学生很少,说明学生对知识的探究能力很弱,同时基本不存在创新意识,更缺乏"问题"意识,并且学生对练习的需求各不相同,是具有差异化的。根据这样的调查和学生的访谈,在设计练习时应做到精准设计,使每个学生都能得到不同的发展。

1. 日常练习,进阶式选择

根据调查情况,学校每个班级内部都存在差异,学生在学习和生活的过程中由于生活环境、学习方式都存在不同,对知识的接收和处理能力不同,为了增加小学数学练习的有效性,优化教学质量,针对学生的主体不同进行有针对性的差异化练习设计,一般来说,对基础较好的学生,会有针对性地布置一些综合性较强的练习,这样能够充分地根据学生的不同情况,挖掘出不同层次的潜力,进一步培养学生的思维能力和对知识的灵活运用能力。对于基础较弱的学生来说就布置一些基础性的练习,让其能够在完成基础性练习的过程中体会到成功的喜悦,进一步调动学生的学习积极性,从而提高学生的学习兴趣。

【案例4-3】 人教版二年级下册第四单元"表内除法"的教学

在教学时,教师设计了"租车问题",一来用日常生活情境引入能提高学生的亲近感;二来教师设计了三个星级,一星级和二星级的是每一位学生都需要完成的,三星级的由学生选择性完成,学有余力的学生可以尝试完成,给这些学生以发展的空间,同时还能培养他们的数感和运算能力。

有42人需要租车。每辆面包车坐6人,每辆轿车坐4人。

_____☆(1)如果都租面包车,需要几辆面包车?

_____☆☆(2)如果租一辆面包车,那还需要几辆轿车?

_____☆☆☆(3)说一说,还可以怎么租车?

这样进阶式的练习,一来能检测孩子基础知识、基本方法、基础能力是否具备;二来能让学有余力的孩子有更多的展示机会,同时,其他孩子也能有更多学习的空间和机会。

2.尊重差异,菜单式练习

根据著名心理学家皮亚杰对空间表象探究的结论,低段学生的空间观念形成比较依赖直观想象和经验,更加容易捕捉图形中直观性比较强的元素,而我们日常教学素材中所呈现的都是静态图形,需要学生具有很高的想象能力,那么这对于低段学生而言是非常困难的。复杂的练习题容易让学生产生畏难情绪,从而更不利于空间观念的建构。此外,在问卷中,学生也表示希望能有更多样化的练习形式,于是,我们布置了自选式游戏单供学生选择。

【案例4-4】 人教版二年级上册第一单元"观察物体"的练习

学生开始正式接触"几何空间"问题,学生需要解决将立体图形转化为平面图形的问题,有的学生空间观念好,运用想象能力就能解决下图的问题,但有的学生空间想象能力弱,无法依靠想象解决下图的问题。

练习1:积木百搭游戏

"积木百搭游戏"只需要在平时的玩具中增添一位正方体成员,让学生们看图拼搭,或者是自由想象拼搭,或者是限定数量进行多样化拼搭等,或是小伙伴进行比拼。在这样一个具有趣味性的氛围下,用游戏的形式使学生在不知不觉中形成空间观念,变"要我练"为"我要练",更增添了练习的乐趣。

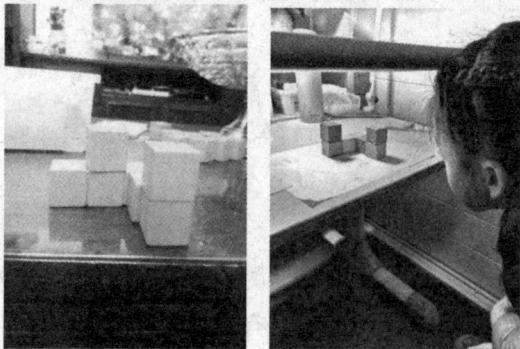

练习2:投射游戏

同样是在人教版二年级上册学习"观察物体"时,学生需要将立体图形转化成平面图形,这一知识点是一个难点,如果是让学生用习题练习的形式去巩固,非但不能达到巩固的目的,还会让学生惧怕。为了帮助学生将立体图形的某一面更好地转化为平面图形,借助投影成像的原理,让学生玩一玩"投射游戏"。

投射游戏的方法是,准备一个立体图形,可以是单个立体图形,也可以是组合的立体图形,学生需要从不同的方向进行观察。如何观察呢?就是拿起手电筒照射到需要观察的这一面,同时在背面放上一张白纸,所需要观察的面就自然投射到白纸上了。

这样菜单式的自选练习,让更多的学生喜欢上数学,学生有了更强的自主选择权之后,就会愿意为自己的选择而持续地研究和实施。

3.高水平任务,练习促能力提升

要完成高水平的任务,必须具备以下前提:在学生已有的知识基础上搭建脚手架、要有适量的时间、要示范高水平的任务、维持对理解和赋予意义的强调。本节课的最后环节,就致力于给学生搭建脚手架,将完成此项任务需要的脚手架分解在各个环节中;将所需要的规律前置在各个环节中;有学生的高水平示范、有老师的比较引领,学生的能力得到了真正的发展。

【案例4-5】 人教版六年级上册"分数乘除"的练习设计

在六年级学生学习完分数乘除法后,在练习课中设计了这样的练习,要解决这道题目,可以用的方法有很多,比如,列举法、运用乘除法的性质、算式的比较等,不同的学生可以通过不同的方法获得不同程度的能力提升。

$$\frac{2}{3}、\frac{6}{5}、0.5、15$$

你能用上这四个数,选择运算符号或括号组成一些得数尽可能大的算式吗?(同一个"数"和"＋、－、×、÷"只能用一次)

| 交流策略 | 我们一起来看看同学们的想法 | 预设:生1:

$(15+\frac{6}{5})\div(\frac{2}{3}-0.5)$

$=\frac{81}{5}\div\frac{1}{6}$

$=\frac{486}{6}$

生2:

$15\times(\frac{6}{5}+\frac{2}{3})\div0.5$

$=15\times\frac{28}{15}\div0.5$

$=28\div0.5$

$=56$

生3:

$(15\times\frac{6}{5})\div(\frac{2}{3}-0.5)$

$=18\div\frac{1}{6}$

$=18\times6$

$=108$

被除数大一点,除数小一点,商就会大一点 | 请说说你是怎么想的 |

比较算式，重学生解决问题思维和策略	第一组：	它们的除数是一样的，被除数越大，商就越大，所以第四个算式的结果更大	当除数相同的时候，被除数变大，结果就会变大

第一组：

$$(15+\frac{6}{5}) \div (\frac{2}{3}-0.5) \qquad (15\times\frac{6}{5}) \div (\frac{2}{3}-0.5)$$
$$= \frac{81}{5} \div \frac{1}{6} \qquad\qquad = 18 \div \frac{1}{6}$$
$$= \frac{486}{5} \qquad\qquad = 18 \times 6$$
$$\qquad\qquad\qquad = 108$$

第二组：

$$(15\times\frac{6}{5}) \div (\frac{2}{3}-0.5) \qquad 15 \div (\frac{2}{3}-0.5\times\frac{6}{5})$$
$$= 18 \div \frac{1}{6} \qquad\qquad = 15 \div (\frac{2}{3}-\frac{3}{5})$$
$$= 18 \times 6 \qquad\qquad = 15 \div \frac{1}{15}$$
$$= 108 \qquad\qquad\qquad = 15 \times 15$$
$$\qquad\qquad\qquad = 225$$

算式1的被除数大，除数也大；算式2的被除数小，除数也小，怎么比较呢？计算比较一下。

为什么第二个算式会更大呢？

第三组：

$$15 \div [\frac{6}{5} - (\frac{2}{3}+0.5)]$$
$$= 15 \div [\frac{6}{5} - \frac{7}{6}]$$
$$= 15 \div \frac{1}{30}$$
$$= 15 \times 30$$
$$= 450$$

你能看懂他在做一件什么样的事吗

预设：

生1：除数变小，商变大

生2：被除数变大，商变大

除数变得更小了，商就更大了

除数变小的威力更大

精准教学的价值在于能够精准把握学生，在对学生知识理解的薄弱部分或者困惑点准确判断，通过前测等手段发现学生的学习短板，从而进行精准出击。通过了解学生的学习短板，精准设计符合学生的练习，使学生的学习状态可以被观察、被记录，从而获得提升，如果没有这样的数据支持，仅凭教师的自身经验去判断有时候不够精准。教师所设计的练习要确保与学生的学习内容有紧密联系，练习与教材高度融合，与学生发展深度紧密相关，实现练习为学生所用，学生都能通过教师设计的练习获得不同的收获和成长。

第二节　精准教学在科学学科中的应用

小学科学是一门以培养学生科学素养为宗旨的义务教育阶段的核心课程，担负着培养学生实事求是、探索求真的科学素养的重任。小学科学教材和课标近年来多次修订，对学生的探究能力发展和对分析问题及解决问题能力的培养显得越发重要，而建立个性化、精准化的教学研究是对学生能力培养的必经之途。我们在科学学科的日常教学中，结合苏格拉底智能教学分析平台等多种途径，展开了精准教学在小学科学学科中的应用研究，在小学科学文本类教学、小学科学实验教学、小学科学学习行为培养三个方面，分别从目标导向精准设计、实施过程精准把握、教学策略精准选择以及作业精准反馈方面展开实践探索与研究。

一、科学文本阅读课的精准教学

科学学科的文本包括教材、相关的教辅材料等，文本既是教师教学的依据，也是学生学习科学的主要载体。因此，从一定意义上说，文本是科学学科精准教学的基础。

（一）小学科学教学中文本阅读的缺失

《义务教育小学科学课程标准》提出，小学科学课程把科学探究作为主要的学习方式，因此，大多数教师非常重视学生的探究能力以及科学知识的落实，与此同时却片面地认为探究能力的培养就是动手做实验。在日常的教学过程中，实验占据了大量的时间，而科学教科书受到了"冷落"，本属于学生的课本却成了教师的教本。显然，这样的现象是"不健康"的，文本阅读的长时间缺失会导致自主学习能力的缺失，甚至导致人文素养和科学语言素养的缺失。同时，课程标准要求学生运用语言对探究过程和结果进行表达与交流，并且明确探究式学习方式的主要特点是学生亲自收集和获取资料，包括科学家或其他人员已经证实的第二手资料，辩证思考，提取有效信息，再结合实证和有关理论，通过交流、讨论、思考，逐步建立科学知识框架。因此，科学的探究式学习并不是只有探究，对于文本资料的辩证阅读以及精准提取关键信息的能力也十分关键。

（二）学生在科学文本阅读中的不足

苏联著名教育学家苏霍姆林斯基说过，学生越是感到学习困难，就越需要多阅读。在科学探究的过程中，学生经常会遇到困难，感到知识面的匮乏，因此，在课堂上适当注重文本阅读，有利于学生拓宽视野、开拓思维，更能帮助他们很好地学习科学。但是，目前因为教师对科学文本的不重视，导致学生的科学阅读能力缺失。

1.学生缺乏精准提取信息的能力

在没有教师引领和阅读要求的情况下，学生自由阅读教科书中的文章（以五年级上册第三单元"资料库"为例）之后，教师提出问题1：文中提到了哪几种侵蚀方式？问题2：冰川是怎样对地球表面进行侵蚀的？五年级128位学生中，只有28位学生两题都答对，76位学生答对了第一道题，还有24位学生两道题都回答不正确。可见，学生在阅读科学文本时缺乏精准提取信息的能力。

2.学生的信息梳理能力有待提高

通过第一次科学阅读之后的测试，发现学生缺乏精准提取信息的能力。因此，在提供给学生阅读任务的情况下，让学生进行第二次阅读。最终结果显示，在有任务驱动的条件下，大部分学生可以提取相应的信息，正确率有提升，但是学生的信息梳理能力还有待提高。学生对科学文本的解读比较零散，很难清晰概括出文章脉络，更难融入自己现有的知识体系。

（三）小学科学文本精准教学的目的与意义

精准教学是指教师基于学生的真实情况与相应的课程标准，以生为本，尊重学生的发展规律，制定教学内容，不断调整直至精准实现教学目标的过程。因此,要精准运用教科书中的文本内容,合理安排教学环节,突破教学重难点,提高学生科学学习水平。

1.激发科学类文本的阅读兴趣

阅读是学生获取学习信息的重要途径,但是,目前有很多小学生不热爱阅读,也不能对阅读文本进行初步梳理,更不能提炼中心思想。教师应该调动学生对科学文本的阅读兴趣,首先可以从教材中选取具有趣味性的内容,比如,科学家的故事或者神奇的科学现象,如果教科书的内容不够,还可以自行增添。

2.培养科学类文本的阅读习惯

正确的科学阅读习惯是有效阅读的基础,但习惯的培养并非一日而成,操之过急会影响学生的阅读心态,造成阅读疲倦。在课堂上可以适当穿插文本的阅读,既不影响教学的实施,又帮助学生更好地理解教学内容,将阅读慢慢融入课堂,成为常态。

3.锻炼科学类文本的阅读能力

科学课程是一门综合性课程,内容复杂,很多资料需要学生认真阅读并细致分析才能真正理解,最终融会贯通。这就非常考查学生的阅读能力,因此,只有不断提高阅读技能,才能适应现代学习要求,掌握更多的科学知识。

4.提高科学类文本的教学效率

科学是非常具有专业性的课程,科学概念上有十分严格的界定,但不同的概念之间又很容易混淆,因此,除了培养学生动手能力之外,科学文本的阅读分析也不容忽视。如何精准有效地利用科学文本提高课堂效果,正是我们急需探讨的部分。

(四)小学科学文本类型及教学精准化策略

科学教科书应真正属于学生,只有学生认可才是最重要的。教师在不同年龄段随机抽取了100名学生作为调查对象,调查学生是否喜欢科学书以及科学书的哪些内容是学生最感兴趣的等,最终的调查结果为有55%的学生表示喜欢看科学书,尤其对教科书上的课外知识内容(特指"资料库")十分感兴趣,同时学生也表示不会细致地看科学书,更多的是走马观花似的阅读。

1.教科版科学教材涉及的文本分类

目前所使用的教科版科学教科书中,有一些可直接供学生进行阅读的材料,根据其内容特点分为以下几种类型(见表4-2)。

表4-2　科学教科书的内容类型

材料类型	主要内容	案例
科学概念解释	解释某一科学概念的含义	三年级下册第三单元"温度与温度计"一课中,对温度这一科学概念的解释
科学现象解析	解释分析某一种自然科学现象	四年级下册第一单元"生活中的静电现象"一课中,对于人们通常感觉不到物体带电这一现象做出了详细的解释
科学实验步骤图析	介绍简单的实验操作方法	四年级下册第三单元"食物中的营养"一课中,介绍了脂肪和淀粉的辨别方法
重大的科学发现事件	介绍对人类历史进程和生活产生重要影响的科学事件	
科学技术的生活应用	介绍书本上的科学原理所对应的科学技术在生活中的应用,从而让学生感知到科技在身边	五年级上册第二单元"光的反射"这一课中,介绍了激光反射器测量地球和月球距离的原理
教学内容的补充	呈现与教学内容相关的课外知识,拓宽学生视野,并提升学生兴趣,引发学生进一步思考	小学科学教科书每一单元后的"资料库"内容

科学教科书本身的内容虽然丰富,但为了更加贴合小学生的心理特点,使文本学习更具有童趣性,生动活泼,还需要自选一些合适的课外阅读文本与原文本无缝对接。

2.依据阅读时机制定精准教学的策略

综观三到六年级的教科书，纯文本阅读的内容较少，大部分都是文本与实验相结合的形式。但无论是纯文本教学还是偏文本教学，在合适的时机精准安排文本阅读都是非常关键的。

(1)以问题为导向，课前阅读做铺垫。课前阅读是教师根据教学内容、学情提供合适的文本让学生在课前阅读的教学方式。以问题为导向的科学阅读也就是要带着问题进行阅读，这些问题可以是教师根据阅读文本进行提炼的，也可以是学生自己内心的疑惑。通过阅读，这些问题解决了，或是有了新的思考，这就为新课的学习打好基础。课前阅读适合以下情况。

首先，重走科学之路——明白科技进步来之不易。小学科学课程以科学探究为主，且大部分的科学探究是教师进行引导，而且引导方式也很单一：提出问题、讨论方法、进行实验、描述现象、得出结论。在有些内容上，可以尝试新的引导方式，让学生身临其境，真正体会到科学家的成功不是一蹴而就，需要经历反反复复的失败才能获得一次成功。

以六年级上册第三单元"电和磁"一课为例，本节课主要是重走体验丹麦科学家奥斯特发现电和磁这一伟大现象的历史进程。书本上提到奥斯特是在一次实验中偶然发现了一个奇怪的现象，就是这个发现为人类大规模利用电能打开了大门。虽然只有简简单单的几句话，但可以看出奥斯特这一发现是多么伟大。为了让学生更能体会这一发现的来之不易，教师要求学生提前收集奥斯特的生平事迹，体会奥斯特的成功绝不是偶然，一定是长期努力的厚积薄发，还需要收集发现这一奇怪现象之后奥斯特所做的一切事情，体会一个不经意的科学现象最终成为伟大的科学现象需要付出巨大的精力。有了这样的故事体验，学生在课堂上做探究实验的时候，就会站在奥斯特的角度不停地去尝试怎样的情况可以让指南针转起来，且会关注指南针转动角度有什么不同等微小的细节。

其次，自主探究设计——体会产品设计困难重重。科学探究是科学学习的中心环节,科学探究能力的形成依赖于学生的学习和探究活动,必须紧密结合科学知识的学习,通过动手动脑亲自实践。

例如,五年级上册第二单元第七课"做一个太阳能热水器",要做一个合格的太阳能热水器不仅要结合整个单元所学的知识,学生还要考虑真实的因素,而不是做一个仅仅作为展示的科学作品。教师可以提前收集相关的太阳能热水器资料,包含原理、设计理念、现有的设计技术以及产品的市场需求等,同时要求学生除了教师提供的文本之外,还需要自己学会查找有助于设计的资料。这样的课前阅读,大大提高了课堂效率,也让学生在课堂上的讨论更细致,思考更具有针对性。

最后,单元复习巩固——运用思维导图整理知识。以六年级上册第四单元"生物的多样性"整个单元为例,单元的教学内容围绕着生物与生物的关系以及生物与环境的关系开展。综观整册科学书,六年级这个单元其实可以和三年级的动植物单元以及五年级的生物与环境单元相联系,因此可以让学生在课前不仅阅读教科书前六课的内容和课堂笔记,加深对所学知识的印象,还可以阅读前面所学单元的知识,进行联系和整合。另外,还可以让学生阅读本单元"资料库"中的《生物的多样性》一文,了解什么是生物多样性以及中国的生物多样性情况。阅读《从北极熊想到的》和《蚂蚁的来龙去脉》两篇文章,体会生物进化与生态平衡之间的关系。有了如此的知识储备,学生在复习课上能更加自信地与同伴交流,碰撞出新的火花,产生更深层次的思考。

例如,教师组织学生自由阅读《蚂蚁的来龙去脉》,尝试在阅读时圈出关键词,整理文章中的关键内容。表4-3是六年级学生圈出的关键词,根据上下文分析学生圈出的关键词,我们发现,六年级学生大致可以找到文中的基本核心词语,但是"最早""最成功"这样的词语却不适合认定为此文的"核心词语",其上下文是"世界上发现最早的蚂蚁化石""蚂蚁却是迄今为止,地球上所演化出来的最成功的生物之一"。因此,我们需要帮助学生一起找到方法正确归纳提炼文本的内容。

表4-3 学生眼中《蚂蚁的来龙去脉》关键词分析表

关键词	蚂蚁	来龙去脉	11000种	最早	地球上	最成功	清道夫	执法者
文中意思	蚂蚁	蚂蚁的历史	蚂蚁的种类		蚂蚁生存的地方			蚂蚁的"工作"

　　教师可以教授学生利用思维导图的方式来阅读像"资料库"这类的文章,从而找到和确定该文的核心词语,并梳理出文章的大致结构,有助于学生利用导图进一步分析、理解文章内容。

　　在日常教学中,我们不难发现学生有两种整理思路:一种是重点内容的分块整理,每块内容没有关系和逻辑,单纯是根据学生的自我判断来规划每块内容(见图4-6)。

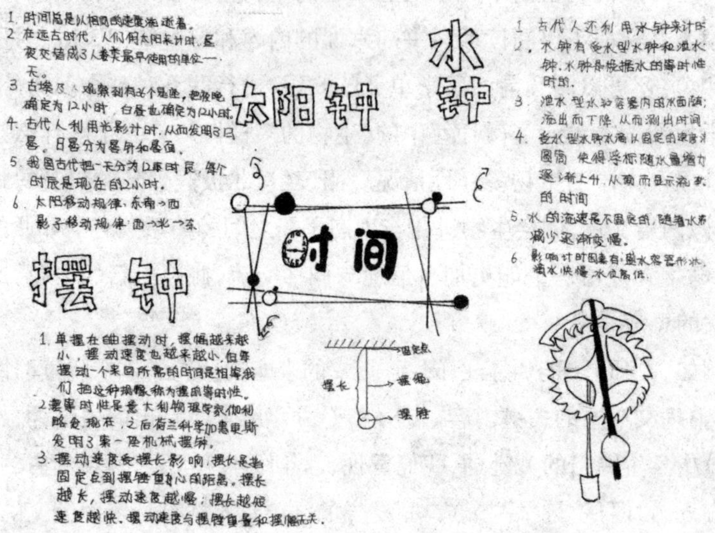

图4-6 分块整理思路

　　另一种是根据单元每一课的顺序来整理知识,其中有逻辑但是书本本身的思路,并不是学生学习一个单元之后产生的自身思路与想法(见图4-7)。

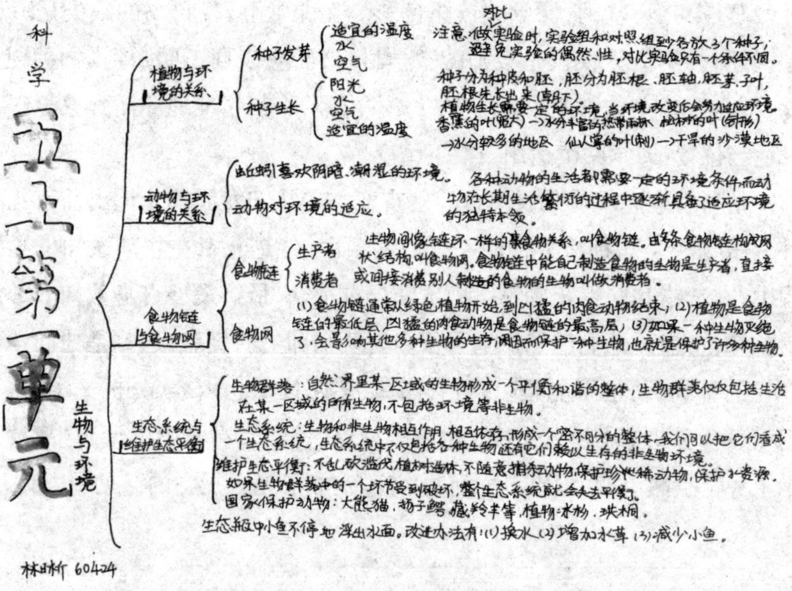

图4-7 依据顺序整理的思路

因此，教师需要帮助学生整理单元的内容，首先要教授学生抓住单元核心，找到概念之间的联系。然后加入已学单元知识内容为总体对象进行构建的知识体系，它是针对每个单元中与"塑造型"知识体系有关联的知识内容，进行强有力的整合，使学生的知识体系得以扩充，紧密各个知识之间的联系，锻炼学习者对知识整合的能力（见图4-8）。

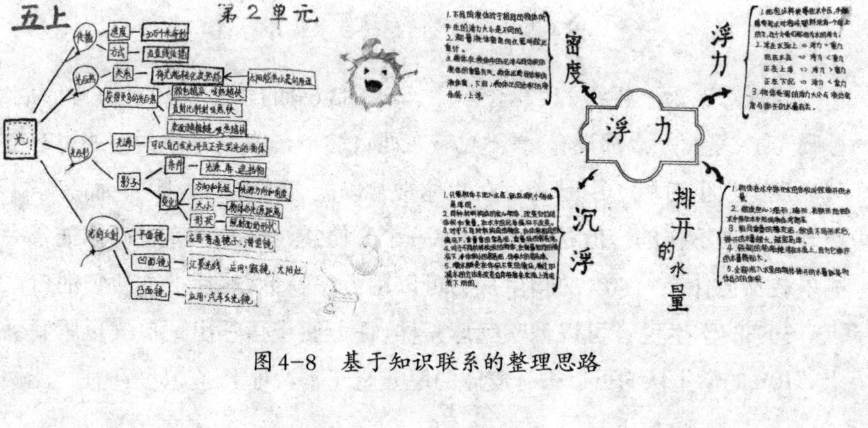

图4-8 基于知识联系的整理思路

（2）以探究为基础，课堂阅读添色彩。在课堂上，教科书的缺失是一种遗憾，教科书不应该仅仅是教师的教学材料，而应该真正回归到学生手上。因此，教师需要充分思考教科书中的文本内容，将其精准地穿插到教学环节中的适当位置，课堂阅读适用于以下情况。

一是科学概念较难的文本内容。皮亚杰的认知发展理论提出任何儿童对外界事物的了解都应遵循同一个发展顺序，就是儿童在主动认知世界的过程中，在试错和获得正确答案中不断寻求平衡，最终发展自身认知。学生主动认知世界时，他们已然产生了很多先认知和生活经验，这些是他们学习新知识的垫脚石，也可能是阻碍物，因此，多阅读概念内容，分析文本内容，有助于学生掌握新概念。例如，对于空气这一概念，在学生的调查中，教师出示了一个空瓶子，并提出一个问题——"空瓶子是否是空的"（见图4-9）。

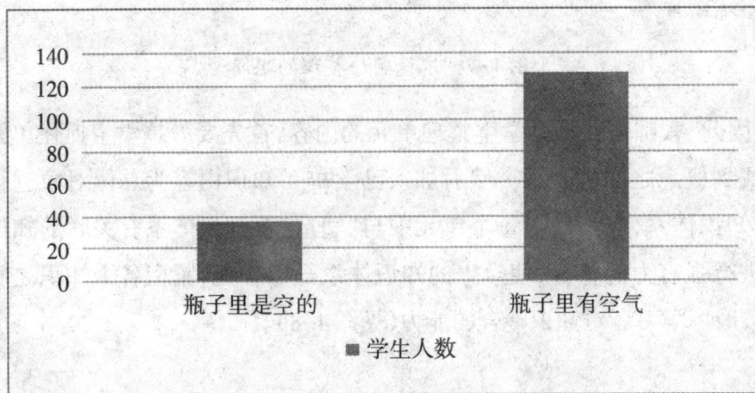

图4-9　空瓶子问题的数据统计

调查对象为一年级的128位学生，其中83.6%的学生说是空的，因为水被喝光了，里面什么都没有，看不见有东西；仅有16.4%的学生说空瓶里有空气。说明学生对瓶子中是否存在物体常常以能否感觉到为标准，而忽略了空气是无处不在的。但是关于"给你一个方便袋，让你装满空气，你准备去哪里装？为什么？"60%的学生认为可以用力兜一下，然后把方便袋的口系上。30%的学生说："可以像吹气球一样，往方便袋猛呼出一口气再紧紧系上。"10%的学生认为可以去打皮球的地方充气体。对于这类问答，往往能做出正确回答,然而此题的答案又与上一题答案有矛盾之处。可见,小学生对于空气概念的理解仍不够精准,部分存在错误前概念的学生会认为"空气是无处不在的",但是对于空的物体学生就会认为不存在空气,甚至认为有些物体内部是没有空气存在的。

对于这样的现象,教师在执教一年级下册第一单元最后一课"认识一袋空气"中加入了《呼吸的空气》绘本的情境内容,让学生阅读相关的片段,例如,空气与我们生活的关系以及存在的形式,让学生通过绘本对无形的空气有更多的了解。同时布置任务:现在你们都是这本绘本的作者,如果让你画出绘本的下一页,首先我们得观察空气。这时候,学生便带着浓厚的兴趣观察空气,对比空气与其他物体的区别,最后以图画的形式展现自己的发现。同时,学生的绘本情境记录也是教师检测的一种方式以及同学互相学习的内容。

二是简单明了的科学探究方法。充分相信学生的能力,多留点时间让学生思考。作为教师,通常会紧紧地带着学生讨论方法,或者代替学生阅读探究方法与步骤,甚至还帮助学生圈画关键点,或许这样的课堂是最保险的,但是这样培养的孩子也是最"乖"的,失去了自己的思考。因此,在遇到简单的科学探究方法时,教师应该适当学会放手,让学生自行阅读科学探究方法,自行选取材料完成实验。如果实验失败,也让学生自行思考,在这个过程中,学生一定会体验到自主探究的乐趣。

以四年级下册第三单元"食物中的营养"一课为例,其中辨别脂肪和淀粉的方法在教科书上已经有很清晰的步骤描述,而且整个实验难度不高,因此,可以让学生在课堂中独立阅读实验方法,圈画关键点,若有疑问就提出,在全班范围内解决疑问。全部清晰之后,就让学生自行完成实验,整个过程中学生热情高涨,并且也完美完成实验任务,得出相应的结论。

(3)以拓展为目标,课后阅读做延伸。教科书中的部分文本科普性很强,可能不适合放在课堂教学中,因此可以作为延伸部分放在课后让学生阅读,不仅可以拓宽视野,还可以激发学生进一步学习的兴趣。

教科书每个单元最后的"资料库"便是最现成也是非常有针对性的课外阅读资料。以三年级上册第一单元"资料库"为例,本单元主要学习植物的基本结构和生长变化，也是学生第一次接触植物这类科学内容，学生学完植物单元之后一定对植物充满了兴趣和好奇心。因此，教师推荐学生阅读该单元"资料库"的所有内容，尤其是《令人惊奇的植物》一文中，学生发现原来世界上有这么多神奇的植物，也明白这些神奇的植物生存的意义。

或者推荐合适的书目，让学生在课外进行阅读，并制作阅读小报，布置在教室，不仅强化自身的阅读，还可以与其他学生分享。

二、科学实验课的精准教学

实验是科学学科的重要教学方式，从一定意义上说，也是科学学科与其他学科的显著区别之一。因此，实验在科学学科中占有十分重要的地位。

(一)小学科学学科的实验教学现状

综观小学科学学科的实验教学现状，我们可以发现，存在着诸多问题。除了客观上的原因如仪器配备、实验材料供给等之外，还有许多是教师教学上的问题。

1.实验教学理念薄弱

科学实验教学的侧重点集中在对科学概念的解释以及科学规律和基本原理的理解上，而忽视了实验过程的探究性和操作性，仅将实验看成科学教学的辅助手段，往往过分看重实验结果而忽视了实验过程。本来应该进行科学实验的课程，教师将大部分时间和精力放在讲授基本概念上面或者实验过程基本由教师独自完成，学生只能在旁边观看，学生的积极性和主动性不能被有效地调动起来，科学教学的课堂也显得死气沉沉。而部分地区由于实验条件落后和教师实践经验的不足，很多需要学生亲自动手的实验也无法开展起来，无法做到实践与理论相结合。

2.实验过程模式化

科学实验探究的过程包括提出问题、建立假设与猜想、设计实验、获取事实与证据、解释与评价、表达与交流六个基本要素，但是科学实验的方式和过程应该是多种多样的，没有一成不变的模式。然而，有许多科学老师都照本宣科，过分追求每一个要素的体现和实验的完整性，这就使学生很难在有限的时间去完成整个实验,即使时间充分,但对于实验的每个环节也不能做到深入研究。因此,教师在领导学生进行科学实验探究的时候,要确定实验的主要目标,有所侧重,这样通过不同的实验,学生可以对科学知识有更深入的理解,对于科学探究方法的每一个要素才能更好地体会。

3.教学模式陈旧化

许多教师在上实验课时,教学环节几乎是相同的。首先是教师演示实验,边演示边解释注意点,不要求学生动手,只要求学生观察并回答教材中的问题,即使是学生分组实验,也是由教师先演示,强调注意点,然后让学生模仿教师的步骤,按部就班操作,最后得出结论。这种实验教学模式虽然效率高,实现容易,可是不利于体现学生的主体性和独立性,也不能促进学生创新能力的培养,学生始终处于一种被动接受的状态。

4.实验教学课堂混乱

目前,很多小学都有专设的实验室,部分实验需要在实验室里完成。由于学生人数多、实验室空间大等实际问题,加之学生都有爱玩的天性,实验的习惯较差,在实验过程中受到教师的引导不够和组织不力等影响,学生在实验过程中往往不专心、不用心,导致科学实验教学课堂纪律混乱,教学效益不高。

(二)小学科学实验课精准教学的意义

小学阶段设置科学课程主要是为了培养学生对自然科学的兴趣,提高学生的科学素养。但是部分教学内容较为深奥,对于学生理解能力要求较高。我们在设计实验教学目标以及作业的设计过程中,可以降低学习难度,加强学生对科学的理解,精准针对学生的情况来做好实验设计和实施的层次,让学生的思维随着实验进程不断推进,这样不仅可以培养学生的学习兴趣,还能提高学生的动手动脑能力。

浙江省特级教师、教研员喻伯军老师提出:"精准教学要针对学生不懂的进行教学;针对学生模糊的、不完整的进行丰富;针对学生容易出错的进行纠正。"而每一位学生都是独一无二的,如何做到古人所说的因材施教,也就是我们所想研究的精准教学。我们从不同的实验类型出发,找寻不同的适合孩子的教学模式。

（三）小学科学实验的分类

小学科学是一门以实验为主的学科，据不完全统计，八册教材中共设置了三百多个实验活动，通过这些实验活动的成功实施，可以提高学生的科学素养，进而帮助学生了解科学、认识世界。鉴于实验在小学科学中有着举足轻重的地位，因此，非常有必要对不同类型的科学实验进行梳理，以帮助小学科学教师开展好实验教学。科学实验根据不同的划分标准，有以下几种类型（见表4-4）。

表4-4　小学科学实验主要类型

分类标准	类别
环境	1.实验室实验；2.自然态实验
目的	1.探索性实验；2.验证性实验
数据	1.定性实验；2.定量实验
方式	1.演示实验；2.分组实验
作用	1.析因实验；2.对照实验；3.模拟实验

从表4-4可以看出，小学科学学科的实验主要可以分为以下四种类型。

1.基于实验环境的分类

（1）实验室实验。所谓实验室实验，是指在实验室内，通过各种实验仪器和设备，人为地控制或改变实验对象的状态和条件，来考察和研究实验对象的一种有目的、有计划的实践活动，如四年级上册"溶解"单元和六年级下册"物质的变化"单元。

（2）自然态实验。所谓自然态实验，是指在研究对象处于自然环境中和自然状态下对其加以考察的一种实践活动。

2.基于实验目的的分类

（1）探索性实验。所谓探索性实验，是指探索研究对象的未知属性、特征以及与其他因素关系的实验方法。小学科学中，纯粹的探索性实验较少，主要原因是这类实验有着一定的难度，小学生往往不具备这方面的探究能力。小学科学中出现的所谓探索性实验，从严格意义上讲，实验结果对学生来说是通过自主探究而获得的。

(2)验证性实验。所谓验证性实验，是指对研究对象有一定了解，并形成了一定认识或提出了某种假说，为验证这种认识或假说是否正确而进行的实验，验证性实验大多是在理论分析之后为寻求实验验证时才使用。如五年级下册"热"单元在经历多次给物体加热活动后"研究热是如何传递的"一课。从上课前的调查问卷中不难看出，99%的学生均根据生活经验知道热是从热的传递到冷的，那么如何让此课更生动形象地验证学生的想法呢？本课尝试创设生活情境，让学生充分讨论实验设计的过程，引导学生选择合适的材料，在课堂有限的时间内用除去人为感觉以外的可观察到的现象来研究热是如何传递的。

3.基于实验数据的分类

(1)定性实验。所谓定性实验，是指判断研究对象具有哪些性质，并判定某种物质的成分、结构或者鉴别某种因素是否存在以及某些因素之间是否具有某种关系的一种实验方法。定性实验是一种最基本的实验方法。一般来说，定性实验要解决的是"有或无""是与否"的问题。如五年级下册"物体在水中是沉是浮"一课，从观察大量物体在水中的沉浮到观察同一种材料构成的物体在水中的沉浮，实验者把橡皮切块，把回形针、木块粘贴在一起，同时变大或变小体积和重量，从而证明同一种材料的物体，它的沉浮情况不变。

(2)定量实验。所谓定量实验，是指为了对研究对象的性质、组成及影响因素有更深入的认识，而对它们之间的数量关系所进行的探究，这种揭示各因素之间数量关系的实验称为定量实验。如四年级上册"不同物质在水中的溶解能力"一课，为探究"物质在水中的溶解能力"，需每次等量加入物质进行搅拌并溶解，直到不能溶解为止，通过加入物质的数量来判断不同物质的溶解能力。再如五年级下册"机械摆钟"一课，为探究"摆钟是怎样来计量时间的"，需测量钟摆每分钟摆动的次数，以此发现钟摆的秘密。

4.基于实验作用的分类

(1)析因实验。所谓析因实验，是为了寻找、探索影响某一事物的发生和变化过程的主要原因而安排的一种实验，这种实验的特点是，实验的结果

是已知的,而影响实验结果的因素是未知的。如五年级上册"地球表面及其变化"单元中的"坚硬的岩石会改变模样吗"一课中,为"探索岩石变化的原因",实验就可归为析因实验,实验的目的是探索"看起来十分坚硬的岩石,是什么力量使它们发生了变化"这一问题。实验的方法是将烧热的岩石立即放入冷水中,反复几次后,发现岩石会破碎;将几块岩石放入装有水的矿泉水瓶内不断摇动后,发现岩石的表面变圆变光滑了;往纸杯内倒入石膏糊,撒上几粒豌豆,再倒入一些石膏糊,然后把结成块的石膏放入盛水的盘子中,几天后观察到豌豆因发胀把石膏胀裂了。由这三个实验的结论,就可以解释岩石为什么会出现裂纹。

（2）对照实验。所谓对照实验,也叫对比实验,它是通过对照或比较来研究和揭示研究对象某种属性或某种原因的一种实验方法。对照实验的具体操作方法是,先把实验对象分成两个或两个以上的相似组群,其中一个是实验组,另一个是对照组,作为比较的对象,然后通过一定的实验步骤,在对照中判定实验组具有某种性质或受某种因素的影响。如五年级上册"种子发芽实验（一）"一课中,为研究"绿豆种子发芽必须要有水吗"这一问题,就可以通过设计一个对照实验来进行研究。实验中,要改变的条件是水,即让一组绿豆得到水,保持湿润,称为实验组;让另一组绿豆得不到水,保持干燥,称为对照组;不改变的条件是土壤、温度、空气、光照、绿豆等。几天后会发现,实验组绿豆发芽,对照组绿豆不发芽,从而得出绿豆发芽必须要有水。五年级上册第四单元中的"运动与摩擦力""滑动与滚动"两课里面也涉及对照实验,但是里面涉及的项目多于两个,两两对照可以获取更多信息。

（3）模拟实验。在科学实验中遇到因受客观条件限制而无法对某些自然现象进行直接试验时,人们便寻求间接试验的方法,如设计出与该自然现象或过程（称作原型）相似的模型,通过模型来间接地研究原型的规律性,这种实验方法称为模拟实验。如五年级上册"坚硬的岩石会改变模样吗"一课中,为研究"冷和热、流水、植物"对岩石的风化作用,进行了三个模拟实验。第一个模拟实验是用酒精灯给岩石加热,来模拟太阳对岩石的曝晒,把加热的岩石放入冷水中,来模拟岩石在夜间受冷;第二个模拟实验是用剧烈晃动装有岩石和水的矿泉水瓶,来模拟自然界中流水对岩石的冲刷作用;第三个模拟实验是在石膏糊中放入豌豆,来模拟植物的根对岩石的作用。

(四)科学实验课精准教学的策略

科学实验课不同于文本阅读课,科学实验课是通过学生的实验操作来进行学习的,因此,科学实验课的精准教学有不同的策略。

1.理论联系实际,增加实验趣味性

(1)创设真实生活情境。科学无处不在,体现在我们生活的方方面面。创设真实的生活情境,不仅有利于学生养成一种生活处处是科学的态度,还能激励学生在课堂之外的生活中进行大量的科学思考。因此,科学实验教学过程中,情境的设置上应尽量贴近学生的生活。一是在实验的取材、操作上尽量采用生活化的物品,如吸管、易拉罐、报纸等,通过改良设计实现实验教具的生活化和简约化,这样也能够解决部分地区实验条件偏差的问题。二是将学生难以理解的实验现象与生活中常见的现象和生活经验联系起来。实践表明,通过实验的情境型设计,更能激发学生的问题意识,激起学生的学习兴奋点,并能迅速切入对新知识的学习。

【案例4-6】 "热是怎样传递的"一课

课堂开始,教师首先出示了自己的晚餐图。菜里面有一道菜是汤,里面放了一个勺子,教师在盛汤时被烫到了,请学生说说并上台画一画教师被烫到的原因。学生将一个点标记在浸在汤中的勺口位置,另一个点标记在手柄处,并用箭头指向手柄以此来说明被烫到的原因。在这个环节中,画图解释调动了学生关于热的传递在生活中的已有经验。

活动继续推进,教师指向另一道菜——春卷,它的制作方法是先去买春卷皮,包上馅料后再油炸。教师播放了在买春卷皮时拍下来的利用一个金属圆盘炉子烧制春卷皮的视频,观看之后,教师又请学生画一画他们认为热可能是怎么传递的。

"热是怎样传递的"个人记录单

班级：　　　　　姓名：　　　　　学号：

1. 热在金属条中的传递：
（请用圆标记好加热点，完成至少一个记录）

2. 热在金属片中的传递：
（请用圆标记好加热点，完成至少一个记录）

我的实验记录表格
（设计属于你的实验记录表格）

　　在第二次学生画图的基础上，教师引导学生与第一次汤勺条形物体相类比："汤勺我们可以用手来感受，但是这个金属圆盘炉子可不能用手感受了，怎样来验证猜想？"学生很容易就想到需要做实验，把这个春卷皮换成能看得出生熟颜色改变的食物材料。

　　教师的提问引发了学生的思考和想象，此时教师提供了蜡烛、火柴、金属圆盘材料，学生能较为顺利地利用蜡烛燃烧后变液体，冷却后会凝固并变色的特点来模仿制作春卷皮的样子设计实验并验证热仍旧是从热的传递到冷的，并且是向四面八方传递的。

实验材料：蜡烛、金属片

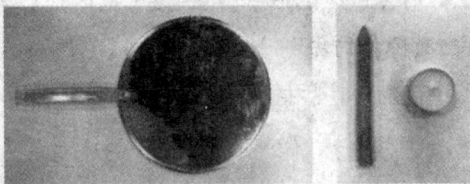

　　最后炸春卷的环节，教师同样播放了厨房里真实的视频，结果是放着薄薄一层油的平底锅炸出了一盘单面焦的春卷。请学生利用本节课所学给这

次烹饪提意见。

学生提出建议："倒入的油最好超过春卷的高度，能让春卷整个浸入，并且先等油热了、液体的温度均匀了再把春卷放进去。"从这个回答可以看出，学生对热传导是通过直接接触，将热从一个物体传递给另一个物体，或者从物体的一部分传递到另一部分的传热方法这个概念的理解。

教科书内容是从热在金属条中的传递到热在金属片中的传递，以此来学习热是怎样传递的。金属条和金属片的实验现象虽然明显，但是这些材料在生活中并不常用，教师希望利用生活中常见的一些现象来说明问题，学生又能运用学习到的知识来解决生活中的实际问题，所以教师从生活出发设计了实验。

（2）让实验游戏化。寓教于乐是教育的一条基本原则，新课标下小学科学教材增加了许多实验，其中增添了不少学生实验与小实验。为了使学生在实验操作的乐趣中提高科学素养，可将部分实验游戏化。如在学习摩擦力时，教师可以通过一个拔河比赛的游戏，来让学生理解影响摩擦力大小的因素，让学生在娱乐的过程中受到启发。利用课余时间，开展各种科技小制作比赛，布置适量课外兴趣实验，激发学生的创新性和主动性。也可以多收集一些科学历史上的趣闻，再配上卡通化插图或让学生进行展示的方式，让学生在游戏中学习科学，从而激发学生的学习兴趣。

【案例4-7】《制作我的小乐器》一课

本节课主要是在研究了乐器发出声音的秘密，知道了乐器发出高低不同声音的道理后，学生自己动手制作一个小乐器。对于前面的知识掌握比较好的学生来说，在制作乐器的材料上，会锁定在长短、粗细、松紧不同的材料。乐器通过吹、敲、拉不同的方式能呈现出各种各样有趣的声音。学生的认知能力不同，实践制作能力不同，因此在乐器制作过程中，声音高低的影响因素会成为他们制作时的难点。为了了解学生的真实想法，教师在实验课中准备了"材料超市"，供学生自由选择，把课堂归还给学生。在自由选择材料后,四人小组讨论交流准备制作的乐器后再进行乐器设计。

小组合作实验方案设计《制作我的小乐器》

演奏方式：_____

所需材料：
小剪刀（　　）单面胶（　　）双面胶（　　）塑料吸管（　　）小木塞（　　）
金属片（　　）老虎钳（　　）木夹子（　　）小玻璃瓶（　　）中玻璃瓶（　　）
大玻璃瓶（　　）水（　　）100 毫升量筒（　　）250 毫升量筒（　　）
（勾选出你们组所需要的材料，并在文字下方写上数量）

材料员（写学号）：

乐器制作方法：_____

_____

我的实验记录
（设计属于你自己的乐器设计图）

实验游戏化实际上是用游戏的形式进行科学实验,从而增加实验的趣味性。通过游戏这种形式,学生对科学实验的兴趣更加浓厚了,学习过程也变得更加生动活泼了。

2.优化科学实验教学

（1）合理取舍，选取实验环节。科学探究实验包括六个基本环节，要在每个环节都去考查学生肯定是不现实的。这时，教师可以有针对性地选取某个环节对学生进行考查。有些实验需要研究的因素比较多，如果要全部完成这些因素的探究则需要花费很长的时间。在这种情况下，教师可以将这些任务分派到不同的个人或者小组，结束后汇报交流。例如，在探究阳光、温度、水、空气等因素对种子发芽的影响时，可以根据学生的兴趣进行任务的分配。这样既可以满足学生的求知欲，还可以促进交流与合作，同时也实现课堂时间的高效利用。

（2）课前实验，亲自尝试修改。在实验材料准备充分的基础上，如何让材料更具典型性和结构性，需要教师课前试验后再仔细斟酌。教师在组织学生实验前，对课堂学生要做的实验进行多次操作，明确实验过程中的难点和重点。对于实验结果不可控的实验需要做好预案，准备相应的实验视频备用或替代材料，以及提供给学生实验的合适时间，预设实验过程中学生可能会遇到的问题和结论，从而做到对课堂教学胸有成竹。

【案例4-8】 "抵抗弯曲"一课

本课的教学内容分为三部分：认识梁和柱、研究梁的宽度和厚度对抵抗弯曲能力的影响与生活应用。本课重在通过实验让学生认识到宽度和厚度增加均能使纸梁的抵抗弯曲能力增加，但是学生还需要通过对这两个实验本身的数据分析，发现厚度增加能使纸梁的抵抗弯曲能力更明显地增加，并利用此结论选择横梁是平放还是立放。在此实验中，这个纸梁的材料就至关重要，教师首先选用的是常用的A4白纸。它的质地较软，在横放的情况下，1张A4纸和2张A4纸的实验结果都是0个垫圈，而到4张A4纸的结果也只能放2个垫圈，实验结果差距在误差允许范围内较难说明问题。之后教师去文具店采购了两款彩色卡纸，一款薄，一款厚。这两款纸张在宽度与纸梁的抵抗弯曲能力关系实验中有能充分说明问题的实验数据。但是，在厚度因素实验中，厚的彩色卡纸用固体胶黏合后，纸梁的抗弯曲能力大大加强，加在上方的垫圈不能让纸梁弯曲触底，而最后折断结束实验。其中用固体胶、双面胶或不黏合的形式来增加纸梁的厚度，教师也是斟酌再三。最终在多次课前实验后选择实验结果相对稳定、干扰因素相对较少一些的固体胶黏合。

像这类以实验为主的课堂，且需要用实验数据来体现本课知识点的实验，教师务必提前实验，自己多遇到一些突发情况，课堂上才能减少一些不必要因素的干扰。但若有些实验的干扰因素较难除去，也应让学生在实验操作过程中自己体悟分析和实验预测情况大相径庭的原因。

（3）学生模仿，教师提供参考。心理学家皮亚杰说过："要让学生动手做科学，而不是用耳朵听科学或用眼睛看科学。只有体验和实践，才能有所创新。"教师与其将自己的经验感受告诉学生，不如让他们在活动中亲身体验。在实际实验教学过程中，如果条件允许，教师可以把教材中的演示实验最大限度地转化为学生分组实验。例如，在"定滑轮和动滑轮特点"这部分知识的教学中，大部分教师会采用演示实验，同时请一两位学生上台为大家演示，由于绝大部分学生没有亲身体验的机会，只能死记硬背定滑轮和动滑轮特点。为了提高实验的有效性，可以采用学生分组探究实验，并采用探究的方式，请学生设计不同的方案用桌上的一个滑轮来提升四个钩码。适时改变教学的模式可以激发学生学习科学的兴趣。

以一年级下册第一单元"观察一株植物"一课为例。教师原本认为学生每天都接触植物，画一棵植物这一课太简单，所以认为直接布置请学生根据经验画一画即可。

但是，从图4-10可以看到，学生记录的植物叶片多样且凌乱，充满随意性和幻想性。于是，教师提供真实植物并演示如何有序画图，更好地教会学生科学记录。在教学一年级上册第一课"我们知道的植物"时，教师将学生讲到的植物一一板书，并在能力范围内将植物的大致样子画出来，这个做法给了学生们一个很好的模板，在之后的黑板展示活动中，大部分学生都能做到板书文字或拼音，然后画上相对应的记录内容。在调整教学手段之后，班级中学生呈现出的记录有了很大的好转（见图4-11）。

图4-10　学生记录的植物叶片

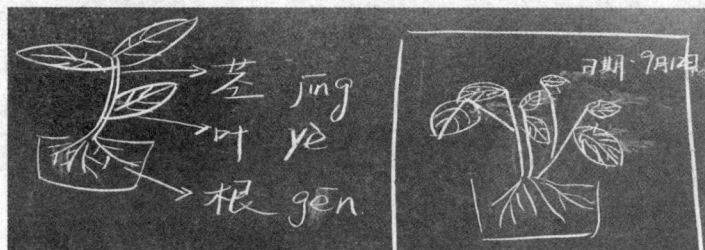
图4-11　教师指导后学生记录的植物叶片

（4）合理运用，借力信息技术。通过实验，希望可以让学生在感性认识的基础上，结合分析、推理的方法上升为理性认识。但在现实的教学情境中，有些现象如四季形成的原因，由于条件限制，教师无法通过现场实验让学生获得体验，或者有些实验效果需要几天甚至几个月才能表现出来，也无法在课堂上真实演示，如种子的萌发。此类无法在课堂上完成的探究实验，我们提倡通过多媒体来加以辅助，也能取得很好的效果。当然利用多媒体，还可以将课外实验引入课堂，为课内的探究性实验提供补充，拓展学生的思维。但在需要学生进行探究和实验条件允许的情况下，多媒体只能看作小学科学实验教学中的辅助手段，而不能一味依赖，要充分发挥学生的能动性和主体性。

（5）家长助力，优化家庭作业。

一是通过亲子绘本阅读，学习图画真实性。在人类历史上，仓颉在日常的观察体验中受到周围鸟兽、山川以及花草树木的影响，在经历了数十年对广大劳动人民智慧的总结与对流传于先民之中的一些记载事情的收集和整理之后,发明创造了与事物较为相似的象形文字。而低年级学生在文字掌握有限的情况下,主要以画图的形式来记录观察到的内容,就像古人最开始接触了解世界一样,但是他们在画图过程中容易加入想象的内容。故在平时的家校阅读中,建议多为学生提供科学绘本,在阅读的过程中学习科学记录的真实性。

二是通过家长拍照记录,有效利用技术手段。新旧教材在内容形式上,老版科学书的学生活动多为卡通人物及其对话框图,而新版科学书上的图片绝大部分为实物图,即使是学生观察测量等细节的操作,新教材出示的都是真实的学生操作、交流、眼神沟通等抓拍的照片。这在很大程度上给一年级学生起了一个示范作用,并且潜移默化地告诉学生,科学实验需要认真观察、仔细思考、交流分享、真实记录。在我们的科学记录中同样可以学习借鉴,在"我们知道的植物"一课中,为期六周的植物生长情况记录,有了家长拍照记录的帮助,为学生的活动手册增色了不少,也让学生学习到了一种高效的记录手段。

三是通过家长文字补充,为孩子图画增色。低年级学生语言能力比文字书写能力强,那如何在平时的作业中体现出孩子更多想表达的东西呢?这时候就非常需要家长的助力,一方面家长与孩子一同观察植物,帮助记录,参与了孩子的学生生活;另一方面也可以通过书面作业与教师及时沟通孩子的情况。

每位家长都对自己的孩子有更多更全面的了解,这样的家长助力为教师的精准教学提供了更好的帮助。

3.优化评价方式

学生在实验过程中,学到的不仅仅是要考试的知识,更重要的是在实验过程中投入的情感、情绪的体验,学到的方法与技能以及对实验结果的交流反思等,这些方面都需要在教师的评价中给予充分的肯定和确切的评定。因此,将学生在实验过程中的收获简化成僵硬分数的评价方法,会将实验的趣味性和丰富性都湮灭其中,使实验教学失去最根本的价值。教师需要做的是将量化评价与质性评价有机地结合起来,设计一套合理的、多元的评价方案,争取改变以往那种忽略实验过程,只注重实验结果的评价取向,并且建构一种能将教学过程与教学情境融为一体的评价方式,能够充分体现出学生实质性参与整个实验探究过程的情况。

(1)同桌互比,比比轻重。在一年级下册"谁轻谁重"一课中,学具箱里提供的天平组装复杂,所以教师在课堂上将做好的演示实验用视频形式播放给学生看。学生拿到被测物体后大部分用手掂一掂,也有学生拿出了尺子,做了一个简易跷跷板,同桌两人玩起了比轻重,在课堂巡视过程中教师将孩子的创意拍照上传到电脑,与全班分享。几乎所有有尺子的孩子都玩起了跷跷板,他们的材料也不再限于教师下发的材料,更多的学习文具出现在了比较行列,为这个活动环节增趣不少(见图4-12)。

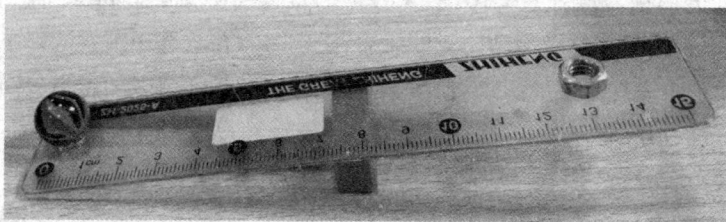

图4-12 简易跷跷板学习轻重

(2)单独展示,巧比大小。在"在观察中比较"一课中,实验材料是4只恐龙,学生们一下子被它们的样子吸引了,在比较高矮长短的过程中会因为材料摆放、起点标准等原因排序结果五花八门。而因为各组不能完整看到其他小组的比较过程,同学之间会对比较结果产生争议但又无法说服对方。教师利用粘上吸铁石的恐龙请学生上台摆一摆,在展示过程中有学生利用黑板底部作为标准线进行高矮长短的比较,得到了全班的认可,化解了争议点。

(3)多人画画,各显神通。对于学生探究记录,教师应该给予实质性的分析和评价,学生十分希望自己的表现受到老师的关注与肯定,同学之间也同样如此。在"我们认识的动物"一课上,同学们都积极发言,为了更好地展示学生对动物的认识。教师鼓励学生上台先画画自己所特别了解的动物和它的特点,然后向同学们介绍,上课实际情况是黑板"画无缺席"。在此次活动中,有的同学画得细致但说得单一,有的同学画得不像却用丰富的语言为这个动物增色不少,这也让教师对许多同学刮目相看。

三、基于小学科学学习行为的精准教学

对小学生的科学学习行为进行研究,通常主要集中于学生的问题学习行为。我们认为,利用数据分析作为实际可依靠的工具手段,能够直观化、系统化地研究学生学习行为,进而改进小学科学课堂学习行为。

(一)小学科学学习行为概念及精准改进意义

在教育心理学领域,学习是指学习者因经验或者练习而产生的行为或者行为潜能较为持久的变化,对于行为的含义尚不明确,而在教育学范畴内,学习行为是与学习活动同义的概念,是学习者在主客观因素的影响下于学习过程中表现出来的运动、动作和反应的总和,是学习者的思想、情感、情绪、态度、动机、能力等内在心理素质的外在表现(援引自向葵花《中小学生学习行为研究》)。

在对小学科学学习行为的研究中需要建立观察点和评价量表,依据学习内容、学习特性、学习水平三个维度建立科学学习行为观察评价量表。其中学习内容依据小学科学学习特性,分为五个方面的内容,分别是文本类、操作类、交往类、观察类、反思类;而在学习特性方面,根据内容主要分为适合性、自主性、合作性、探究性、创新性五个方面(见表4-5)。

表4-5 小学生科学学习水平维度划分表

学习内容	学习特性	学习水平	怎样的具体水平表述
文本类学习	适合性	水平1 水平2 水平3	水平1:不能适合,无意自主,缺乏合作,缺少探究,未能创新
	自主性		水平2:一般适合,少量自主,能够合作,指导探究,尝试创新
	合作性		水平3:非常适合,完全自主,积极合作,主动探究,努力创新
	探究性		
	创新性		

学习内容	学习特性	学习水平	怎样的具体水平表述
操作类学习	适合性	水平1 水平2 水平3	水平1：不能适合，无意自主，缺乏合作，缺少探究，未能创新
	自主性		水平2：一般适合，少量自主，能够合作，指导探究，尝试创新
	合作性		水平3：非常适合，完全自主，积极合作，主动探究，努力创新
	探究性		
	创新性		
交往类学习	适合性	水平1 水平2 水平3	水平1：不能适合，无意自主，缺乏合作，缺少探究，未能创新
	自主性		水平2：一般适合，少量自主，能够合作，指导探究，尝试创新
	合作性		水平3：非常适合，完全自主，积极合作，主动探究，努力创新
	探究性		
	创新性		
观察类学习	适合性	水平1 水平2 水平3	水平1：不能适合，无意自主，缺乏合作，缺少探究，未能创新
	自主性		水平2：一般适合，少量自主，能够合作，指导探究，尝试创新
	合作性		水平3：非常适合，完全自主，积极合作，主动探究，努力创新
	探究性		
	创新性		
反思类学习	适合性	水平1 水平2 水平3	水平1：不能适合，无意自主，缺乏合作，缺少探究，未能创新
	自主性		水平2：一般适合，少量自主，能够合作，指导探究，尝试创新
	合作性		水平3：非常适合，完全自主，积极合作，主动探究，努力创新
	探究性		
	创新性		

（二）数据分析对于学生科学学习行为改进的研究及依托平台

以往对于学生学习行为的研究不是没有数据统计,相反,以往的学生行为研究需要大量学校学生大样本情况下的数据收集,然后利用科学统计法进行多次统计归类,但是传统研究中存在以下几点不足:一是数据统计依赖于大量人力现场观察,无法在人员较少的情况下完成统计分析。二是观察点虽然可以利用传统录像方式来查看,但无法精准快速查看某个活动中学生学习行为的情况。三是大家对于统计分析后学生行为分析改进的策略只能落到纸面上进行交流,无法在线上直接快速讨论,进而在教研组层面快速形成教学策略。

针对以上情况,学校引入了苏格拉底智能教学分析平台(见图4-13),辅助教师精准化研究,进而帮助学生的学习行为进行引导改进(网址sokrates.teammodel.org)。

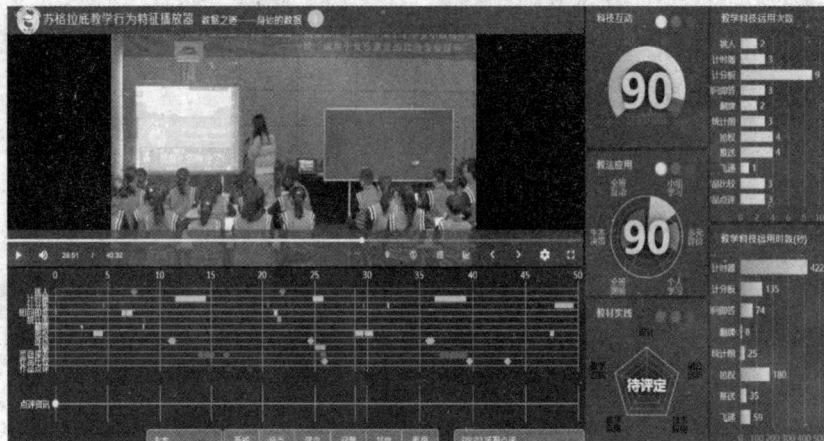

图4-13　苏格拉底智能教学分析平台

在该系统内,右侧可以对本次教学过程中教师的一些教学行为进行频次以及使用项目的统计,并给出一个参考分;左侧则可以实时或者回看教师教学行为和学生学习行为;下方对每个行为的持续时间以及频次做出记录,可以直接点击查看并统计分析,同时可以在该行为点下方做即时或者后期交流。

利用该系统,我们解决了一些问题。首先,单人即可完成数据统计分析。其次,可以精准查看某个学生或者教师行为的情况,并且快速精准,可以多次反复查看。最后,可以多人直接进行线上交流,便于教研组形成有效策略。

(三)小学生科学学习行为精准数据分析

依据之前制定的五类学习行为观察量表,依托苏格拉底智能教学分析平台,我们对一些日常科学教学课例进行了数据采集和分析,通过大量的案例实际分析,我们发现很多学生的科学学习行为往往存在多类别学习行为杂合的情况。依据这样的情况,我们对这些类别的学习行为分析会在杂合案例里侧重于其中一个方面,而相应的学习特性也会选取影响因素较大的学习特性。

1.文本类行为数据分析

在文本类学习行为的数据分析过程中,我们重点关注的是适合性和自主性两个维度,对于学生前概念的基本情况数据调查决定了选择的文本是否合适,而教学过程中对学生兴趣的激发则决定了学生文本学习时的自主程度。

【案例4-9】 "食物在体内的旅行"一课的数据分析

这节课的教学重点之一就是让学生了解消化系统内各个器官的具体作用以及这些器官之间的协调工作,很多教学设计会让学生描绘食物在体内的旅行图,然后通过小组交流来讨论研究各个器官的作用,并且在模拟实验的过程中重点来模拟胃和小肠两个消化器官。从内容上来看,属于文本学习加部分实验操作,重点是文本类学习。

在这样的教学设计过程中,我们事实上默认了学生对于各个消化器官的了解程度是相似的,对其中重点研究的器官也被我们限制在了胃和小肠两个器官,那么,是否真的如我们所想呢? 也就是说,文本类学习中的适合性成了本内容重点数据分析的部分,利用苏格拉底智能教学分析平台在五年级共158人中做了一个简单的课前调查,调查结果如下。

是否能正确对消化器官排序	对消化器官功能做简单描述	对消化器官做简单作图	最希望能够探索的消化器官	觉得自己能模拟的消化器官	对书本上的模拟实验是否理解
能57人	能比较正确32人	能比较正确43人	胃:62人 肠:87人 其他:9人	不足158人	是33人
否101人	存在比较大问题126人	存在问题115人			否125人
主要问题:大肠和小肠顺序错误	主要问题:认为小肠只有吸收功能	主要问题:普遍认为大肠比小肠要长得多			主要问题

从上例提供的这些数据中,我们可以比较清晰地看到在这节课的前测中,学生的认知和我们原来的设计存在一定的偏差,学生的主要问题集中在小肠,包括功能、顺序、结构、模拟。那么从精准教学的角度而言,超过60%的学生对本文本内容有一定了解,但是也有学习动机,文本性学习适合性、自主性水平依据25%、50%、75%三个划分度来看处于水平2左右,因而教学重点需要调整。小肠内容是之前没有强调的,显然这节课的实验教学重点需要依据学生情况进行更改,主要学习内容设置在对小肠的探究上。

2.操作类行为数据分析

在操作类行为数据分析过程中,我们重点研究了自主性和探究性两个维度,这两个维度中,学生能否真实产生问题,是否在依照自己的意愿进行探究,教师的引导是否是在他们的学习基础上决定了他们在自主性和探究性两个方面的发展水平。

【案例4-10】 "马铃薯在水中的沉浮"一课的数据分析

"马铃薯在水中的沉浮"这节课主要是研究马铃薯为什么在水中会浮起来。对前面的知识掌握得比较好的学生,对马铃薯会浮起来的原因分析,会锁定在液体的不同,但是学生的认知都不一样,因此,对于马铃薯会浮起来的原因,他们会出现很多猜想。为了了解每个学生的真实想法,教师在课前利用苏格拉底智能教学分析平台让每个学生在独立的情况下写出自己的想法。

506班总共69位同学,提供的猜想有如下几种。

热水和冷水会影响马铃薯的沉浮(5人,占13.51%)

水中加盐会影响马铃薯的沉浮(21人,占56.76%)

水中加糖会影响马铃薯的沉浮(3人,占8.11%)

水中加其他液体(洗洁精或者油)会影响马铃薯的沉浮(12人,占32.43%)

马铃薯的大小会影响马铃薯的沉浮(22人,占59.46%)

马铃薯的生熟不同会影响马铃薯的沉浮(6人,占16.22%)

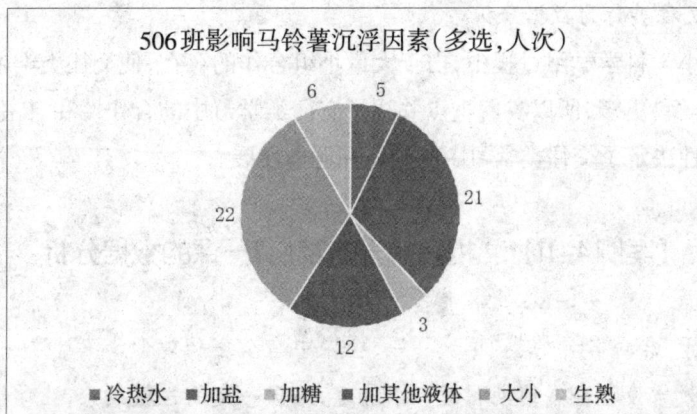

507班总共38位同学,提供猜想并最想研究的猜想有如下几种。

水中加盐会影响马铃薯的沉浮(12人,占31.58%)

水中加糖会影响马铃薯的沉浮(6人,占15.79%)

水中加其他液体(洗洁精或者油)会影响马铃薯的沉浮(13人,占34.21%)

马铃薯的大小会影响马铃薯的沉浮(7人,占18.42%)

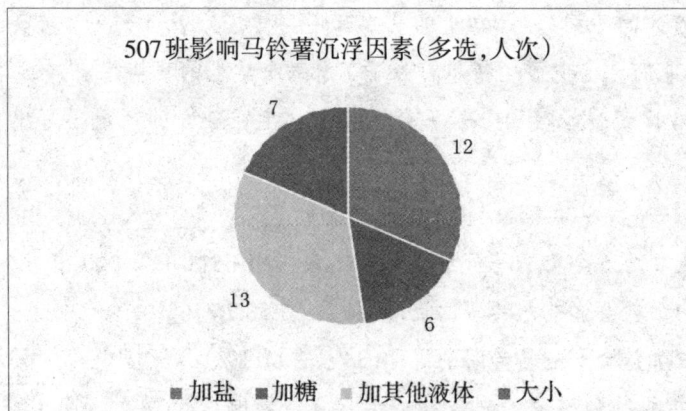

507班影响马铃薯沉浮因素（多选，人次）

■加盐 ■加糖 ■加其他液体 ■大小

经过调查,我们发现在本观察类、操作类内容中,学生的自主性和探究性为水平3,但是两个班级的自主性和探究性还是有差距的。那么,教师就需要思考如何保持学生的状态,进而上好这节课。

3.交往类行为数据分析

在小学科学学习过程中,由于大量小组合作的存在,使交往类学习往往比其他学科更多,所以我们重点关注了交往类学习中的合作性和自主性,这两个特性决定了交往类学习中的个体和群体发展。

【案例4-11】 "相貌各异的我们"一课的数据分析

对于"相貌各异的我们"这一课,在课中有全班相貌形状统计这一内容,大多数教学设计会在前期预埋一个伏笔,给出一定的性状线索,让学生在逐步统计相貌特征的过程中,认识到性状的多样性,个人的唯一性,以达成教学目标。在整个学习过程中,学生需要不断与同组或者同班同学进行合作、交往、观察,所以对于本内容,重点分析的是交往类学习和观察类学习中的自主性与合作性。

同样地,在任教的集团六年级四个班中,在执教过程中利用苏格拉底智能教学分析平台做了各班级相貌特征调查。

相貌特征调查表

眼皮	发际	下颌	耳垂	头发
双眼皮 106	V 发际 33	有沟 6	有耳垂 93	直发 146
单眼皮 52	平发际 125	无沟 152	无耳垂 65	卷发 12

显然,在做教学设计的过程中,选择双眼皮、V 发际、下颌有沟、无耳垂、卷发这样的学生会更利于教学设计的开展,但同时另两组数据却显现了别的问题。

生生交流次数统计表

性状1	性状2	性状3	性状4	性状5
126	96	47	14	3

学生显著参与活动人数表(除自身形状观察外,也有观察别人或讨论)

性状1	性状2	性状3	性状4	性状5
158	147	95	62	47

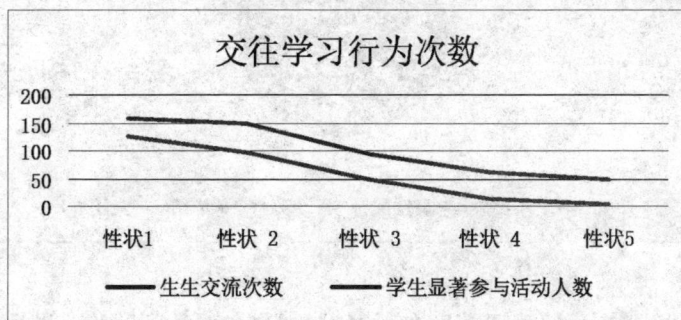

显然,人数呈现出逐渐递降的趋势,虽然这和我们的教学设计流程有关系,但同时也告诉我们统计过程中会有一个冗长的阶段,学生的参与程度逐层下降,生生交流逐渐减少。很明显,交往类学习中的合作性水平从水平3

(参与度75%以上)下降到了水平1(参与度25%以下)，同时观察类学习中的自主性始终保持在水平3。

4.观察类行为数据分析

观察类学习行为中的自主性是一个甚少研究的点，因为通常学生的观察都是依照老师的步骤一步一步进行的，特别是在小学阶段，我们往往会忽视掉学生观察过程中的自主性培养。基于此，我们在观察类行为数据分析时将研究重点放在了自主性上。

【案例4-12】 四年级溶解单元教学中对于溶解现象的观察

在四年级溶解单元教学中，我们非常关注学生对于溶解现象观察中的创新性，对于学生在选择观察溶解溶质的时候，有一个有趣的学习行为数据。

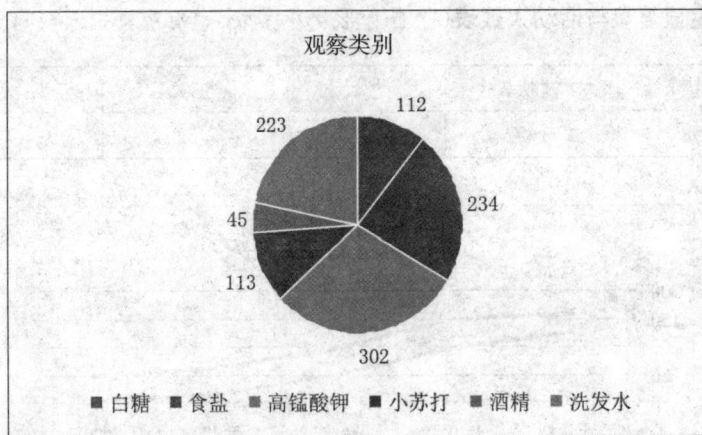

观察类别

通过比对，我们发现学生在观察类学习中，对教师的前置讲授内容依赖性尤其严重，材料选择严重偏向于固体，但是同时也存在洗发水这样的特殊情况，说明教师的材料提供会很大程度地影响学生观察类学习的自主性。

5.反思类行为数据分析

反思类学习行为本身在五类学习行为中属于相对困难的,一般是基于前期的一些学习行为之后的产物,所以考量的主要特征也相对集中于探究性和创新性两个能力发展维度。

【案例4-13】 磁铁单元学习中的数据分析

在学习磁铁单元后,设计了一个作业"如何分辨包裹纸张的磁铁和铁,要求不能利用别的物体"。

利用苏格拉底智能教学分析平台对集团三年级8个班共304名学生进行课堂检测,能够得出正确答案的学生为12人。这个数据是相当令人费解的,在课堂上,我们利用了整个单元来教学磁铁的相关性质,而在实际解决问题中,能将"条形磁铁两边磁性强中间磁性弱"这一概念正确使用的学生非常少,而纯概念性的词条记忆却有298人掌握,这之间有巨大的鸿沟,反思性学习的探究性和创新性处于水平1。

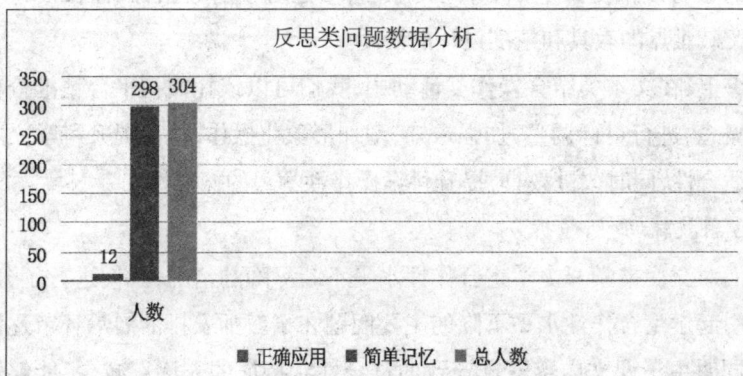

反思类问题数据分析

(四)小学生科学学习行为精准教学策略

通过数据分析,我们可以较为准确地把握小学生的科学学习行为,在此基础上,我们运用了四条策略,实施精准教学。

1.目标调整,形象化操作

文本类学习中的目标设定决定了开展学习中的适合程度,而操作类学习中的探究水平可以让操作目标更形象化。

例如,在小肠的探究活动中,学生由于完全依照书本的安排实验操作,操作类学习的探究性处于水平1。

在小肠的教学中难点主要在于两点:一是难以形象化小肠结构;二是难以理解小肠的作用。我们采用了两个方法来解决。首先是精准教具,用洗衣机的下水管加抹布细条分别做成小肠的内外两个表面,同时将外表面做简单切口,这样从结构上符合小肠内部多褶皱、多绒毛的特点。其次是精准活动设计,将长5米左右的水管环绕在教师身体上,让学生来拉,不但引起了学生极大的兴趣,同时突破了小肠结构的难点,在末段让学生剪下来,然后倒玉米糊,和没有抹布的水管做对比,再和加了消化液(模拟)的玉米糊倒入做比较,非常形象直观地解决了小肠功能的难点。

在整节课的设计中,这个活动的比重从原来的15分钟增加到25分钟,并且效果非常不错。通过后测,我们发现学生对于消化系统知识点特别是小肠的学习效果提升了27%,究其原因,便是对于前数据分析后,设计了精准的突破难点的教具和精准设计的活动。

综上,在文本类结合操作类活动中,我们可以依托数据平台精准分析学生前概念,进行目标调整,加强未知,增加形象化操作,从而提升科学文本学习的适合性,同时改进教具,提升科学操作性学习的探究性。

2.科技辅助,问题拆分

面对交往类学习中学生合作性水平不断下降的情况,我们进行了分析,发现引起学生合作性水平下降的主要问题在于教师安排的展示环节逐渐减少。同时由于课文内容安排导致的符合性状特征的人逐渐减少,能够进行交流的人数大大下降。

针对这样的问题,我们的策略是利用不同的科技手段精准推进活动开展,在目前国家大力发展智慧教育的背景下,精准选择好的科技手段对我们的教学帮助十分巨大,能做到高效而精准。

首先是每个学生在iPad上完成自己的相貌观察和性状表格填写,这样保证了每个学生在自己的活动中都是时刻参与的,那么如何提高学生之间的生生交流呢?教师使用了Numbers软件的协同功能,各组共同完成班级性状调查表,每个学生的调查都会及时体现在大屏幕上,这样的做法让每个学生都有讨论的欲望,并且大大提高了交流速度。

同时增设神秘代码环节,这个神秘代码根据学生的即时反馈做即时记录,这样每节课都是即时生成的,没有重复,每个学生都能参与到寻找神秘人物的活动中,用TEAM Modle软件将学生的相貌与代码进行比对,增加学生的参与度。

最后利用Uface输入每节课即时产生的神秘代码,利用人脸签到识别系统来找到班级里那个独一无二的孩子,顺利完成生物多样性和独特性认识的教学目标,同时与生活实际紧密结合。

通过科技辅助,增多展示和问题拆分的方式,对后面再次上课的班级进行了数据分析,学生的合作性和自主性始终保持在水平2~3,成效明显。

3.拓展实践,在线研讨

反思类学习行为的改进不仅靠学生,还需要老师在布置相关任务的时候进行生活实际的联系,同时利用在线研讨的方式,拓展教师的教学思路,进而扩展学生的思路(见表4-6、图4-14)。

表4-6　三年级以及新三年级课堂前测结果

	三年级首测(总308人)	三年级二测(总308)	新三年级(总306人)
正确人数	12	226	154
正确率(%)	3.9	73.38	50.33
有创造性做法人数	3	65	42

反思类学习的探究性和创新性上升到了水平2(改进后的在线研讨)。

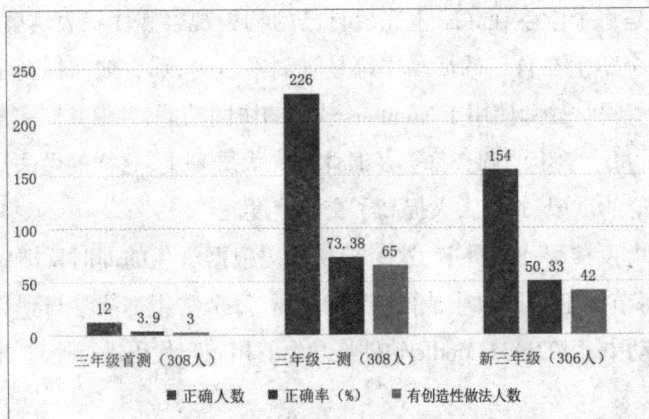

图4-14　磁铁前后测试对比

在"磁铁"单元的教学后，我们在做了后数据分析后，马上布置了相关的实践作业，例如，寻找生活中的磁铁应用并说出主要利用了磁铁的什么性质。再如，自动贩卖机等结合steam案例的磁铁应用等，将各种有趣的磁铁应用布置到学生的家庭作业中去，不仅孩子感兴趣，家长也觉得问题很有意义，尝试和学生一起解决。学生在后期检测中，对磁铁性质的理解上升很明显，这是典型的利用精准设计的实验帮助解决了问题。

4.前测探趣，自由组合

实践操作类中，探究性学习决定了学生的想法很多，他们的自主性和探究性水平会很高。那么，如何保持学生的状态，进而上好这个内容呢？我们运用了让学生自由结合以调动他们学习积极性的策略。

【案例4-14】　马铃薯一课教学中的学生自由结合学习

在马铃薯这课中，根据学生的想法，提供以下材料供学生选择：①300ml的冷水；②空烧杯；③冷水；④热水；⑤大马铃薯；⑥小马铃薯；⑦熟的马铃薯；⑧小刀；⑨玻璃棒；⑩洗洁精；⑪油。

同时在分组的时候采用同质分组，依据探究内容结合成新的小组。这样做的原因是在对于传统分组，依照课本教学后的数据分析发现，学生的操作类学习自主性和探究性处于水平1~2,(低于25%的学生会有自己的想法去实践)大量学生只是依照老师的安排做完了事,对于影响马铃薯沉浮的实质理解不到位,缺乏自主探究性。

因此,我们让学生依据自己的想法进行了充分分组。

分组情况:

506班:

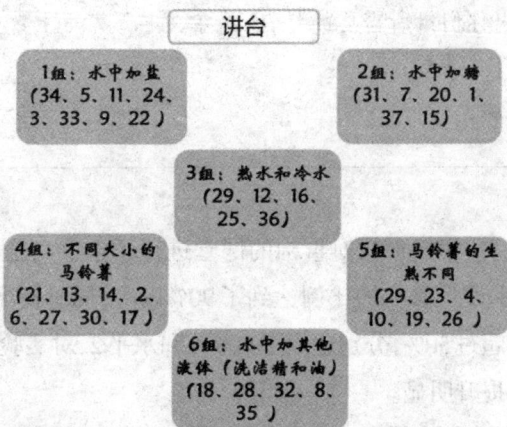

507班:

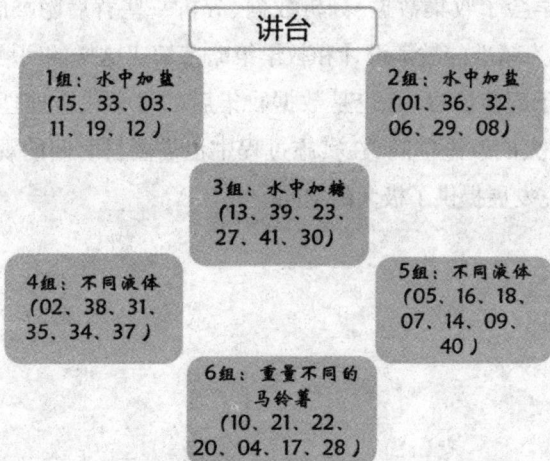

给了他们充分自主选择的实验单。

自主设计实验过程和实验单：

506班小组合作实验方案设计"马铃薯在水中的沉浮"

研究主题：

所需材料：☐大马铃薯　　☐小马铃薯　　☐熟马铃薯　　☐300ml冷水　　☐洗洁精　　☐油　　☐食盐（10克/袋）　　☐白糖（10克/袋）☐空烧杯　　☐热水　　☐冷水　　☐小刀　　☐玻璃棒

（勾选出你们组所需要的材料，并在文字下方写上数量）

材料员（写学号）：

实验操作：

重新编组后，我们再次对重构的课堂进行了学生实验性学习行为数据分析，学生自主设计参与的比例达到了90%以上，同时提出新想法、要求回家探究的比例超过50%，分别达到了水平3和水平2，对实验性学习行为自主性和探究性的提升明显。

总体而言，我们在数据分析背景下的精准教学已经全面铺开，我们的老师也更多地学会了收集数据、分析数据、分析一些背后隐藏的概念认知冲突，尝试用更为精准的教学设计和教学策略来解决这样的问题。当然，我们的研究还处于起步阶段，无论是数据收集后的科学化再处理，还是样本容量，都还有极大的改进空间，在实施过程中也需要长时间的观察，这都为我们的后续研究发展提供了极大的空间。

第五章

转型:基于精准教学的评价变革

　　随着教育改革的不断深化,评价的作用日益明显。一方面,需要通过评价,助力教育改革的持续推进;另一方面,评价自身也面临着改革。评价与精准教学的关系同样如此。精准教学改变了师生的学教方式,评价必然要发生变化;而评价的转型又会促进精准教学的深化推进,最终促进学生更加有效地学习。因此,我们在探索精准教学的过程中,一直把评价作为一个重要的内容,努力通过评价的转型,推动教育教学改革的发展。在这一过程中,也让评价焕发出新的活力。

第一节　基于精准教学的学业评价

学业评价是学生评价的重要组成部分，通过学业评价，可以系统地收集学生在学科学习中的知识掌握和学习能力的状况，并对学生的知识和能力水平进行价值判断。学生的学业评价应包括学生的思想品德与行为规范，社会实践表现，基础性课程、拓展性课程等多方面的情况，我们在这里阐述的学业评价主要是对学生学习基础性课程的评价。

一、基于精准教学的学业评价流程

学业评价是学生学习过程中的重要环节，它能了解学生学习的情况、教师教学的有效性，从而判断教育实施的优缺点，调整教学手段、制定解决方法等。因此，学业评价也有一系列的流程，从精准测量学生教学内容掌握开始，到监控学生是否达到教学目标，反馈教育教学存在的问题，并及时矫正，进入下一次的学习测量，形成评价闭环、螺旋上升。

从图5-1可以看出，基于精准教学的学业评价流程包括四个环节，即测量、监控、反馈、矫正，这四个环节形成了学业评价的一个完整流程。在这个流程中，每个环节都有其独特的要求。

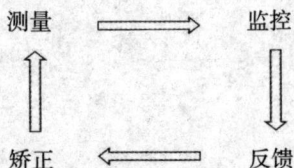

图 5-1　精准教学学业评价流程

（一）测量多样化

精准教学的学业测量绝不是单一的知识点测试，也不仅仅依靠纸面完成，而是考查内容丰富、方式多样的综合测量。

1.测量内容贴近生活

学生学会课本知识、习得基础技能、达成教学目标，最终是为了能更好地适应社会生活，为将来做准备，因此，测量的内容也应该是实际生活中的真情境、真知识，而不仅仅是摘取回答书本上的123、ABC。例如，一年级在学习了简单的汉字后，如"天地人"，测试就并不是简单地在试卷上写拼音写字，而是让学生找出家里各类物品包装袋上学过的汉字，剪贴后组词写上拼音，并在全班同学面前读一读。英语课学习了家人们的称呼后，学生们通过介绍全家福照片、拍家人小视频的方式通过检测。学习内容的扩展和延伸，体现了知识点的深度理解和灵活运用。

2.测量方式重视思维

测试如果只有对错的唯一标准答案，就很难反映学生的思维过程。因此，在精准教学中，我们更重视学生的思维方式，强化了学生的表达呈现、操作过程。即使是卷面测试，也多留有半开放、开放式的问题，让学生合理运用知识进行解答。例如，四年级数学学习了"一亿有多大"，测试题目就让学生用多种方法解决"一亿有多大"的问题。

【案例5-1】 四年级数学"一亿有多大"测试题

①假如老师要求你们在一个学期读完1亿个字的课外书，你认为这个任务能完成吗？写一写主要过程。

②100粒大米约重2.5克。

50克大米约有2000粒。

100千克大米够1人吃1年。

那么1亿粒大米有多重？1亿粒又够你家吃多久呢？

你需要哪些信息来分别解决这两个问题？并写一写推理过程。

每个孩子的思考方向不同、做法不同,需要获取的信息也不同,只要说理合理,解决过程现实可操作,就判定为正确。

【案例5-2】 选择合适的实验用品,进行实验设计,序号可多次重复使用

①一杯20℃的水;②一杯50℃的水;③一根搅拌棒;

④一个温度计;⑤白糖;⑥食盐;⑦食用油

我想要设计的实验是:

我需要的实验用品有:

实验的具体操作过程:

科学测试题,并不是告诉学生做的实验是什么、结果是什么,而是给了很多条件,让学生自己思考可以做哪些实验;然后确定自己要做的实验,并选择需要的,再进行说理,并说明能得出什么结果。

(二)监控弹性化

通过测量,我们可以对比课程标准判断学生是否达到了教育目标,达到了何种程度,同时也能了解教与学中存在的问题及原因。精准教学下的监控,不是整齐划一的60分、100分,也不是优秀、良好、合格之类的简单等级评定,它是根据学生发展给予相对评价,有底线也有后期进步评价。

1.监控时间长期持续

学生是否达到教学目标,不能依靠一次测量定成败,因此,监控学生的学业发展是需要长期跟踪的,要以发展的目光来看待。期初达不到课标要求的孩子,期末能达到也应给予适合的学业评价。例如,数学一年级口算课标要求一分钟六题达标,测量时十分钟六十题,有大部分能完成并全对的学生,也有极个别完不成或错几题的。这些不过关的学生每隔两周会再进行测试,一直到能过关。只要是能在学期内过关的,这个学生的监控结果仍为过关,评价时注明第几次过关即可。

2.监控内容全面具体

学科的学业测量范围涵盖内容广泛,但也容易泛泛评价,好或不好就决定了学生是否达标,显得过于笼统。因此,精准教学的监控不仅要顾及评价内容的全面,还要落实到评价的具体点。例如,体育的评价指标包含跑、跳、力量等,因此在评价学生时,就需要具体全面到跑步是否达标,跳绳表现如何,力量水平高低等,甚至跑步评价时,也要具体区分50米短跑、400米长跑,速度和耐力水平如何。

从表5-1可以看出,语文学业评价也要兼顾书写、拼音、字词、阅读理解、作文等不同内容,一个学生的语文水平范围也有长短板,评价监控得越具体细致,对学生的后续发展就越有针对性。

表5-1　语文某单元监控内容表

	测试	监控内容
语文单元评价	非纸面测试	课前准备
		课堂表现
		朗读
	纸面测试	书写
		拼音
		字词
		阅读理解
		小练笔(作文)

(三)反馈个性化

学业水平的反馈环节好比医生诊断后开药方,是学生和老师对于学业的沟通桥梁。反馈哪些内容,哪种反馈方式才能被学生接受,都需要精确考虑。精准教学中反馈环节不是报分数、报排名,也不是全班面前统一讲解,更不是简单说优秀合格、好或不好。需要的是点对点的内容精准,需要的是人对人的方式精准。

1.反馈内容对症下药

同样的"闻斯行诸"，孔子却说了截然相反的两种回答，对子路和冉有来说这两种反馈都对，因此，反馈最根本的是要直击个人要点。学业测试中同样的问题，原因也不尽相同。反馈也要注意学生出现问题的时效性，才能使药方管用，反馈应是时效药而不是失效药。

例如，英语学业测试不达标，出问题的可能是听力、拼写单词、阅读理解、翻译、口语等。有学生纸面测试不错，可是听力不会；也有听力书写还行但口语不好的学生，因此，分内容评价反馈很有必要。同样的口语不达标，有表达基础掌握不好的，也有胆小不敢表达的，那就不能简单地用"你不会、你没掌握"来反馈，需要分别反馈，比如，"你的问好表达还不够丰富""你会多种问好表达，但是你还不够自信，声音再响点、说话再清楚点就更好了"。

2.反馈方式个体差异

作为老师，你喜欢哪种反馈方式？作为学生，你喜欢哪种反馈方式？站在不同的角度，做事的方式也不同。作为老师，比较喜欢全班一起讲，想着有则改之，无则加勉，多听总是好的。作为学生，特别是在讲缺点时，总希望能单独评价，不被别人知道。

是以柔克刚能成功，还是硬碰硬有效？精准教学的反馈，首先要了解评价对象的性格，至少不能"踩雷"。尊重每个人的性格，保留学生最大的尊严。可以用单独叫到办公室谈话的方式，也可以用在联系本上写上反馈语的方法。有学生不喜欢严肃地讲道理，而希望老师跟朋友一样亲切地交谈，甚至有些学生偶然出现失败，老师可以先放一放，观察学生后续的表现再反馈。

（四）矫正定制化

学业评价的主要作用不是揭示问题，证明学生哪里不行，也不是打击学生。最重要的作用是改进，反馈学业信息，改进学生的学习方法，提高学习效率；也改进教师的教育方式，调整教育计划。就像《义务教育数学课程标准(2011年版)》所说的：学习评价的主要目的是全面了解学生数学学习的过程和结果，激励学生学习和改进教师教学，使教与学都能向着正确的方向调整前行,更快更好地达到素质教育的目标。

1.矫正过程重质轻量

学业评价反馈出学生哪里不足后,学生应当矫正。这种矫正从学习内容的反复习得到学习方法的改善,从学生自我反思到教师提供帮助。因此,教师给予的应该是高效的方式,而不是单一的机械的练习,更不是全班陪练制。精准教学是在充分了解学生所欠缺的前提下,提供矫正方法,达到事半功倍的效果。

例如,二年级学生乘法口诀不熟练、背不全,教师的矫正方式一定不会是抄写十遍、背诵十遍这样简单粗暴的方法,而是统计每个学生不熟练的口诀,只对不熟练的几句进行矫正,精准利用好时间和精力。不熟练的口诀怎么办?每天做一张练习,反复操练,这样的方法也并不合适。不熟练的口诀可以做成随身携带的小卡片,写上算式、口诀,甚至画上乘法意义,帮助快速记住口诀的意思,从而记住口诀。利用碎片时间,学生自己就可以复习,把能够背诵的打钩,还不能背诵的继续放在身边,逐渐背完所有困难的卡片。运用这样的卡片比每天书写一百题乘法、默写口诀更快,也更容易令学生接受。学生也可以运用乘法小卡片进行比赛,提高学习兴趣,更积极高效地解决不会的口诀。

2.矫正实施因人而异

不会做的题目你如何解决?你愿意问老师还是同学?这两个问题其实并没有统一的答案,有学生喜欢先自己解决,不行再问老师;也有学生喜欢和同学交流。因此,帮助学生矫正错误,并不是指教师所有都要亲力亲为,给出指导意见或是让其他学生进行帮助,重要的是帮助学生找到适合自己的解决方法。

例如,美术绘画测试的矫正,老师会说"你这里画得不好,线条不够细致、颜色不够饱满",然后拿起画笔"来,我帮你修改下,你等会儿照着我画的再画一遍"。有些学生会茫然地面对已经完美的教师范本再也无从下手,失去了画画的自信。这说明很多学生不喜欢手把手地矫正,更希望老师提出的意见点到为止即可,之后的创作还是希望能靠自己完成。也有不敢下笔画的学生,希望老师帮助画个轮廓;也有色彩选不好,需要老师挑选的。同样帮助学生矫正

"画得不好"，精准教学的矫正方式和程度是不一样的。

二、基于精准教学的学业评价方式

精准教学评价目标是多元的，方式是多样的，它"目中有人"，坚持认为学生是可发展的；它拒绝单一的静止的评价，倡导多元的动态的评价；兼顾量化评价和质性评价，结合过程性评价和总体性评价。就像《义务教育数学课程标准(2011年版)》指出的：评价既要关注学生学习的结果，也要重视学习的过程；既要关注学生数学学习的水平，也要重视学生在数学活动中所表现出来的情感与态度，帮助学生认识自我、建立信心。

图5-2是学校基于精准教学的几种主要的学业评价方式，需要说明的是，这些评价方式在实际运用中必须关注评价的多层次和多主体。

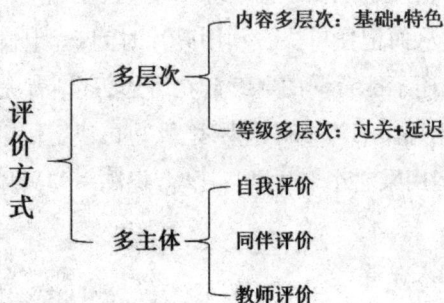

图5-2　基于精准教学的学业评价方式

(一)评价方式多层次

评价方式多层次包括两层意思。

一是基础保底，特色加分。每门学科都有自己的课程标准，学生应该完成哪些内容、达到什么目标，都有最低限度的要求，这些标准称为学生的基础。这些是学生在校学习后必须达到的基础目标，也是学业评价的基本依据。除了这些课内要求的，学生在学科上还有自己的特色，这是让学生展示自己，获得肯定的机会。因此，这部分表现也包含在学业评价之内。学科基础要求，加上个人差异的特色，构成了一门学科学生完整的学业评价。下面以科学学科和音乐学科的基础+特色评价为例。

从表5-2可以看出，科学学科的基础评价包括课堂过程性评价、平时作业评价、期末检测评价，还有实验操作评价，涉及学科课程标准要求的各方面；而音乐学科的基础评价则包括课堂过程性评价、唱谱唱歌评价、乐理知识测试、陶笛测试。科学学科的特色评价反映了学生在学科上的个体差异表现，低段学生介绍一本科学类书籍、一个科学新发现；高段学生在家完成新的家庭实验，拍成视频介绍给大家等。音乐学科的特色评价则是弹奏一种乐器、唱歌、跳舞等。

表5-2　基础+特色评价示意表

	基础评价	特色评价	总结性评价
科学学业评价	课堂过程性评价	介绍科学类书籍、做科学实验等	
	平时作业评价		
	期末检测评价		
	实验操作评价		
音乐学业评价	课堂过程性评价	弹奏一种乐器、唱歌、跳舞等	
	唱谱唱歌评价		
	乐理知识测试		
	陶笛测试		

综上可见，基础+特色的评价最终给予学生从过程性评价到总结性评价。同样地，其他学科也有各自的基础评价内容和特色评价内容，让学生在学习中踏实掌握基础性知识，获得基础性评价，也让学生能充分展现自己的特色。

二是全员过关，允许延迟。精准教学的学业评价包括过程性和总体性，而学生接受理解的能力和时间又不相同，这就会出现部分学生在刚开始学习后的检测中并不能通过，他们需要更多的时间和理解去消化新知识。因此，学业评价的最终目标是过关，但是在过程中允许学生二次过关、三次过关，甚至多次，延迟到期末，只要能过关就可以。下面以数学一次计算过关测试为例，过关+延迟评价具体如下。

过关评价：第一次测试，全对的属于优秀过关；错1~2题的，属于过关；错2题以上的，需进行第二次过关。第二次过关时间一般在下一周进行，错2题以内也评价为过关；如果还错2题以上，则继续进行过关，直到能错2题以内为止。

延迟评价：第一次测试不能过关的学生，暂不记录评价，等第二次过关或多次过关后，能达到基本要求错2题以内，才进行评价。不论学生是第几次过关，评价都写为过关，只是后几次过关的，会相应写上次数，更好地反映学生的学业情况（见图5-3）。

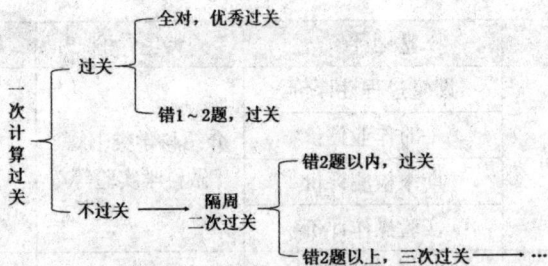

图5-3 过关+延迟评价示意

过关+延迟的评价，要求全员过关的同时也考虑到个体差异，给了缓冲时间。数学解决问题测试，语文拼音字词测试，英语口语测试，体育素质测试等，每门学科都细分了测试内容，并按过关+延迟的标准进行学业评价，真正做到一个都不能少。

（二）评价方式多主体

评价方式多主体是指在学业评价过程中，参与评价的主体应该是多元的，即除了教师之外，还应该包括学生本人和同伴。

1.自我评价

学业评价最重要的作用之一，就是让学生了解自己的学习情况，只有学生愿意主动改变自己的学习方法和学习态度，才能更好地发展。面对测试的失败和挫折，如何评价自我，如何调节心理，为下一次学习做好积极准备很重要。因此在学业测试后，每个学生都会对自己的测试进行自我评价，主要自省三个问题。

（1）态度方面。我是否认真学习了相关内容；测试范围内的知识点，自己是不是都能说出如何才是正确的；还是平时遇到模棱两可的、错误的就这么过去了；碰到不十分清楚解释的知识，是否做好标记，重点反复学习了。

（2）能力方面。分析错误原因不是笼统地说"不认真""粗心"，而是细致到每一个错误点的解释。比如，数学测试中同样是计算错误也有很多种原因，这题计算进位出错，那题计算抄错数字，还有意思不清楚用错数据的。

（3）发展方面。我在哪些方面还能更努力、更进步。自我评价不是让学生完全否定自己，而是让学生看到自己还能进步成长之处，归因于内在，找到努力的方向，才能改变失败。给自己提实实在在能做到的小目标，比如，计算进位错，就要一直写进位1；数字抄错的，就要抄完马上核对。

2.同伴评价

自我评价具有很强的主观性，因此，自己的有些缺点并不能主动发现，这时候就需要同伴的评价帮助。上课时是否积极、独自学习时是否认真、小组合作时是否参与，多个角度辅助评价。

从表5-3可以看出，同伴评价主要是对学生学习态度的评价，即从学习的积极性、参与度、合作性等方面进行的评价，从而反映学生的学习过程。

表5-3　语文过程性同伴评价表

评价方式	评价内容	评价星级
语文学习同伴评价	你觉得他上课发言次数多吗	
	他能独自认真完成中午作业吗	
	小组讨论中，他愿意发表意见吗	
	他有主动问你关于学习的问题吗	

3.教师评价

作为教学内容的教授者，最清楚学生是否掌握知识点、掌握的程度，是否达到教学目标，因此，教师的评价是全面的，更应该是公正的。教师评价时需要的是点对点的内容精准，需要的是人对人的方式精准。

从表5-4可以看出，教师的评价既包括学生对学科知识和能力掌握情况，也包括学生学习过程中的表现，较为全面地反映了学生的学习情况。

表5-4　英语某单元教师评价表

	评价方式	评价内容	评价星级
	单元过程评价	课前准备评价	
		课堂表现评价	
英语单元评价		作业评价	
	单元测试评价	词汇评价	
		听力评价	
		口语评价	
		阅读理解评价	
		中英文翻译评价	

三、基于精准教学的学业评价制度

基于精准教学的学业评价制度的核心是通过发展性学生评价促进全体学生发展，在全面了解学生学习的过程和结果的同时，评价标准和内容、过程和方法都要有利于学生学习与改进教师教学。下面以数学学科学业评价制度为例，从出卷、阅卷、讲评、补偿四个方面进行研究。

（一）出卷制度

借助"双向细目表"，可以帮助教师把握命题意图，了解命题理念和考查目标，提升命题的效度。

从表5-5可以看出，以五年级上册数学试卷为例，通过双向细目表的分析，可知本卷试题知识点覆盖全面，没有单纯性识记类的考查，注重考查学生对知识的理解和应用，部分题目较灵活。如知识技能部分的第9题需要学生有主动估算的能力和较强的数感，第14题是乘法分配律在生活中的应用。综合应用部分的第2题需要有良好的数感和对小数乘除法运算规律的了解；第4题需要正确计算出每种可能性的大小，这与新教材中"可能性"单元的学习内容相比更难，因为在例题学习中，可能性的大小不需要通过计算就能直观获取。

表 5-5　五年级上册数学试卷双向细目表（节选部分）

序号	题号	知识模块	知识点	题型	识记	理解	简单应用	综合应用
					认知能力层次			
1	知一1	数与代数	小数乘除计算	填空题	☆			
2	2	数与代数	小数乘除计算	填空题	☆			
3	3	数与代数	等式的性质	填空题	☆			
4	4	数与代数	用字母表示数	填空题			☆	
5	5	图形与几何	轴对称	填空题	☆			
6	6	图形与几何	平行四边形的面积	填空题			☆	
7	7	数与代数	小数乘除计算	填空题		☆		
8	8	图形与几何	观察物体	填空题		☆		
9	二9	数与代数	小数乘法估算	选择题			☆	
10	10	图形与几何	三角形的面积	选择题			☆	
11	11	数与代数	方程的解	选择题	☆			
12	12	数与代数	运算定律在小数中的运用	选择题	☆			
13	13	图形与几何	梯形三角形的面积	选择题	☆			
14	14	数与代数	方程解决问题	选择题			☆	
			······					
30	综一1	数与代数	用字母表示数	填空题			☆	
31	2	数与代数	小数乘除估算	填空题			☆	
32	3	数与代数	商的近似值	填空题			☆	
33	4	统计与概率	可能性(能列举事件发生的结果)	填空题			☆	
34	5	图形与几何	数对	填空题				☆
35	6	图形与几何	组合图形的面积	填空题				☆
36	7	数与代数	用方程解决问题	填空题				☆
37	8	数与代数	循环小数	填空题		☆		
38	二9	数与代数	用方程解决问题(几倍多几)	解答题			☆	

序号	题号	知识模块	知识点	题型	认知能力层次			
					识记	理解	简单应用	综合应用
39	10	数与代数	解决问题(两积之和、检验)	解答题			☆	
40	11	数与代数	不规则图形面积估测	解答题			☆	
41	12	数与代数	用估算解决问题	解答题				☆
42	13	图形与几何	多边形的面积	解答题				☆

借助"双向细目表",围绕学业评价的内容和标准,确定要考查的知识模块、知识点,具体知识考查点进行有效命题。同时需要对每道题所考查的认知能力层次按照"识记、理解、简单应用、综合应用"进行分类,其中"识记"是指了解该部分知识点的定义、概念并能记忆和识别;"理解"是指对该部分内容在识记的基础上,能进一步理解有关的性能和规律,并能做出正确解释;"简单应用"是指能运用该知识点分析解决简单的具体问题,综合动态质性分析是对若干次检测或考试的答题情况进行线状跟踪式的归因分析。

(二)阅卷制度

在学业评价中,阅卷具有十分重要的意义,教师正是通过阅卷发现学生学习中存在的问题,并在此基础上进行反馈、矫正。

1. 采集数据

对学生的错题情况进行科学的数据采集,整体把握学生的知识薄弱点、共性问题,提高试卷讲评内容的精准度。技术融合下的数据采集,使试卷分析的人机合理分工成为可能。

(1)手工分类统计,灵活采集数据。传统的数据采集以笔和纸为工具,手工形式进行,灵活度高,不受时空限制,但效率不高,适用于小批量的数据采集以及对主观题的错误可以进行分类数据统计。

在图5-4中,教师通过对每位学生每题得分情况的精细统计,从横向可以直观看到每位学生的错误数据分布情况,从纵向可以看到该班级每一题的错误数据分布情况。

学号	姓名	知识技能(60分)																													
		一、填空																		二、选择								三、计算		四、操作	
		1	2(1)	2(2)	3(1)	3(2)	3(3)	3(4)	4(1)	4(2)	5(1)	5(2)	6	7(1)	7(2)	8	9(1)	9(2)	9(3)	1	2	3	4	5	6	7	8	1口	2笔	1画	2
1																															
2																													-2		
3																			-1												
4																															
5		-1		-1	-1			-1		-1			-1						-1	-2	-2			-2		-2	-2		-2		
6																															
7		-1		-1																-2								-2	-2	-2	
8																															
9				-1												-2										-2			-4	-2	-2
10															-1																
11																															
12																										-2					
13																			-1							-2			-2		
14				-1								-1									-2		-2								
15																			-1		-2					-2	-2				
16																															
17		-1				-1															-2					-2			-2	-2	
18																															
20									-1																				-2		

图5-4 针对学生个体的试卷数据采集

而图5-5则是教师对连续几次过关检测数据的跟踪采集,可清晰地看到班级在各单元的学习变化动态,同时判断试卷难度情况。

过关内容		过关情况(%)		
		过关率		不过关率
		优秀率	合格率	
第一次过关(91.94)		66.67	30.56	2.78
第二次过关(81.39)		30.56	61.11	8.33
第三次过关(88.33)		44.44	55.56	0
第四次过关(92.75)		80.56	19.44	0
第五次过关(92.53)	知识技能(57.47)	91.67	8.33	0
	综合应用(35.06)	47.22	52.78	0

图5-5 针对集体的试卷数据跟踪采集

(2)运用阅卷系统,高效采集数据。随着信息技术的发展,借助“教育云”和“大数据分析”技术,能更快更多地采集到学生的答题数据,大大节约时间成本,数据信息更为精准,弥补了手工采集数据的一些不足。

在日常教学中,运用“有痕日常阅卷系统”扫描仪,收集和积累学生日常过关检测的数据(见图5-6)。教师在手工阅卷时将每题分数写进固定框格内,阅卷系统扫描识别后,能高效、全面地获得主客观题的得分信息。

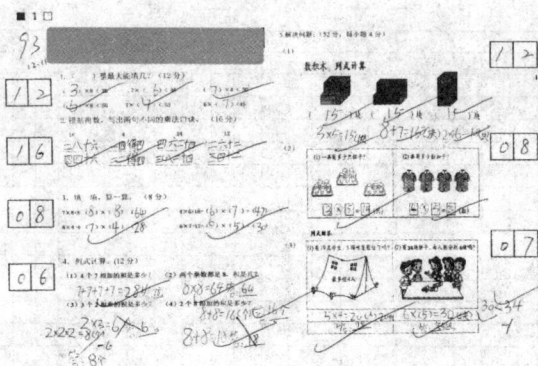

图5-6 "有痕日常阅卷系统"答题卡

再如在期末测试中，通过无纸化阅卷和大数据分析系统，采集到图形化、可视化的对比数据（见图5-7），帮助我们直观了解整份试卷的试题难度分布情况以及班级与校、区之间的差异，方便寻找差距、对比分析。

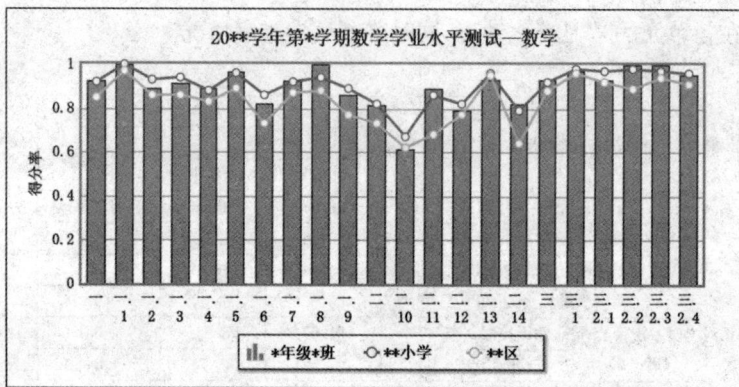

图5-7 大数据分析系统支持下的数学试题得分率统计

2.分析试卷

在阅卷数据采集的基础上，还要对答题的具体情况进行归因分析，除了对错题情况进行分类、搞清楚错误产生的原因，同时也要对不同的正确解答进行汇总，为多元方法的讲评做好准备。试卷分析可以分为静态质性分析和动态质性分析。

（1）静态质性分析，全面掌握学情。静态质性分析是对某次检测或考试后的答题情况进行归因分析。除了对学生的错误情况进行分类、明确错误产生的原因，同时也要对正确解答进行分类汇总，为多元方法的讲评做好准备（见表5-6）。

表5-6　小学数学五年级上册数学试卷质性分析表（节选部分）

题号	情况分析	
	得分率	情况分析（列出典型错误或灵活方法及人数）
知： 1.填空（5）	80.65%	【错例】共6人错，见左图。 【分析】全部画成平移后的图形。凭感觉画，没有掌握轴对称图形的本质特点。平时教学中，缺乏：1.画组合图形的对称图形；2.学生画完后检验的意识有待加强。
2.选择（9）	74.19%	【错例】选A，2人；选B，5人；选C，1人。 【分析】选B，考虑到了积比4.789小，比选A的学生的估算意识强一些；但没有去确定积的范围，比如，4×0.8=3.2>3.085，估小了都大，实际一定大。
3.计算2③	96.77%	正确人数　30人　　简算人数8人 【灵活简算方法及人数】 (2.7÷3)÷(0.15÷3)（3人） 2.7÷0.3÷0.5（2人） 2.7÷0.3×2（1人） 2.7÷3÷0.05（1人） (2.7×2)÷(0.15×2)（1人）
综： 1.选择（4）	51.61%	【错例】共15人错。选A，9人；选B，6人。 【分析】 选A，没有理解题意，以为"一正一反"就是第一个硬币正，第二个硬币反，没有考虑"一反一正"也是符合题意的情况。 选B，把"甲正乙反"与"甲反乙正"视为同一种情况，4种可能性当作只有3种，对可能性的本质理解不够。

精准教学：小学课堂教学变革的采三探索

题号	情况分析	
	得分率	情况分析(列出典型错误或灵活方法及人数)
填空(6)	32.26%	【错例】共21人错。 填"3"，17人； 填"6"，2人； 填"4"，1人； 填"4.5"，1人。 【分析】 填"3"，是将三角形最长边看成3厘米，高看成2厘米。也有的是因为通过"旋转"，将斜着的图形转换为"正常"三角形进行面积计算。
2.应用(12)	93.55%	【错例】 估算策略错误，1人； 单价找错，用葡萄的单价乘香蕉的单价来计算香蕉的总价，1人。 【灵活方法及人数】 简算人数：近1/3的学生。 简算方法： (1)$2.01 \times 10.2 \approx 20.5$，$0.78 \times 5.25 \approx 4.1$； (2)把2.01看成2，把0.78看成8； (3)把8.45看成9。
应用(14)②	74.19%	【错例】共8人错。 【分析】 不理解第二段如何计费共5人(其中2人：39元=11元+24.5元+3.5元、39元=11元+25元+3元、39元=11元+2×2.5元；其中3人：3+10+3=16千米)。 以为只存在两段计费，未考虑总路程是否超过10km属于第三段计费方式共1人：$(39-11) \div 2.5 + 3$。 完全不理解分段计费1人：$(21-11) \div 2.5 + 3 = 7$千米。 计算出错共2人。

表5-6中列出了学生的典型错误或优秀方法，结合学生访谈分析错误原因；对优秀的方法进行排序；遇到不方便用文字描述的方法，需要在批改过

程中及时拍照,作为佐证说明,为后续试卷讲评提供典型实例。

(2)动态质性分析,精准关注变化。动态质性分析是对若干次检测或考试的答题情况进行线状跟踪式的归因分析。动态质性分析可以连续记录学生的测试数据,也可以连续记录学生的错误原因和问题情况,内容包含典型错误、学习习惯、情感态度等方面。精准跟踪学生的个性化学情分析,利于教师精准把握学生的学习变化情况,为提出个性化的教学建议积累资料(见表5-7)。

表5-7 三次综合测试质性分析跟踪记录表

姓名	第一次综合测试				第二次综合测试				第三次综合测试			
	漏题	计算	审题	其他问题	漏题	计算	审题	其他问题	漏题	计算	审题	其他问题
			1		1		1				1	
		1							1			
		1				1	1				2	少单位、非题中原数列式
	1					1	1				2	少单位
		1					1				1	
		4	4	没约分、数据抄错		1	1				2	
		3	1	没约分		2	1	符号抄错			1	少单位、270千米=70%
		5				1	3			2	3	
		1		没约分			1					少单位
									1	3	1	
	1	2			1	2	1	计算没做完		1	1	书写

姓名	第一次综合测试				第二次综合测试				第三次综合测试			
	漏题	计算	审题	其他问题	漏题	计算	审题	其他问题	漏题	计算	审题	其他问题
										1		书写扣5分
	1	2	4			2	1	计算顺序错		3	3	
	1	1	2			2		没约分2次		1		
	1	2	1		1	1	1	没约分、符号抄错		3	1	
		2	1	没约分		1	1			1	1	梯形公式错、圆周长与面积公式混淆
		2					4	答不完整		3	4	数据抄错
		2	2	没约分		1	1			1		
		1					1					答不规范
		1	1			1					2	
			1			2		符号抄错、作图不标准		1	1	
		1	1			1					1	
	3	3				2	4			1		
	1	1		没约分	4	5	2		4		3	

　　如表5-7所示,教师面向每位学生,对连续三次综合测试的典型错误进行跟踪记录后,发现有的学生存在反复漏题、审题错误的习惯漏洞,还有的学生是计算能力低下或约分意识不强……通过动态跟踪分析,可以发现学生个性化的问题,也可以精准关注到学生的学习变化过程。

(三)讲评制度

传统的试卷讲评往往存在"老师激情四射而学生心不在焉""优生索然无味而薄弱生似懂非懂"等现象,其背后折射的是试卷讲评的内容精准性不足、讲评的方式单一无法激发学生学习主动性、讲评过程中难以兼顾不同层次学生的学习需求等问题。如何通过试卷讲评,加强学生对错题的反思,帮助学生巩固知识、增进理解,养成良好的解题习惯,形成一定的自我反思能力? 我们围绕"聚焦重点错题、优化讲评过程、多元精准评价"等方面开展了实践研究。

1.聚焦重点错题,避免平均用力

由于试卷讲评课的时间有限,教师必须将讲评的主要精力和时间集中到最突出的问题和学生最渴望知道的内容上来,为学生答疑解惑。

首先,从错误率入手,重点讲评普遍存在的问题且涉及教学重难点的错题,引发学生对原有错误产生"认知冲突",建立新的"认知平衡"。只有个别学生出错的知识点可在课后进行个别辅导。

其次,从错误原因入手,可分为四种错误:①知识性错误,表现为概念、公式、定理和法则等理解错误;②逻辑性错误,表现为思维混乱、推理不严、表达不清等;③策略性错误,表现为审题不仔细、解题时间分配不合理等;④心理性错误,表现为缺乏坚强的意志和信心,受题目难度、题目类型或测试环境的影响,产生畏惧、焦虑、紧张等心理状态,从而使本来会做的题也不能完成等。在试卷讲评课上,教师要重点补救知识性错误和逻辑性错误,可适时采用"故错法",对有些错误进行改编,目的是帮助学生厘清概念和法则,提升学生的逻辑思维能力。对策略性错误进行适当的方法指导,而心理性错误通常发生在个别学生身上,需要教师在课后悄悄地讲,进行一定的心理辅导。

2.优化讲评过程,激活学生内需

为了帮助学生高效地查漏补缺、提升试卷讲评的学习主动性和发展学生元认知能力,实施"自主订正—小组交流—全班对话"的试卷讲评流程,如图5-8所示。

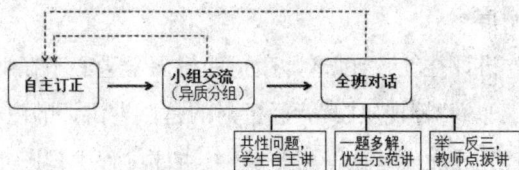

图 5-8　小学数学试卷讲评流程

（1）自主订正：在试卷讲评开始前，可以花几分钟让学生通览自己的错题，辨析哪些是"不应该错的、不需要老师讲评"（通常是策略性错误或心理性错误），哪些是"真正不懂、需要老师讲评"（通常是知识性错误或逻辑性错误），可以在试卷上直接做上不同标记。同时引导全对或者正确率很高的学生思考"哪些题目你觉得自己的方法很好""怎么讲才能让所有同学都明白你的意思"等问题，为接下来的小组交流做好准备。这样做可激活学生试卷讲评的心理需求，帮助学生更好地参与试卷讲评。

（2）小组交流：交流前，先进行学生异质分组，再引导学生小组交流，把自己解决不了的问题抛出来，请组内同伴充当"小老师"讲评，发挥学生差异资源的优势，调动不同学习水平学生的积极性。教学是一种交往，是相互的过程，因此，小组交流要让每个学生拥有参与和表达的机会，在讲评顺序上要优先照顾学习薄弱生，让他们先讲讲自己理解的错题，其他同学倾听和质疑，在互相的思想碰撞中有所感悟。教师在这个过程中对小组交流的内容、方式进行指导。

（3）全班对话：在小组交流中无法解决的问题，可以组织全班交流。首先，教师抛出共性错误，给予在小组交流中已经获得经验和方法的同学"现学现卖"的机会，如果依然表达不清，允许"小组合作讲"，给组内成员互相补充的机会。其次，针对一题多解的试题，提前安排好各种方法的讲评顺序，采用"优生示范讲"，体现方法的逐步优化或拓展。最后，教师可以进一步引申，通过"教师点拨讲"，加强相关试题间的联系和沟通，从"一道题"到"一类题"，促进学生认知模块的建构。此外，师生及时评价解题策略、解题习惯，凸显画图法、圈关键字等方法在数学学习中的地位，培养学生良好的数学学习习惯。

3. 多元精准评价,促进自我反思

试卷讲评离不开"评"。通过学生自评、教师点评、家长评价等方式,对学生的测试情况进行精准的评价分析,促进学生的自我反思,发展学生的元认知。在评价过程中,需要关注评价主体的多元化、评价内容的全面性和评价方式的多样化。

学生自评是指学生自己分析错因,提炼和总结优秀解法,制定改进措施等自省活动。无论是试卷讲评前的自主订正,还是试卷讲评后的自我分析,都能促进学生自我反思、自我监控、自我调节(见图5-9)。

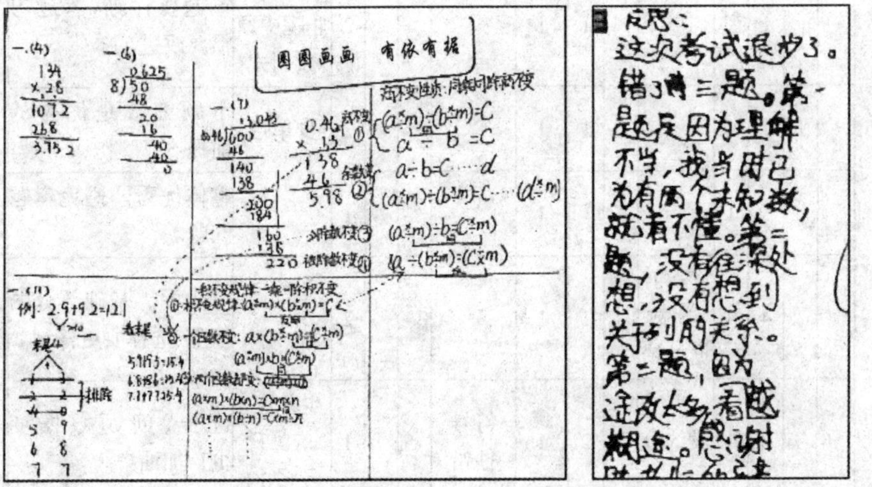

图5-9　学生自评——纠错和自我分析

教师对测试情况的专业化点评往往受到学生的高度关注,尤其是对学生的个性化点评,学生通常会非常重视。教师可以在阅卷和质性分析过程中完成,针对某一个错误、某一种方法或整体情况写文字点评;也可以在试卷分析完成后,针对几次测试的变化情况对学生学习进行动态跟踪评价。教师评价既要指出问题、给出建议,也要对学生的进步和优点给予肯定,发挥评价的激励功能和导向作用(见表5-8)。

表5-8　教师点评

姓名	第一次综合测试				第二次综合测试				第三次综合测试				教师点评（测试情况对比）
	漏题	计算	审题	其他问题	漏题	计算	审题	其他问题	漏题	计算	审题	其他问题	
			1		1		1				1		进步大！继续努力！
		1						1					整体优秀！关注错误原因，继续努力。
		1					1				2	少单位、非题中原数列式	审题要仔细，答题习惯要改进。
	1						1	1			2	少单位	审题细致是优秀的前提。
		1									1		整体优秀。避免审题问题。
		4	4	没约分、数据抄错	1	1					2		进步中。基础部分的填空、选择要更仔细。
		3	1	没约分	2	1		符号抄错			1	少单位、270千米=70%	进步，问题数据变少！加油！
		5			1		3			2	3		基础部分要更仔细。
		1		没约分			1				1	少单位	没考好。骄必败。
									1	3	1		有小进步！控制计算错误。
	1	2			1	2	1	计算没做完	1	1		书写	进步，问题数据变少！继续努力。
											1	书写扣5分	考试态度有反复，令人担忧。
	1	2	4			2	1	计算顺序错		3	3		计算不能错，审题要更仔细才会进步。

姓名	第一次综合测试				第二次综合测试				第三次综合测试				教师点评（测试情况对比）
	漏题	计算	审题	其他问题	漏题	计算	审题	其他问题	漏题	计算	审题	其他问题	
	1	1	2			2		没约分2次	1				问题数据变少，成绩不稳定。
	1	2	1		1	1	1	没约分、符号抄错	3	1		没约分、少单位	计算不能错，知识掌握欠扎实。
		2	1	没约分	1	1			1	1		梯形公式错、圆周长与面积公式混淆	复习各图形公式。计算不能错。
		2					4	答不完整	3	4		数据抄错	计算和审题问题多。调整状态，静下心来。
		2	2	没约分	1	1			1				问题数据变少，计算要零错误。
		1					1					答不规范	进步大！总结经验，继续保持。
		1	1				1				2		计算进步！审题再细致些。
		1				2		符号抄错、作图不标准	1	1			计算和审题要做到零错误。
		1	1			1					1		审题细致是优秀的前提。
	3	3				2	4			1			问题数据变少，审题进步大！还要努力。
	1	1		没约分	4	5	2		4		3		速度还是慢。

家长评价一方面可以让家长了解孩子的数学学习情况，给予孩子鼓励和建议；另一方面一段好的家长评价也能促进孩子对测试过程和结果的进一步反思。可以让家长直接在卷面上留言，也可以设计专用的测试评价单让家长、学生和老师一起填写评价（见图5-10）。

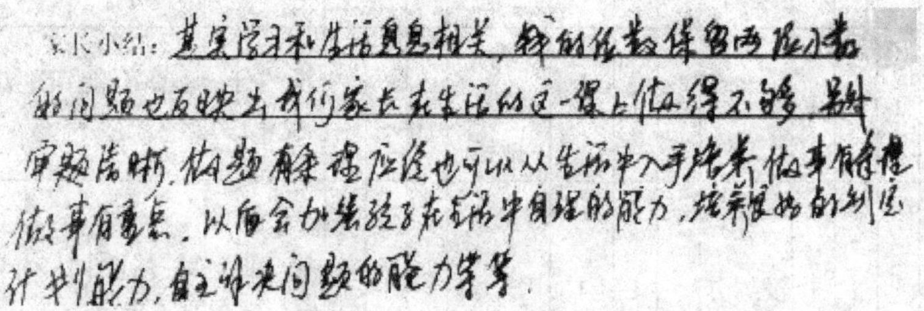

家长小结：其实学习和生活息息相关，保留小数保留两位小数的问题也反映出我们家长在生活的这一点上做得不够。另外审题清晰，做题有条理应该也可以从生活中入手培养，做事有条理，做事有重点。以后会加强孩子在生活中自理的能力，培养良好的创造计划能力，自主解决问题的能力等等。

图5-10　家长评价

（四）补偿制度

补偿制度是指在测试之后，通过分析学生学习中的短板，进行有针对性的补充性练习，以便学生及时纠错；或者是对学生进行个别辅导，帮助学生进一步理解学习内容。

1.精准练习补偿

“只讲不练假把式”。在出卷、阅卷、讲评后，还要根据错误集中的知识点编制补偿性练习，目的是检测学生对知识点的巩固情况；或者根据错题“借题发挥”，一题多解、一题多遍、一题多联，培养学生的发散思维和创新思考。

【案例5-3】　学生“常做常错”引起的思考

●学生错例

人教版五年级上册“小数除法”单元测试后，发现个别学生对于商中间有0的除法总是常做常错，总是把商中间的“0”给丢了。

8.12÷0.4=2.3

6.21÷0.03=27

14.21÷7=2.3

一位学生还拿着错例跟我说:"老师我没错呀!"我一看是商中间有0的除法,马上提示:是不是不够除时又忘记0了。学生顿悟。

在试卷分析和讲评后,我设计了补充练习。

● 补充练习

1.针对性补充练习。

(1)补充四位数除以两位数的不同类型的整数除法练习,巩固"商0"。如:

1260÷12   1308÷12   1407÷12

(2)补充五年级上册"小数除法"商中间有0的典型练习,通过不同题型帮助学生加深理解。如:

0.544÷0.16 (除数的小数位数比被除数少一位)

1.26÷0.12=10.5(除数的小数位数与被除数相同)

0.0126÷0.12(除数的小数位数比被除数少两位,也可以借助上一题的答案,根据被除数的变化规律推导出正确的商)

2.增加题组练习。

设计不同类题组,强化学生计算技能。针对商中间有0的除法,反复出现的错误。设计同类型题组加强练习,并且让学生检验,通过验算反思、发现自己的错误,加深对此类题的印象。如:13.08÷12,13.08÷0.12,1.308÷0.12。

【案例5-4】 "寒假新时空"微课

期末测试后，根据学生的测试中反映出来的典型问题，教师为孩子编写了针对性的"寒假微课"，供学生巩固新知和提升能力。如在2017学年第一学期期末，在黄升昊校长的指导下，采荷三小教育集团数学组老师一起为浙江教育出版社编写"寒假新时空""聪明题"的微课，获得了家长和学生的好评。

"寒假新时空"微课课件截图如下。

"寒假新时空"微课上线截图、用户评论截图如下。

从上面两个案例中可以看出,补偿性练习可以在试题讲评后采用及时性的变式练习(见案例5-3),也可以是一段时间后对学习内容进行整体性的补测,还可以是利用假期作业布置,进行阶段性的强化巩固练习(见案例5-4)。

2.精准个辅指导

试卷讲评课主要是解疑大部分学生的共性问题,对于个别学生存在的个性化特殊问题,就需要教师课后与学生个别交流意见、进行精准的个别辅导。这部分学生的知识基础相对薄弱、学习能力相对低下,教师在个别辅导时要兼顾学生情感态度因素,引导其克服学习困难,提升学习信心。经过前期的数据采集和质性分析,教师对这部分学生的知识结构、能力分布、强弱项已经有了充分了解,可以为他们制定一份个性化练习或学习建议。除了面对面辅导外,还可以充分利用信息化技术(如微课、QQ等)进行在线辅导。

【案例5-5】 "生生师徒制"之初探索

上学期,我发现每天中午仅有的时间只能用来清课堂作业,还时不时地开会、外出,学生有不懂的问题我根本无法及时解答,而这个班的两极分化情况又比较明显,在和邱老师的一次闲聊中,萌发了"生生师徒制"的灵感。

其他老师应该也有在做"生生师徒制",我的做法是结对、指导、评价。结对是根据学生学业成绩,异质结对,强弱搭配。这样下来,搭配到最后一组的"师徒"学业水平是中等且比较接近的,师徒间就会有更多的竞争性,师徒角色经常会互换。而学业水平相差大的师徒,理论上能起到较好的帮扶作用。学情登记册中的名单顺序,也根据师徒来排列,方便老师关注师徒学业变化情况。在实际操作中,教师指导非常关键。一开始,有些徒弟偷懒——既然有师傅,何必自己动脑筋?一有问题就张口问,没有充分的独立思考;也有些师傅不太管徒弟,甚至拒绝徒弟的请教,师徒工作比较散漫。发现问题后,我开了两次师徒经验交流会,树立起师徒工作优秀的典范,传授经验和方法。之后,"生生师徒制"走上正轨。实践发现,"生生师徒制"具有以下优势：①及时、便捷，徒弟有问题可以在课后随时请教师傅；②有效，同龄交流具有语言沟通优势，有时师傅的讲解比老师的讲解更易懂；③融洽，实行"生生师徒制"后，学生的人际关系、学习氛围也更好了。

一年下来，有的师傅会在过关检测后主动关心徒弟的成绩、询问是否有进步；有的徒弟会来询问师傅的成绩、看看自己有没有超越师傅的可能性。毕业前好几位学生建议我在以后的教学中继续保留"生生师徒制"。"生生师徒制"刚刚起步，做得还不到位、不深入，数学组有兴趣的老师们，我们一起再尝试。

除了"师对生"的精准个性化指导外，我们还尝试"生生师徒制"，进行"生对生"的精准互帮个别辅导（见案例5-5）。"生生师徒制"的本质是建立学习共同体，充分利用学生在知识背景、经验和各种非智力因素等方面存在的差异，"徒弟"身份的学习薄弱生可以及时有效地得到学习答疑。根据金字塔理论，"师傅"身份的学优生通过教徒弟，可以最大化地实现自身知识的巩固和提升。

苏霍姆林斯基认为，只评价学习的最终成果，而忽视学生的勤奋、努力程度，这是不公正的。不能把评价变成威胁人的东西，任何时候评价都不可变为贬低个性的手段。多元智能理论也强调，每个人都同时拥有八种以上智能，只是这些智能在每个人身上以不同的方式、不同的程度组合存在，使得每个人的智能都各具特色。因此，世界上并不存在谁聪明谁不聪明的问题，而是存在哪一方面聪明以及怎样聪明的问题，即学校里没有所谓的"差生"的存在，每个学生都是独特的，也是出色的。这样的学生观一旦形成，就使得教师乐于对每一位学生报以积极、热切的期望，并乐于从多个角度来评价、观察和接纳学生，重在寻找和发现学生身上的闪光点，发现并发展学生的潜能。这正是新课程对学生评价所倡导的改革方向，关注学生个体间发展的差异性和个体内发展的不均衡性，评价内容多元、评价标准分层，重视评价对学生个体发展的建构作用。基于这种认识，我们将学生"画像"的评价主要设定在即时性评价和阶段性评价两大功能上。

第二节　基于精准教学的综合素养评价

　　致天下之治者在人才。当今世界的综合国力竞争,说到底是人才的竞争。[1]人才的竞争,说到底是教育的竞争。教育兴则国家兴,教育强则国家强。党的十八大以来,以习近平同志为核心的党中央高度重视教育问题,习近平总书记在不同场合多次强调发展教育的重要意义,他明确指出:"中国将坚定实施科教兴国战略,始终把教育摆在优先发展的战略位置,不断扩大投入,努力发展全民教育、终身教育,建设学习型社会,努力让每个孩子享有受教育的机会,努力让十三亿人民享有更好更公平的教育,获得发展自身、奉献社会、造福人民的能力。"[2]小学教育作为九年制义务教育中的重要组成,是国民素质教育奠基工程中不可或缺的一部分,素质教育因此被赋予更多、更新、更高的要求。

　　过去几十年,我们一直在谈"素质教育",它"以全面提高人的基本素质为根本目的,以尊重人的主体性和主动精神,以人为的性格为基础,注重开发人的智慧潜能,注重形成人的健全个性为根本特征的教育"。那么,什么是素质呢?《辞海》中这样表述:①人或事物在某些方面的本来特点和原有基础;②人们在实践中增长的修养;③在心理学上,指人的先天的解剖生理特点,主要是感觉器官和神经系统方面的特点。可见,"素质"指先天的、原有的基础和本来的特点,而我们的学校教育更多的是指基于受教育者本性基础上的"实践中增长的修养",说其是"素养"更为确切。"素养"一词最早出现

---

① 新华网:"平语"近人——习近平如何关心人才工作。

② 2013年9月25日,习近平在联合国"教育第一"全球倡议行动一周年纪念活动上发表的视频贺词。

于《汉书·李寻传》："马不伏历，不可以趋道；士不素养，不可以重国。"意思是经常修习涵养，也指平时的修养。[1]它既是一个动词，也是一个名词。这和学校探索的学生综合素养评价有异曲同工之妙，它是在学生发展核心素养基础上的学生文化基础、社会参与、自主发展等的评价，不仅关注学生终结性评价，也关注学生形成性评价。

一、综合素养评价的目标体设定

学生发展核心素养主要指学生应具备的，能够适应终身发展和社会发展需要的必备品格与关键能力。结合中国学生发展核心素养，学校建构了精准教育背景下的核心素养目标体系，即以一个核心、三个维度、五个方面来整体设计学生综合核心素养评价体系。换言之，"精准教育"背景下学生综合素养评价以学生的全面发展为核心，分别从文化基础、社会参与、自主发展三个维度设计了健康素养、学习能力、行为礼仪、人际交往和实践创新五个方面的内容，以实现细化和精化的学生综合素养评价体系。

（一）健康素养

世界卫生组织提出"健康不仅是躯体没有疾病，还要具备心理健康、社会适应良好和有道德"。在此基础上，我们提出了精准教育体系下的学生健康素养评价标准，即学生在管理身体、认识自我、社会认同等方面的综合表现，具体包括形成健康的道德认识、拥有健康的体魄、具有健康的心理等基本要点。

（二）学习能力

文化是人存在的根和魂。文化基础，重在强调能习得人文、科学等各领域的知识和技能，掌握和运用人类优秀智慧成果，涵养内在精神，追求真善美的统一，发展成为有宽厚文化基础、有更高精神追求的人。

---

① 舒新城，等.辞海[M].上海：上海出版社，2002.

精准教育体系下的文化基础,既重视知识与技能的习得,更强调习得的过程,具体包括自我求知的能力、做事和解决问题的能力等基本要素。

(三)行为礼仪

行为礼仪是人类维系社会正常生活而约定俗成的道德规范。小学生行为礼仪即少先队员基本礼仪,既有社会行为礼仪的一般规范,又要符合学生年龄特点,结合《中小学生日常行为规范》,从仪表、礼仪等维度制定了小学生基本行为礼仪规范,具体包括注重仪表、礼貌待人、遵守公德。

(四)人际交往

社会性是人的本质属性。社会参与,重在强调能处理好自我与社会的关系,养成现代公民所必须遵守和履行的道德准则与行为规范,增强社会责任感,提升创新精神和实践能力,促进个人价值实现,推动社会发展进步,发展成为有理想信念、敢于担当的人。人际交往则是学生社会性最直接、最有效的体现,它表现在学生与教师、学生与学生、学生与家长之间的个体性交往和学生与群体之间的交往。

(五)实践创新

"中国学生发展核心素养"中明确了"实践创新"的具体内容,它指的是"学生在日常活动、问题解决、适应挑战等方面所形成的实践能力、创新意识和行为表现,具体包括劳动意识、问题解决、技术应用等基本要点"。结合"精准"特色,我们所指的实践创新侧重于问题解决,即"善于发现和提出问题,有解决问题的兴趣和热情;能依据特定情境和具体条件,选择制订合理的解决方案;具有在复杂环境中行动的能力等"。因此,其内容包括拥有质疑精神,并敢于尝试、勇于探究等。

二、综合素养评价的主体

评价主体是指那些参与教育评价活动并按照一定的标准对评价客体进行价值判断的个人或团体评价。评价主体的多元化有利于学生评价过程的客观性,精准背景下的综合素养评价从学校延伸到家庭、社会,评价主体包括教师、学生、家长,将教师的评价、学生的自我评价、学生之间的相互评价及家长对学生的评价多维融合,充分发挥评价的激励功能,尤其是促进学生发展的功能。具体的实现途径详见表5-9。

表5-9 综合素养评价

核心	评价内容	达成目标	实现途径	多元评价			
				学生		教师	家长
				自评	互评		
学生的全面发展	健康素养	健康的道德认识:1.尊敬国旗、国徽,会唱国歌,升降国旗、奏唱国歌时肃立、脱帽、行注目礼,少先队员行队礼。2.爱惜粮食和学习、生活用品,节约水电,不比吃穿,不乱花钱。3.不吸烟、不喝酒、不赌博,远离毒品,不参加封建迷信活动,不进入网吧等未成年人不宜入内的场所。4.敢于斗争,遇到坏人坏事主动报告	1.学科教学 2.少先队活动课程 3."走读杭州"学校特色课程				
		健康的体魄:1.坚持锻炼身体,认真做广播体操和眼保健操,坐、立、行、读书、写字姿势正确。2.积极参加有益的文体活动					
		健康的心理:1.不欺负弱小,不讥笑、戏弄他人,尊重残疾人,尊重他人的民族习惯。2.珍爱生命,注意安全,防火、防溺水、防触电、防盗、防中毒,不做有危险的游戏					

核心	评价内容	达成目标	实现途径	多元评价			
				学生		教师	家长
				自评	互评		
学生的全面发展	学习能力	自我求知的能力：1.虚心学习别人的长处和优点，不嫉妒别人。遇到挫折和失败不灰心、不气馁，遇到困难努力克服。2.积极参加学校组织的各种劳动和社会实践活动，多观察，勤动手。3.课前准备好学习用品，上课专心听讲，积极思考，大胆提问，回答问题声音清楚。4.课前预习，课后认真复习，按时完成作业，书写工整，卷面整洁。5.阅读、观看健康有益的图书、报刊、音像和网上信息，收听、收看内容健康的广播电视节目	1.学科教学 2.少先队活动课程 3."走读杭州"学校特色课程				
		做事和解决问题的能力：1.主动为家庭做力所能及的事；自己能做的事自己做，衣物用品摆放整齐，学会收拾房间、洗衣服、洗餐具等家务劳动。2.认真做值日，保持教室、校园整洁。3.善于发现和提出问题，有解决问题的兴趣和热情；能依据特定情境和具体条件，制订合理的解决方案；具有在复杂环境中行动的能力等					
	行为礼仪	注重仪表：衣着整洁，经常洗澡，勤剪指甲，勤洗头，早晚刷牙，饭前便后要洗手					

续表

核心	评价内容	达成目标	实现途径	多元评价			
				学生		教师	家长
				自评	互评		
学生的全面发展	行为礼仪	礼貌待人：1.尊敬父母，关心父母身体健康，听从父母和长辈的教导，外出或回到家要主动打招呼。2.尊敬老师，见面行礼，主动问好，待人有礼貌，说话文明，讲普通话，会用礼貌用语。3.不骂人，不打架；到他人房间先敲门，经允许再进入，不随意翻动别人的物品，不打扰别人的工作、学习和休息					
		遵守公德：1.养成良好的卫生习惯，不随地吐痰，不乱扔果皮纸屑等废弃物。2.诚实守信，不说谎话，知错就改，不随意拿别人的东西，借东西及时归还，答应别人的事努力做到，做不到时表示歉意。3.考试不作弊。4.保护环境，爱护花草树木、庄稼和保护有益动物等。5.爱护公物，不在课桌椅、建筑物和文物古迹上涂抹刻画；损坏公物要赔偿；拾到东西要归还失主或交公。6.遵守交通法规，过马路走人行横道，不乱穿马路，不在公路、铁路、码头玩耍和追逐打闹。7.遵守公共秩序，在公共场所不拥挤、不喧哗，礼让他人；乘公共车、船等主动购票，主动给老幼病残孕让座。8.不做法律禁止的事	1.学科教学 2.少先队活动课程 3."走读杭州"学校特色课程				

核心	评价内容	达成目标	实现途径	多元评价			
				学生		教师	家长
				自评	互评		
学生的全面发展	人际交往	个体交往:1.尊老爱幼,平等待人,不随意打断他人发言。2.同学之间友好相处,互相关心、互相帮助。3.接受老师的教导,与老师交流	1.学科教学 2.少先队活动课程 3."走读杭州"学校特色课程				
		群体交往:1.按时上学,不迟到、不早退、不逃学,有病、有事要请假,放学后按时回家。2.参加活动守时,不能参加事先请假;课间活动有秩序。3.积极参加集体活动,认真完成集体交给的任务,少先队员服从队的决议,不做有损集体荣誉的事,集体成员之间相互尊重,学会合作					
	实践创新	质疑精神:1.具有问题意识。2.能独立思考、独立判断;思维缜密,能多角度、辩证地分析问题,做出选择和决定等					
		探究精神:1.具有好奇心和想象力。2.能不畏困难,有坚持不懈的探索精神。3.能大胆尝试,积极寻求有效的问题解决方法等					

三、综合素养评价的载体

随着网络技术的日新月异,我们在传统评价的基础上积极利用现代技术优势,设计了专门的网络平台——数字童年,开展了基于数字童年的综合素养评价体系。

(一)建立学生成长电子档案库

数字童年平台的设计完全是根据学生发展的需要和学校在改革评价体系等背景下开发和设计的，它是师生之间、生生之间、家校之间无限沟通的最佳结合体。趣味十足、多向互动、自主开放的数字童年让学生用数字化的方式记录下数字时代学生的成长足迹，而这些电子化的档案将会陪伴学生走过整个小学阶段。

每月的"采三之星"。学生只有通过每个细节的日积月累，在文明、勤学、健体、实践、兴趣等方面力争上游，才能在当月脱颖而出，登上"采三之星"的光荣榜。"原创天地"是学生智慧的结晶，爱好美术的学生可以秀秀绘画，喜欢书法的学生可以展示书法作品，爱好文学的学生可以将自己的优秀作文一一上传。这里还有学生最引以为豪的"累累硕果"——奖状、奖牌、老师的表扬信，成长中的每一点进步都会在这里体现。

"第二课堂"活动档案，以"物化成果+网络档案"来实现对学生的课程评价。物化成果是指学生活动中的一些作品、资料等，网络档案则记录着学生什么时间去了哪里，包括简单的参观照片、简短的参观体会等，充分发挥市民卡的作用，将校外的"第二课堂"活动、校内亲情电话等功能整合在一起，真正做到了让社会资源助力学生的成长。

"雏鹰争章"是数字童年上的少先队考章平台。我们根据每个年级的雏鹰争章目标设计了相应的考章内容，将平时的实践活动与雏鹰争章相结合，学生只有注重积累、积极思考，才能顺利过关，赢得相应的奖章。学生通过网络平台完成争章，并体现于期末的成绩报告单上。

(二)完善学生纸质评价记录

评价具有检查、诊断、甄别、激励等多种功能，传统的纸质评价在考查学生实现各学科课程标准的程度上有极大优势，充分发挥其纸质评价的多种功能，进一步扩大其反馈、激励和有效地促进学生发展的效能。学校对学生的纸质评价记录进行了大刀阔斧的变革，从纸质评价的封面设计到评价内容的选择都做了系列调整。

首先是对纸质评价记录的封面改革。我们改变传统的"一刀切"模式，将学生个性化的绘画、书法作品放到纸质评价记录单的封面，一个学生一份纸质评价记录,实现了纸质记录的私人定制,极大地发挥了评价的激励功能。

此外,我们对纸质评价的内容也进行了微调,分别从"队员学业评价"和"雏鹰争章"两大板块着手,细化了学生学业评价和综合素养评价。过程性评价、阶段性评价、态度与习惯等方面对学生进行基础课程、拓展课程、体质健康的学业评价模式,全面地记录了学生的学业发展状况;基础章、特色章、辅导员寄语及荣誉等,对学生的其他素养进行了细化的评价;两者结合,有效地完善了综合素养评价体系。

(三)创新低段学生非纸笔"模块游考"

改革评价体系,第一阶段从一、二、三年级开始,推行过程评价清晰化,即设计过关检测,可以多次检测,记录学生学习过程中知识与技能掌握情况;阶段评价模糊化,即对学生学期评价采取语言描述性评价为主,对期末检测的成绩和平时过关检测进行综合评价。

根据浙江省教育厅《小学低年级语文和数学教学要求的调整意见》关于改革评价方式的要求,学校借助DO都城的优质场地资源,结合本学期的学习内容,同时体现语文和数学的知识,将期末考试设计成情境体验的模式,同学们在逼真的社会生活环境中,通过情境体验、团队合作、任务挑战等形式的活动,展示自己的知识成果。考试不再是枯燥乏味的试卷,而是变成了妙趣横生的情境体验。这样的综合素质考查方式,不仅能让孩子把课堂所学知识运用于实际,还能培养孩子的独立自主和合作创新意识。寓教于乐、寓教于生活。同时,一、二年级的学生离开题海,通过游戏评价综合素养,为他们带来了美好的童年。

传统的评价方法往往以纸笔考试为主,简单地以考试结果对学生进行分类,过分注重分数,强调共性和一般趋势,而忽略了个体差异和个性化发展的价值,忽略了对创新精神、心理素质、态度、习惯等综合素质考查。而采荷三小在探索新的评价模式过程中,无疑做了一个很好的尝试。老师们尝试根据评价目的、性质和对象,采用口语交际、创意设计、实践操作等灵活多样、开放的评价手段与方法来关注学生个性化发展的需要,将评价主体多元化,评价内容生活化,评价手段多样化。

四、综合素养评价的实施

在明确了综合素养评价的目标、主体、载体之后，就要将综合素养评价付诸实施。在实践中，我们采用了多种评价方法，以保证评价能够真实地反映学生的综合素养。

(一)确定评价活动主题和场地

在评价活动中，我们首先要做的就是根据评价目的确定好每一次的活动主题，分析活动中需要借助的社会资源，然后根据场馆的特点与主题的契合度去选定活动场馆。下面以"DO都城小社会'采'摘梦之星——快乐职业体验之旅""低碳科技馆'挑战不可能'——我爱地球家园""生活超市'挑战不可能'——我是生活小达人"三次活动为例，介绍我们如何围绕评价目标选定场馆以及如何设计相关活动。

1.DO 都城小社会 "采"摘梦之星——快乐职业体验之旅

为了让孩子能在真实情境中通过体验的方式了解社会中不同职业的工作特点和必备的基础技能，以此培养学生健康的生活理念，必要的生活技能，同时进行人际交往，提升学习能力和创新能力，我们开展了"摘星圆梦的快乐职业体验之旅"综合评价活动。

杭州"DO都城"少儿社会体验馆是国内首家、场馆规模亚洲最大的少年儿童体验类教育场馆。在那里，孩子们可以像大人一样，在安全互动的环境中尝试各项工作，体验真实的社会活动，理解通过劳动取得报酬的生存道理，为未来的健康成长和职业发展打下良好的认识基础。DO 都城为孩子们提供了上百种职业体验的机会：消防员、宇航员、考古学家、记者、医生、机长、设计师、主播、驾驶员、建筑工人……学校低段期末非纸笔测评活动以 DO 都城场馆为依托，为学生提供真实的社会生活环境，激发学生自主参与，综合运用所学知识，开展团队合作，在完成挑战任务的过程中测评综合素养。

(1)围绕主题和学科，选定内部活动场馆。根据年段活动主题和场馆特点，在活动的准备阶段所有任教一年级的老师采用"焦点讨论法"进行了多次活动和场馆选定的讨论，围绕一年级各类学科知识能力目标的达成要求，选择合适的挑战项目，以"DO 都城小社会'采'摘梦之星——快乐职业体验之旅"为例,具体选择的场馆见表5-10。

表5-10 一年级综合素养评价的场馆

年级	评价场馆	
一年级上	考古研究院 邮局 环境监测 电视台	魔术屋 邮局 银行 创意工坊
一年级下	语数整合场馆:电视台、集市坊、粽子铺、考古研究院	

从表5-10可以看出,我们的综合素养评价根据各类学科的知识能力目标达成要求,选择相应的场馆进行,以便在真实情境下考查学生的综合素养,其他年级同样如此。

(2)根据评价目标,设计活动方案。综合素养的评价是通过真实场景下的活动来进行的,因此需要设计好活动方案。

【案例5-6】 "集市坊"活动方案

一、活动目标

1.在认识商品的过程中,认识嘟嘟币,会认各种商品的价格。

2.在挑选商品的过程中,积累古诗词,感受传统文化。

3.在付币、找币的活动中加强体验,培养思维的灵活性。

4.通过亲身体验购买的过程感受学习与生活息息相关,激发学生对学习的浓厚兴趣。

二、活动准备

1.材料准备

(1)9张任务卡。

任务卡1、2、3:小朋友,请你挑选3件商品,价格正好50元。

任务卡4、5、6:小朋友,请你挑选3件商品,付的钱数少于20元。

任务卡7、8、9:小朋友,请你挑选3件商品,付的钱数在45~50元。

(2)30个小香囊,30张和中国传统文化相关的小书签,30把有古诗词的扇子。

(3)各种商品的价目表。

商品	香囊	小书签	扇子
单价	10元5角	1元	24元5角

2.文学内涵(古诗题目以及生字)

《春晓》《小池》《池上》《赠汪伦》《画鸡》

二十四节气:春分、秋霜、小满、大暑

节日:清明、端午、重阳(注音)、除夕

传统食物:粽子、汤圆、月饼(注音)、麻花(注音)

神话人物:牵牛、织女、玉兔、吴刚

综合:鞭炮、年画、书法、二胡

三、活动流程

1.进入场馆前,每个小朋友分到50元嘟嘟币和一张任务卡。

2.认一认各个面值的嘟嘟币和自选商场内商品的价格。

3.根据任务卡的内容挑选商品,然后到收银台支付相应的嘟嘟币。

4.从购买的商品中挑选两样,其中扇子上写有两首古诗题目,学生可以选择其中一首进行背诵。香囊以及书签则分别有一组词语,如二十四节气:春分、秋霜、小满、大暑,学生进行认读。

四、评价标准

1.能正确认读两个及以上词语,并能背诵一首古诗的为五角星章;不能完成任务的为红旗章。

2.能够根据任务卡要求,正确挑选商品的为五角星章,不能完成任务的为红旗章。

3.文明素养。

①遵守秩序;②爱护环境;③礼貌待人;④安静有序;⑤不离队伍;⑥尊

重队友;⑦积极合作;⑧乐于助人。

其中任意一项不符合取消"优秀",为"合格"。

【案例5-7】 "考古小专家"活动方案

一、活动目标

(1)在收集古董、对古董观察分类活动中,能根据词语类型对古董卡片进行分类,并能看词语填充量词,培养思维的灵活性和语言表达能力。

(2)通过体验观察、分类的过程,感受学科知识与传统文化的紧密联系,激发学生学习的积极性。

二、活动准备

1.活动过程

(1)通过老师简单讲解,让每个孩子明确活动要求。

(2)根据任务卡去挖取古董,并收集、观察和分类。

(3)观察古代传统文物图片,填充合适的量词。

2.材料准备

(1)准备36张古董小卡片(分为相同的两组),分别用浅色厚卡纸打上分类词语。

①食物:莲子　绿豆(dòu)　苹果　杏子　牛奶　红枣

②文具:毛笔　尺子　橡(xiàng)皮　书　笔袋(dài)　彩纸

③动物:恐(kǒng)龙(lóng)　黄牛　黑猫　鸭子　乌鸦　狗熊

(2)准备8张古董图片,看图片填充量词。

一(颗)莲子　一(颗/碗)绿豆(dòu)　一(头)黄牛　五(只)苹果

一(堆/个)杏子　一(瓶/杯)牛奶　一(颗)红枣　一(支)毛笔

一(把)尺子　八(块)橡(xiàng)皮　四(本)书　一(只)笔袋(dài)

一(张/刀)彩纸　一(只)恐(kǒng)龙(lóng)　一(只)黑猫

一(只)鸭子　七(只)乌鸦　一(只/头)狗熊(xióng)

三、活动流程

每8~9人一组进入场馆。进入场馆前,每个小朋友听老师讲要求,明确任务:先到考古场地从土堆里每人随意挖取4张古董卡片,再到鉴宝场地根据小朋友发现的规律将卡片进行分类,最后进行量词测试,每人测试2道题。

四、评价标准

1.学习能力

能够根据要求,正确进行分类词语得1分,正确填写量词得1分,正确认读一个词语得1分(总共4个)。

评价标准:得5分盖五角星章,得4分盖红旗章,得3分盖笑脸章。

2.人际交往

(1)候场排队时,能做到安静有序、文明礼让。

(2)进入场馆之后,能有礼貌地向老师问好。

(3)在活动过程中做到认真倾听老师要求。

(4)与他人交流时能够正视对方的眼睛,大方自然;并能根据环境来调整自己的音量。

(5)不打断老师与其他同学的交流。

(6)在递游园卡的过程中,能双手递上并主动向老师说谢谢。

(7)同学遇到困难需要帮助时,主动伸出援手并能够鼓励其他同学给予帮助。

评价标准:做到6条及以上者为优秀,盖五角星章;做到5条为良好,盖红旗章;做到4条为合格,盖笑脸章。

上面的案例中,我们介绍了两个素养评价的活动方案。从中可以看到,通过学生在真实场景下的综合表现对学生的整体素养进行判断。显然,这样的评价方式能够较为准确地反映出学生的素养水平。

2.低碳科技馆"挑战不可能"——我爱地球家园

基于儿童视角、基于真实情境、基于学生核心素养,关注孩子的自主发展能力、公共空间意识和良好的文明素养,孩子们走进杭州低碳科技馆,进行以"低碳·环保"为主题的期末非纸笔测试活动,倡导绿色生活,挑战不可能,争做最好的自己,争创最强的团队。

中国杭州低碳科技馆是全球第一家以低碳为主题的大型科技馆，集低碳科技普及、绿色建筑展示等职能于一身的公益性科普教育机构，是孩子们了解低碳生活、低碳城市、低碳经济的"第二课堂"。在科技馆里，既可以让孩子们了解到环境学、力学、光学、生物学等学科的基础性知识，又可以在体验过程中将课内学到的各科知识巧妙地融合进去，还能以儿童的视角于无形中渗透生活常识，普及"低碳·环保"知识，倡导绿色生活理念。

（1）围绕主题，选定场馆内活动路线。活动共设6条路线，每条路线各设5关，采用小组合作的方式，根据提示，每找到相应的区域完成答题后，由志愿者盖章发给"垃圾分类卡"，表示闯过一关。按顺序完成5关，盖满5个章，集满5张垃圾分类卡后到一楼展示区将垃圾分类卡贴到印有垃圾桶的展板上，闯关活动结束。组长向志愿者领取有学校标志的爱心贴纸，贴在组员脸上。最后各小组拿出合作设计的宣传标语摆造型、喊口号、拍合照。

（2）根据评价目标，设计特色闯关活动。特色闯关活动是我们进行综合素养评价的又一种方式，这种方式更具有挑战性，因此也受到学生的喜欢。

【案例5-8】 闯关卡

【第一关】请在一楼"闪亮的圆点"处拼出"中国"两个字。

盖章处

【第二关】请到三楼"智能超市"，用一道乘法算式表示某类商品。

算式：   答案：

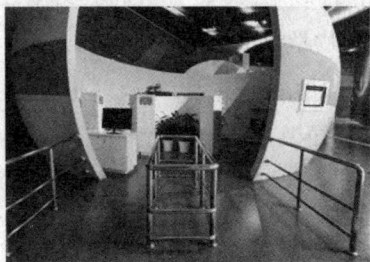

【第三关】请到三楼"低碳生活和低碳未来"展厅，找到"中国古代低碳智慧"，完成连线题。

桑基鱼塘   天车开采   坎儿井   水车磨坊

【第四关】请在二楼"低碳城市"展厅里找出两种低碳出行的方式。

【第五关】请在二楼"低碳城市"展厅的"热值大比拼"处，将各种"燃料"放到水壶下方的炉灶里，说出热值最高的是（   ），热值最低的是（   ）。

从上面这个案例可以看出,特色闯关活动实际上是用闯关的形式让学生完成具有挑战性的任务,在这个过程中,考查学生的综合素养。由于闯关活动具有较为浓郁的趣味性,因此受到学生的喜欢,在不知不觉中完成了综合素养的评价。

3.生活超市"挑战不可能"——我是生活小达人

为了让学生能在真实情境中感受生活,感受学习在生活中的运用,我们将学生带入超市,让学生以团队的形式在超市中完成各项挑战。

(1)围绕主题,设计团队挑战项目。本次综合测评先设计了团队挑战项目,孩子们现场抽签需要完成的任务,拿到挑战任务单之后需要即时进行团队分工,根据分工,合力完成团队项目,本次挑战一共设计了五个团队项目。

"挑战不可能"——市场调研员:在我们吃的零食、牛奶以及餐具中藏着许多小秘密呢!你能找到牛奶盒上的蛋白质含量吗?你能找到薯片中的脂肪含量吗?

"挑战不可能"——产品大促销:超市有哪些促销活动?比一比哪个最划算。

"挑战不可能"——营养午餐设计:学校的午餐需要考虑各种营养搭配,你能为同学们设计一份营养午餐吗?记住荤素搭配哦!

"挑战不可能"——课间点心设计:课间点心一向是小朋友们最喜欢的,你能为同学们设计一周的课间点心吗?注意要适合在学校里食用哦!

"挑战不可能"——Supermarket's plan:如果我想去买矿泉水应该往哪里走呢?请把超市某个楼层的平面图画下来,并提出自己的小建议。

（2）根据能力，选择个人挑战项目。完成团队挑战任务后，学生们就可以通过选取任务单的形式，进入个人挑战环节，同时获得相应的奖励经费，以助力他们完成个人挑战项目。同一队的学生们抽到的个人挑战项目不一定相同。在评估自我能力之后，选择适合自己的个人挑战项目。个人任务分为"谢谢您，（　）""小小生活家""今天我当家"。

"挑战不可能"——谢谢您，（　）："看！我的挑战任务是为父亲准备一份父亲节小礼物。"

"挑战不可能"——小小生活家："我的挑战任务是为家人们准备一份美味可口的营养早餐。"

"挑战不可能"——今天我当家："哈哈！我的挑战任务是为班级准备活动奖品！让我想一想，可以买点什么呢？"

（二）多元化设计评价主体

在通常的认知中，对学生进行评价的肯定是老师，但事实上，学生是一个完整的社会人，完全依靠老师来评价是远远不够的，因此我们需要学生个人、学生团队、教师、家长和社会专家组成评价共同体，根据各自的特点，发挥他们在评价中的作用，评价的效果才会事半功倍。

（1）学生参与评价。在"DO都城小社会'采'摘梦之星——快乐职业体验之旅"的综合评价活动中，采用六年级学生带领一、二年级学生的形式，分组进入场馆完成评测活动。一年级学生在六年级组长的带领下，进入一个个逼真的社会活动场所，主动运用已有的知识与技能，在完成测评任务的同时，也提升了综合素养。

六年级学生在带队时，要对低段学生在参加活动、场外等候等过程中展现出的行为礼仪等情况进行观察和评价，主要从"爱护环境""自律守纪""文明有礼""团结合作""积极参与"等几个方面进行评测（见表5-11）。为了确保小组活动有序地开展，六年级的小组长们想出很多好方法。有的组长为小组成员佩戴统一的徽章、袖章，以便识别组员，清点人数；有的组长为更好地激励组员遵守规则、有序活动，采用激励机制，分发奖励贴纸、小糖果等；有的组长为组员们讲故事，消磨场外等候的时间。从六年级组长们活动后写下的参与体会中看到了他们的成长和进步。在体会教师日常工作辛劳的同时，他们收获了组员们的信任和感谢，体会到了认真工作带来的幸福感和满足感，自身的管理和组织能力也大大提升，并积累了一些与人交往沟通的技巧和宝贵经验。

表5-11　2017学年第一学期六年级带队学生评价表

2017学年第一学期一、二年级期末综合素养评测活动学生"行为礼仪"评价反馈表

【案例5-9】　部分六年级小组长的活动感言

谈谈你的
带队感受

> 平时看老师带学生总是那么教游刃有余，自己带起来就觉得原来也不是那么好不容易给他们整顿好队伍，下一秒就变得一团乱麻，本想用一些克进恶治，"使他们听话一点，结果，把自己分配到的时间浪费掉，虽然这些"小恶魔"们让我干忙前乱，但我还是把他们都将在了他照顾下在放想的结尾的时候，来了一个小朋友，递给着他们做好的作业对我说："组组，这个送给你。"也许，这样，我也就开心了吧。

谈谈你的
带队感受

> 我觉得有点辛苦，特别是最后有一位队员走丢了，我就在嘟嘟城里找了很多遍，最后终于找到了。当时我都快急哭了。但还好最后还是找到。所以我还是挺开心的。经过这次的活动，我体会到了做老师真的很辛苦。

谈谈你的
带队感受

> 其实，我们六年级同学这一些冬的印象十分深刻最主要的是对于时间的安排有些人一个半，排号很长的队还没有完成，这两那些两边一起排队的人是很快就完成了，所以这一次我知道了运用时间的人才是历害的。

从上面这个案例记录的学生感言中可以看出，他们在参与评价工作中有辛苦和劳累，也有满足与喜悦，更重要的是，他们在实践中学会了如何进行管理和组织，学会了与同学交往和沟通，提高了自己的能力。

（2）教师参与评价。在"低碳科技馆'挑战不可能'——我爱地球家园"活动中，为评价孩子们的自主发展能力、公共空间意识和良好的文明素养，本次活动采用小组自主管理模式，不设小领队，只设文明礼仪观察员，对各小组的表现进行评价。为确保活动安全、有序地开展，在每个楼层相应的点设立观察岗，由教师进行观察性评价，相关操作如下。

①文明礼仪评价员9位，分布在三个楼层相应的活动区域，对各组学生在闯关过程中的文明行为做出客观的评价，并对不良行为进行提醒、引导。

②三个楼层共设13处安全岗，由教师观察引导，维持秩序。

此外，也有部分教师是在学生进行每一个项目的挑战过程中进行评价，观察团队能否根据挑战项目进行合理的分工，学生能否有效地参与整个活动过程。

（3）社会志愿者参与评价。为了更加公平公正地评价学生，我们在"生活超市'挑战不可能'——我是生活小达人"活动中，聘请了具备教育教学能力的社会志愿者对学生进行跟踪式评价,观察学生在团队项目中的各类表现,观察学生在障碍点的表现,进行跟踪式的记录,形成活动记录卡。

同时为进一步评价学生们的社会空间意识,我们在超市的不同地方设置评价点,志愿者身穿便装,再现孩子们在生活中遇到的各种问题,观察学生们的表现,在真实的情境中予以最客观的评价。在"生活超市'挑战不可能'——我是生活小达人"活动中,我们设置的评价项目如下。

①散落物品,是否捡起? 在二楼散装休闲食品位置,散落一些食品,观察小朋友是否可以主动捡起,观察者由志愿者担任。

②他人问路,是否文明回应? 设计超市志愿者向学生问路,观察学生是否使用文明用语进行友好回应,如"请""没关系"……

③路遇推销人员,是否容易受影响? 志愿者当推销人员,比如,推销人员干扰小朋友购买物品,看小朋友在推销员的干扰下,是否还能够买到自己需要的东西。

④购物篮使用之后,能否放回原位? 观察小朋友在使用完购物篮之后,能否放回原来的位置。

⑤捡到钱时,能否寻找失主归还或找超市管理人员进行处理? 志愿者在二楼楼梯口假装掉下若干元人民币,观察小朋友能否及时归还给失主,在找不到失主的情况下,能否找到超市的管理人员进行帮助。

(三)多维度创新评价载体

在综合素养的评价过程中,我们也不断地对已有的评价载体进行改革、完善,使评价载体能够更好地实现评价功能。

1.趣味化的游园卡:为每一次挑战记录

在我们的期末综合评价活动前,学校都会根据评价重点、活动内容等,设计个性化游园卡,及时记录学生们在评价活动中的情况。

以"DO都城小社会'采'摘梦之星"评价活动为例,设计的游园卡正面内容包括活动导语、游园场馆名称、评价栏等内容,游园卡背面为活动场馆所处的具体位置。游园卡图案和背景的设计凸显童趣,每个学期都会进行微调和改进。如此精心设计的游园卡不仅增加了学生的游园积极性,还使整个评价活动有序开展。

【案例5-10】 一年级上游园卡设计稿

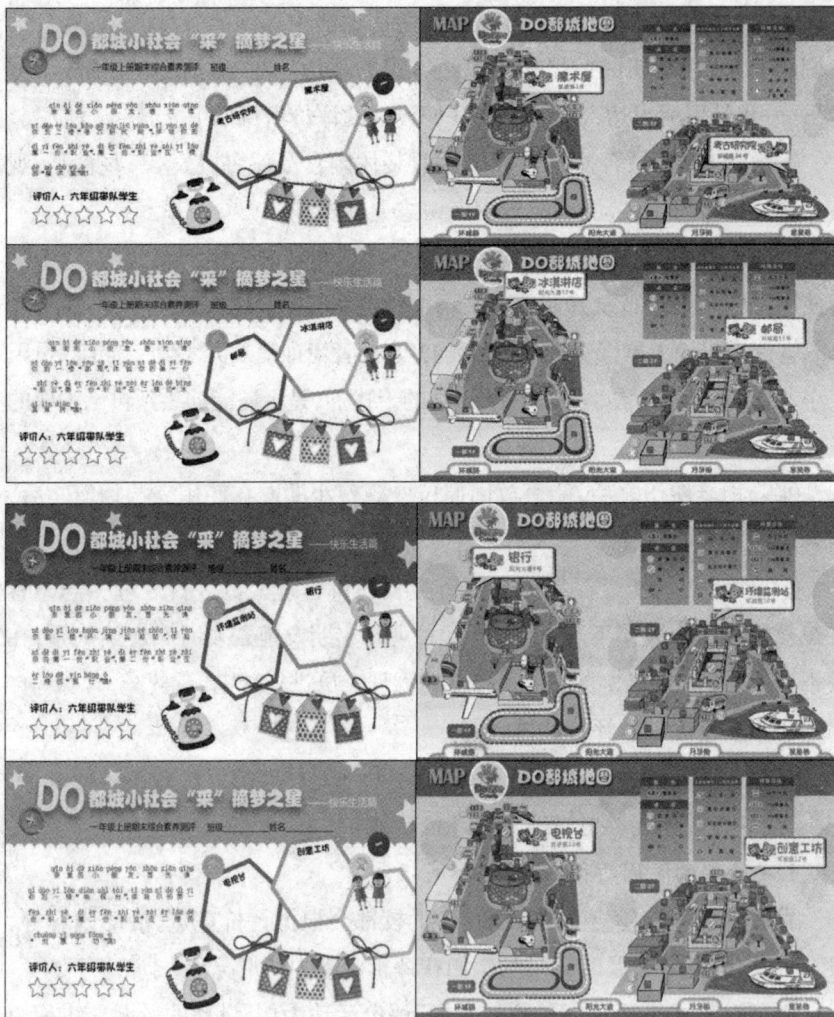

从上面这个案例中可以看出，随着我们对评价载体的完善，一年级的游园卡变得更加色彩丰富，符合一年级小学生的审美需求，游园卡的记录方式也更简洁明了。

2.数字童年:给每一种可能肯定

学生都是不一样的,他们有着个性化的思考方式,对同一个事物有着不同的理解,在不同的能力维度上有着不同的收获,但在现实的学校生活中,不同的学生缺乏同等地展示自己观点、想法、才能的机会,或者说,缺乏展示他们特有能力的机会,在整齐划一、千篇一律的课堂教学中,这种情况更加严重。

自2013年开始,学校实施了以数字童年为载体的过程性评价和总结性评价相结合的评价体系。学校对学生的评价方式是多元化的,在核心素养报告单中,除了基础学科评价外,还纳入拓展课程评价,以激发学生个性化发展需求。评价过程采用自评、学生互评和教师评价相结合的方式,既公平又真实。学生、教师、家长共同参与,将学生日常学习生活点滴、课外自主学习、少先队活动实践能力等各方面情况即时记录在数字童年平台。

教师可以在平日收集整理与学生相关的大量信息,除了日常表现外,还可以有好人好事、作业完成情况等。此外,教师还可以针对学生的学习情况做出及时、详细、全面的评价,或进行方向性的引导,帮助学生改变学习的方法和态度。家长通过数字童年平台可以及时了解孩子的心理动态,有针对性地进行教育。同样,各任课老师也可以通过数字童年平台了解班级的整体表现、班级活动等。

一对一评价:在学习评价模块,学生每月可以看到班主任或任课老师对自己学业或行为习惯等方面的具体评价。

有了数字化交流平台,学生写完作业后,可以打开电脑浏览同学的最新日志、图片、留言,学习他们的优点,还能向老师阐明心里话,促进了师生的和谐关系,给予每一位学生展示的平台,实现了跨年级评价、跨学科评价。

3.个性化学业发展报告:为每一种结果喝彩

在"DO都城小社会'采'摘梦之星"评价活动结束后,老师们会根据游园卡上的"场馆活动"评价等第、六年级小组长给出的"行为礼仪"评价和平时成长档案袋中的记录进行数据折算,算出每位学生相应的综合素养板块得分。借助分析软件生成一份简单清晰的能力维度雷达图,并结合每个维度,给出简要的评价语,以供学生了解自己的发展优势和努力方向。

【案例5-11】 2017学年第一学期学业评估报告

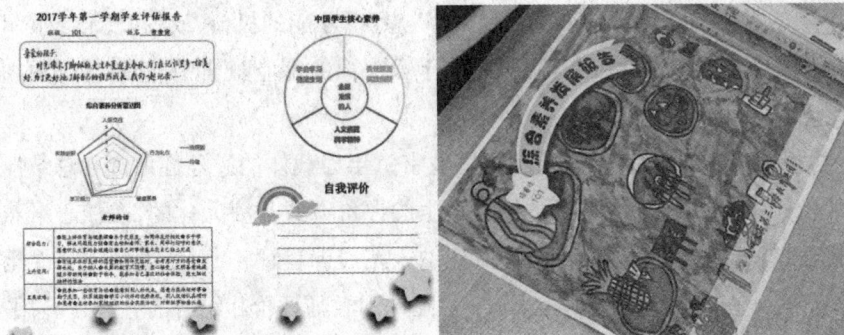

从上面这个案例中可以看出，这份学业评估报告的封面上印的是学生本学期最优秀的一幅美术作品，如此独一无二的素养报告给了学生展示个性的可能。

第六章

重构:基于精准教学的管理创新

　　学校教学是一个复杂的运作系统,既包含备课、上课、课外辅导、作业批改等内在的要素,也包含教学设施、教学设备等外在的要素。要使这些要素能够有机结合,达到最佳的教学效益,就需要在教学管理上下功夫。但在传统的学校教学管理中,往往不重视教育教学过程中的数据收集、存储和分析,而是依赖经验性的判断进行管理。随着学校精准教学的实施,就要改变通常的教学管理。本章着重就精准教学下的课堂管理和整体的教学管理两个问题进行阐述。

第一节　基于精准教学的课堂管理

在课堂教学过程中,教师为了完成教学任务,需要进行课堂管理,通过一系列的管理行为,创设良好的课堂秩序,保证课堂教学的顺利进行。因此,管理好课堂是开展教学活动的基石,教师必须不断地提高课堂管理的技能。在精准教学过程中,也同样需要教师做好课堂管理,以提高教学的实效性。

一、精准教学下的课堂管理特征

课堂管理是教师为了完成教学任务,调控人际关系,和谐教学环境,引导学生学习的一系列教学行为方式。管理好课堂是开展教学活动的基石,教师必须不断提高课堂教学管理技能。课堂管理的相关要素包括物理环境和课堂纪律,基本模式有三种取向:行为主义取向、人本主义取向和教师效能取向。学校管理水平、教师管理能力、学生学习行为、班级规模和班级的性质影响着课堂管理的效果。

精准教学下的课堂管理更青睐以人为本的管理,强调在课堂上尊重学生的利益、权利和需要,对课堂进行准确、科学的管理,更注重纪律、目标和效果。精准教学下的课堂管理有哪些特征呢?

(一)以人为本:课堂管理基础

学生都有不同的生活背景,不同的生活经历、经验和习惯,不同的知识水平和能力标准,这就决定了我们课堂的学习环境也应该有所不同。怎样在课堂中让学生标准统一? 我们要从学生的实际出发,尊重差异。课堂不仅仅是师生获取知识的地方,更是师生共同创造的场所。因此,要构建平等的人际关系,自由、安全、创新的认知发展空间,让他们无论是在行动上还是在心灵上,都有一种自由感、安全感、解放感。

(二)精准把握:课堂管理方法

在新时代的课堂管理中,充分利用教学信息技术及电子化设备采集学生的信息、数据可以实现管理的精确度,同时提高数据信息采集的效率、质量,拓展数据涉及的范围,为制订可行性更高的方案提供保障。具体而言,教师通过对课前信息、课上信息、课后信息的全过程采集、处理,实现对学情的精准把握,从而制订科学合理的方案,确保教学活动能够顺利进行。

(三)智能高效:课堂管理的形式

在新时代,教育教学与网络的关系更加紧密,网络可以为课堂管理提供智能化的支持,将互联网融入我们的工作、生活和学习情境。为了给孩子们提供健康的交友、学习平台,便于教师实现对课堂管理的调整,为开展管理工作提供依据。

就如采荷三小开启了数字化学生成长平台——"数字童年"架构了学生、家长、教师三位一体的协同教育模式平台,是一种集成web版与安卓、苹果应用实时同步的产品形态。其目标是保存学生成长状况的数字化平台,其中包括学生的生活状态、学习情况、交际能力以及他人评价等方面的数字化记录,更进一步提升课堂管理的精准化。

(四)有效发展:课堂管理目标

有效的课堂管理有助于促进学习习惯、学习行为,减少学生在课堂中发生问题,使教师能顺利组织教学,学生能专心学习,达到预期的教学目标。给予学生个性化的支持,在原有的基础上能够在课堂上得到最大化的提升,促进素养的发展。

二、精准教学下的课堂管理创新

依靠大数据进行的精准教学,改变了传统课堂教学的模式,也必然对传统的课堂管理提出了新的要求,即需要教师进行课堂管理的转型和创新。

(一)方式创新

教师的课堂管理是通过一系列行为方式进行的,如调控人际关系、和谐教学环境、引导学生学习等，因此，课堂管理的创新，首先就是管理方式的创新。

1.由教师主导转化为多方合作

精准教学背景下的课堂管理方式就是要把过去的以"教师主导"为特征的模式转变成"多方合作"的模式。鼓励学生参与合作，将课堂的管理权从教师独享转变为全体课堂成员共享。通过分小组合作，建立学生自主组织，引导学生团体合作、共同探究，树立团队精神。

【案例6-1】 基于学习小组的自主学习

合作学习是在音乐课堂中实现课堂管理的有效方法，是学生实现有效学习的重要方式，能充分调动学生主动参与各种音乐实践活动的积极性，培养学生感受音乐、表现音乐和创造音乐的能力。在音乐课堂管理中，有效地将合作意识与音乐审美实践相统一。由于学生的性格、爱好、成绩不同，在课堂上会有潜在走神、讲话等现象。因此，依据学生的艺术特长及兴趣爱好进行分组，每组中有性格活泼的学生，也有文静的学生，尽可能让每位学生都能参与到学习中，使大多数学生都能完成合作学习，便于音乐课堂的管理。

教师可以尝试灵活分组合作学习。根据教学内容的不同，合作讨论的形式也不同，有的是多人完成的音符、节奏游戏；有的如歌曲的创编表演、歌词创编则需要小组合作，而音乐相关文化学习，小小音乐会则需要大组合作。因此，根据音乐表现、创造领域的不同，采取相应的合作形式，在教学中渗透课堂管理。教师将音乐课堂管理与音乐教学相结合，利用分组合作，音乐小舞台的形式将学生的凝聚力结合在一起。活跃了课堂气氛，使学生在宽松的氛围中发挥主观能动性，学生不仅能学到知识，而且进行了有效的课堂管理。

此外，教师在课前整体设计好各组或各个角色的具体任务，课堂时间的分配以及合作学习的预期目标，并在课堂上采取一系列有效措施帮助学生有序开展活动。教师扮好导演的角色，及时启发学生，组织知识结构。培养学生合作意识和实践探究能力，培养学生和谐的人际关系，同时也能认识到自己的不足，在合作中成长。

从上面这个案例中可以看出，教师通过划分学习小组，建立有效的组织活动规则和评价奖惩制度，选择小组负责人，从而使课堂真正成为学生自主学习、自我管理的"学堂"。

2.从减少行为问题到优化教学环境

精准教学背景下的课堂需要具有良好的教学环境氛围，这不仅有助于减少学生的行为问题的产生，还能够促进课堂活动的有效开展，扎实落实课堂教学目标。教学环境主要由物质环境和心理环境两部分构成。物质环境要适合于学生的学习活动，为课堂的生长和学生的发展创造良好的物质条件。心理环境往往可以表现出课堂群体的独特风格，对于师生的心理活动和课堂行为都有着巨大的影响力，是优化教学环境、落实教学目标的关键所在。

【案例6-2】 正确采用管理语言

在一个班集体中总有个别学生让老师头疼。他们普遍存在着共性:只接受表扬不接受批评，哪怕是教师一个批评的眼神，他们都会感觉教师不再喜欢他，于是自暴自弃，扰乱课堂，并希望借此得到教师的关注。如果此时教师再次用批评的方法解决问题，将会出现恶性循环，于是师生之间将会产生更大的隔阂。针对这样的学生，如果在音乐课堂中，教师可以这样来进行课堂管理:对他们课堂中出现的些许错误做法不要急于表态，只需偶尔用眼神加以提醒就可以。但是，当发现他们的注意力稍稍集中时，就要非常及时、夸张地鼓励他们，同时告诉他:"你这样出色的表现，一定会在本节课中收获累累。"与此同时，教师要时刻关注他们在实践活动中的一举一动，对他们的歌声、动作进行鼓励，使他们明白一个道理:之所以动作优美，是因为用心体会了;之所以歌声动听，是因为用情歌唱了……加上"激将法"，效果会更持久，例如，教师可以问:"有没有信心在下节课表现得更好?"当然，得到的答案是肯定的。下节课的课前,教师首先要提醒他:"你上节课表现很棒,这节课有没有信心让自己表现得更出色呢?"相信孩子们一定会信心满满地用自己的行动来告诉我们答案。从此,师生之间的紧张关系将逐渐被彼此的信任所代替。

从上面这个案例中可以看出,教师只有采用有针对性的管理方式和语言,才能够体现出教师的教学管理技能以及教学活动的科学性,学生的学习活动能够在教师的把握之中。

3.从单一的结果管理到动态的过程管理

过去的课堂管理是一种结果管理,更多地关注问题是否解决,解决的程度如何。在精准课堂背景下,课堂具有开放性、即时性和生成性,课堂的一切都处于动态之中,这时动态过程管理就显得非常重要了。在精准教学课堂中,教师要密切关注教学状态,进行有效的动态管理。在不同的课堂教学环节,课堂管理方式也要有所区别和调整。

【案例6-3】 音乐课堂的过程管理

在音乐课堂管理中,新奇的事物容易引起学生兴趣,创新思维有利于课堂管理,学生天性好奇,发散思维能力强。当教师提出的问题新奇,学生会将注意力聚焦在如何创新,课堂管理有序进行。在低年级,学生认识字较少,选择歌曲速度和歌曲动作的创编。如《国旗国旗真美丽》这首歌曲,轻快活泼的旋律朗朗上口,同学们一起讨论,为歌曲创编舞蹈动作,一起舞蹈,一起律动表演,选出自己组认为好看的舞蹈动作进行展示。对于歌词创编这样的创造可以放在中年级,例如,《童年的歌》中,通过改变成自己喜爱的卡通形象编唱到歌曲中,学生的创造性思维得到锻炼,也有利于音乐课堂管理的有序进行。高年级学生可采取歌曲旋律、节奏的创编等形式。创造音乐,聆听音乐,将日常生活中的各种资源,通过音乐创造融入歌曲中,学生不仅探索发现知识,而且能给予学生创造的空间,这样的音乐课堂管理则是有条不紊的。

从上面这个案例中可以看出，音乐课堂的过程管理应着眼于学情动态教学。教师需要针对不同年龄段学生的兴趣和能力，进行相关音乐教学活动的设计和组织。小学生在良好的音乐氛围和活动体验中，将不断提升自我管理课堂的能力，无形中提升了音乐课的管理效度。

(二)组织创新

在班级授课制状态下，由于班额较大，因此传统的课堂管理往往是教师控制型的。精准教学的实施，教师需要针对学生的差异进行教学，也就需要改变传统的课堂组织形态。

1.基于个体差异，满足学生个性化学习需求

小学课堂教学需要面向全体学生，但小学生存在个体差异，学习基础不在同一水平线上。因此，教师要正视学生的个体差异现实，彻底摒弃"大一统"思想，制定有针对性的教学策略，满足学生的个性化学习需求。针对这种情况，在课堂教学上教师可以借助 HiTeach 系统进行课堂组织。HiTeach系统是由互动电子白板、即时反馈系统与实物提示机等教学辅助工具整合而成的软件系统。除该软件系统的核心优势之外，教师需要设置有向、开放的核心任务链，围绕共同问题组织学生的学习活动，在生成中持续推进学生发展。

《教育信息化十年发展规划(2011—2020 年)》提出："以教育信息化带动教育现代化，破解制约我国教育发展的难题，促进教育的变革与创新。"由此可见，在课堂教学中，通过现代教育技术的应用，助力教学改革，是基础教育发展的趋势之一。

【案例6-4】 张老师的木工课教学

小学木工课程作为一门广受家长、学生喜爱的拓展性课程，应充分利用和发挥现代信息技术的优势，实现信息技术与教育教学的深度融合，使传统手工艺教学顺应未来社会的需要和发展。为了更好地满足和适应现代教育教学的需求，杭州采荷第三小学教育集团的张红叶老师近年来一直在努力将信息技术与木工教学深度融合，以提高教学效率，促进学生多元智能的发展。

在日常教学中，为了更快、更准确地收集学生的学习情况，张老师利用"答题器"，及时收集每一位学生的回答。利用智慧教室 HiTeach 软件对学生的回答情况进行后台统计，快速生成柱形图、饼状图等统计图，及时呈现学生的学习情况。对于普遍而又典型的错例，张老师会利用软件的"翻牌"功能，找到相应的学生及其具体情况，对学生的错误情况进行讨论和分析，"对症下药"。而对于个别情况，张老师可选择软件中的"推送内容"，将参考资料或其他辅助信息点对点推送给需要的学生，以提高课堂教学效率。

在面对复杂的实际问题时，小组合作学习能够促进学生自我发展，使学生优势互补，形成良好的合作关系。这也是新课程所倡导的学生学习知识技能的重要方式之一。但真正要将小组合作学习行之有效地开展，绝非易事。小学生合作意识不强，方法不当，容易在课堂上产生分歧，导致学习时间长，效率低下，而小组成果展示又面临一定难度，导致学生兴趣点降低等。张老师率领的团队，通过研究目前现有的信息技术软件，结合 HiTeach 智慧教室、希沃软件助手等，很好地解决了小组合作中存在的问题。比如，HiTeach 和电子白板都具有计时功能，能够促进学生在规定时间内围绕主题展开讨论。对于小组合作学习较好的小组，张老师利用 HiTeach 软件中的"计分板"功能，给予某某小组"大拇指""小星星"等作为奖励，学生可以通过大屏幕或者自己的平板电脑得知自己本节课的表现情况。通过这种操作，激发学生进行小组合作学习的兴趣，引导学生如何进行小组学习，增强各组团队合作的能力。在作品设计或成果展示环节，学生可以将自己的作品用平板进行拍摄，并利用 HiTeach 软件中的"递交内容"将照片、文字信息等发送给教师端，张老师可以同时呈现九个小组的作品或者选择一一呈现在大屏幕上，或者利用希沃软件助手将课堂上录制的视频进行播放，方便各小组进行学习成果展示和交流，也针对某一组合作学习成果进行单独的分析、修改。

上面这个案例反映的是拓展性课程通过现代教育技术的应用，克服场地、人手、资源等限制，提高教学效率的情况。其实，在基础性课程中也同样可以这么做,从而立足于学生潜能与特长,为其核心素养的发展提供充分支持。

2.基于同质异质,发挥学生合作学习优势

纵观科学技术的发展历程,离不开小组的协助和配合。科学发展越是迅猛,合作学习就越重要。科学、合理的分组是有效进行合作学习的重要条件。根据学习项目的难易程度不同,分成不同人数的小组。任务越难,组员相对越多,所给的时间就相对长一些。

【案例6-5】 科学课的分组学习

小学科学课不但要实现"知识的获取",还要注重"能力的培养",其途径之一就是让学生开展课堂小组合作学习。在科学教学中,应用有效的小组合作学习,能加强学生观察、分析、操作和研讨能力,培养学生主动学习的积极性和与他人合作的意识。科学合作小组内成员结构合理是合作学习取得成功的前提。某班总人数是36人,根据学生平时的学习态度、知识掌握情况以及动手实验能力,将该班学生分成优秀生和中等生和后进生三类,优秀生10人,中等生20人,后进生6人。班级共分成6组,分组时尽量做到男女数量差异不大。该班实行异质分组,每组基本由一个优秀生、两个中等生、一个后进生组成。在六年级的科学学习过程中,笔者发现:①实验操作类,异质分组分工明,组间交流共进步。在课堂合作过程中,异质组的组长能合理进行任务分配,记录员、操作员以及观察员任务分配合理,学生能有效参与到课堂实验中。一般情况下,能力较强的学生负责较困难的任务,能力较弱的学生负责较容易的任务,通过有序协调,有效提高合作效率。②观察实验类,组内容易一言堂,组间交流敲警钟。小组观察活动难以明确分配任务,组内的优秀生往往独当一面,容易造成其他组员没有经过自己的观察和思考就依样画葫芦,所谓的"小组结论",事实上很可能是"个人观点"。在小组汇报环节,一般也是优秀生全权代表所在小组,忽视了中等生和后进生在小组合作中的地位。但是,也总会有那么一些中等生或后进生发表自己独特的观察,令人眼前一亮。③设计制作类,组内成员齐用力,组间交流展风采。由于小组制作活动具有较强的开放性，一般以组内的优秀生为主，组织小组开展设计与制作。先头脑风暴，再确定设计草稿，然后进行分工(物资、绘画、制作、汇报等)，最后展示交流。

从上面这个案例中可以看出，在教学活动中，教师可以按照组内异质和组间同质的方式来组织小组活动。异质分组从学生的年龄特点和思维特点出发，在构成上要求小组成员在个性特征、才能倾向、学习水平、动手能力等方面存在合理差异。组内不同学生进行优势互补，将小组合作学习的效果最大化。在组内异质的分组下，各组间的学生实行同质是为了使全班各小组拥有相对公平的竞争环境。在组内优势互补，在组间共同进步，最终达成学生稳步发展的目标。

3.依托现代教学技术，精准把控学生学习状态

发挥现代化教学设施和教学手段，使之能辅助课堂教学，为学生的学、教师的教服务。苏格拉底智能教学分析平台能让教师在常规智慧教室的环境中，不需佩戴额外装备即可进行自动化教师教学行为数据的采集。系统收集到的数据将通过人工智能引擎的分析，在课堂结束后将教师的教学行为数据以图表的方式呈现出来，比如，科技运用频次、科技运用累计时间、科技互动指数、教法应用指数、科技运用分布图。这份报告所呈现的具体数据能把焦点集中在教学方法的精进上。与此同时，教学录像的记录能让教师更清楚地看到教学现场实际发生的状况，了解、分析学生的学习行为，从而对自己的教学实践有更深入的体会与反思。

(三)制度创新

在课堂管理中，为了避免管理行为的随意性，需要制定相应的管理制度，以保证教师的管理行为公正公平。随着精准教学的实施，也需要对传统的课堂管理制度进行创新。

1.从静态的制度管理到动态的过程管理

静态制度管理是通过系列化的管理体制，从而形成固定的课堂规则以及相对稳定的管理队伍来管理学生，如"教师—班长—纪律委员—小组长—普通学生"。但是在精准课堂背景下，课堂具有开放性、即时性和生成

性,课堂的一切都处于动态之中,这时动态过程管理就显得非常重要了。在不同的课堂教学环节,课堂管理方式也要有所区别和调整。在导入课堂内容、设置课堂学习情境时可以采用集体教学管理形式,课堂管理较为适用兴趣激发、情感引入的管理方式;在重难点问题探究时应该采用小组教学形式,课堂管理比较适用组织型管理方式;在背景知识、基础知识准备和练习巩固反馈时最好采用个别化的管理方式。

2.从死板的课堂常规管理制度到激励的契约式管理制度

行为契约式课堂管理模式是美国行为主义控制派提出的矫正学生行为的管理方法之一。根据行为契约的构成四要素,即契约主体、目标行为、奖励和惩罚、合同执行时间来执行课堂管理。通过制定行为契约的方法来帮助教师管理学生的行为,帮助学生达成自己的期望行为和矫正自己的不良行为,以此实现课堂内的人际和谐,为顺利开展教学创造一个良好的课堂环境。"自主合作契约式"管理是指在教师的监督下,在明确规范的规章制度下,学生因班级和小组的荣誉,自己在足够的活动空间中自我评价、自我约束、自我调节。学生在团结与合作的原则下,为自己的小团体累计更多分数,促使小组间的竞争,从而在一定程度上促进学生的个体发展。

3. 从指向结果的终结性评价到关注过程的多元互动评价

课堂评价能为课堂管理提供反馈,反馈是物质流动、信息交流和情感融合的必要保证,是各物质要件交流的信息回路,更是一个全面的系统。它对课堂管理具有积极的指导作用,对参与管理的人和接受管理的人都有着激励作用。教师对学生的评价是很必要的,但绝不能成为课堂评价的唯一方式。评价的功能主要体现为为课堂教学和管理提供信息,为管理决策提供信息保障,还能为管理效果提供验证性分析以促进管理者及时调整管理措施,评价的主体由一元向多元发展,评价对象由被动等待向主动参与发展,评价方式也向全方位、全过程、多角度、多层次、综合发展。鼓励学生参与评价、合作评价可以强化学生的自我管理意识、责任意识。因此,课堂管理创新必然包含多元互动评价这一重要环节。

三、精准教学下教师的角色地位以及策略

依据大数据进行的精准教学,要求教师摆脱以往的经验判断,也就是说,随着精准教学的实施,教师的角色地位开始发生了变化。

(一)教师是课堂教学的多面手

实施好的课堂管理,课堂教学的多样性是十分必要的手段。单一的教学方式,过于传统且一成不变的课堂教学模式会在很大程度上影响课堂管理的力度,不利于实现模式多样、多措并举的课堂管理。熟练灵活运用多种课堂模式,根据实际需要,及时变换调整、不断优化教学策略可以有效实现较好的管理。不同的学生对于不同的模式有着不一样的兴趣和接受能力,通过多模式的切换和应用,既能提高各类学生对于不同教学方法的接受能力,又能拓宽学生思维,培养综合素养,从而激发全体学生的学习兴趣,扩大教学的有效覆盖面。在这个过程中,学生能够不断得到新的刺激,减少重复模式下的学习疲劳,从而体悟课堂中学习的有效方法,甚至学会自我管理。教师不仅需要能够使用多种形式的教学方法,还必须深入发掘教材,精准把控学情,准确运用教法,合理选择内容,将课堂管理建立在学生现有的知识水平基础上,使学生能够深入其中,享受课堂,以降低课堂管理的难度。教师在教学方式的转变上容易呈现出被动的状态,在精准教学背景下,需及时主动转变课堂教学模式,合理规划各模式在教育教学中的比重,促进课堂管理。采取主题式教育,沉浸式学习,开放性课堂,精选课堂练习内容,实施分层教学,融合教学风格是作为一位多面手教师的必修课。

(二)教师是学生心理的疏导者

班级中不可避免存在一些"问题学生",教师面对这样的学生往往十分棘手。很多时候原本不错的课堂氛围,由于极个别的学生破坏,显得松散不堪,若管理不当,甚至呈愈演愈烈的趋势。心理健康教育在现代教育教学中显得尤为重要,教师必须及时对"问题学生"进行有效的疏导,这是保证课堂管理有序的前提。学生情绪和学生心理的把握需要专业的心理学知识,也

需要日常细心观察。有时,学生性情大变,行为出现偏差,很可能是教师疏忽导致的结果。教师需要定期排查记录,借助专业心理测评,筛查问题学生,针对有可能出现问题或已经出现问题的学生,做到心中有数,采取有针对性的处理方式,对症下药。主题式家访、个别家访、日常家校沟通也是教师了解学生有效且必要的途径,很多孩子家校表现不一,教师需要从家长那头侧面了解孩子。而校内日常观察是教师了解学生最直接的途径,同一个学生面对不同的教师和学科也可能表现出截然不同的状态。教师要精准了解学生的心理症结,打通教师、家庭、学生等全方位的信息源进行精准分析。除个别疏导外,集体的心理疏导也不容忽视,由面及点,及时疏导,感染辐射,会产生意想不到的收获。最重要的是真心实意和学生建立可靠的伙伴关系,建立彼此间的信任。

(三)教师是自我修炼的示范者

不同教师所带班级的心理状态和精神面貌是截然不同的,这受到教师个人的影响。教师首先要学会自我充电,摆正"学习者"的位置,和学生共同成长。教师做好榜样,学生自然会模仿教师的行为。随着社会的不断进步,学生的不断成长,教师不坚持学习,不走在前列,便会失去敏锐的判断力和坚强的指导力。在小学阶段,学生已经在接受新思潮、新思想的影响,若不与时俱进,就会成为学生心中的"老古板",自然无法深入学生内心,与学生感同身受,更无法用学生习惯并乐于接受的故事对学生进行引导。小学生的可塑性极强,世界观、人生观、价值观都处于启蒙状态,教师的任何一个错误都有可能对学生产生极大的负面效益,教师需要不断完善自己,带头学习,加速进步,坚持自我修炼,提高自身素养,完善自我人格,来激发学生的学习热情,规范学生课堂行为。

(四)教师是语言行为的艺术家

善于发现问题,抓住教育契机,通过语言、神态、态度等各方面进行课堂管理是教师的独特行为艺术。在课堂管理中常见的教师行为,诸如警告、惩戒、表扬、奖励、互动、合作、提示、沉默、强调、组织自我管理等,教师根据学生行为程度采取不同的教师管理行为,融合适应不同学生的多种管理行为,

与学生形成一定的默契,提高课堂管理的效率。适当的惩戒有一定的效果,但是不宜成为课堂管理的主旋律。教师重在进行积极正面的引导,吸引学生进行课堂参与和自我管理,为了减少消极管理方式产生的负面效益,教师要对自己的管理行为有充分的认识。处理课堂突发状况和解决矛盾最考验教师的情绪掌控能力与语言行为艺术,收放自如地将各种管理行为转变为积极管理是课堂管理的必修课。

第二节　基于精准教学的教学管理

教学管理部门是学校教育教学的组织管理部门,主要负责协助校长组织领导全校的教育教学工作。教学部门的职责包括:研究教学及其管理规律,改进教学管理工作,提高教学管理水平;建立稳定的教学秩序,保证教学工作正常运行,研究并组织实施教学改革;努力调动教师和学生教与学的积极性。教学管理是运用管理科学和教学论的原理与方法,充分发挥计划、组织、协调、控制等管理职能,对教学过程各要素加以统筹,使之有序运行,提高效能的过程。教育行政部门和学校共同承担教学管理工作。教学管理涉及教学计划管理、教学组织管理、教学质量管理等基本环节。

学校大力推进精准教学研究,这对教学管理提出了更高的要求,在规范化管理的基础上须做得更精密、细致,关注细节、注重落实的过程和最终的效果,在每一个细节上精益求精。

一、聚焦主题,精准制订学校教学工作计划

近年来,围绕精准教学理念,学校明确教学工作中心目标,以保证学校教学工作有计划、有步骤、有条不紊地运转。

(一)切入精准教学,明确指导思想

以党的十九大精神为指引,认真贯彻落实《浙江省教育厅关于深化义务教育课程改革的指导意见》《江干区教育局二○一九学年工作意见》和《江干区二○一九学年教学与研训工作指导意见》,围绕学校五年规划,集团化办学思路,深化学校课程改革,充分利用现代教育技术,探索精准课堂教学模式,倡导以生为本,以学定教,以提高课堂效率为重点,努力实现"轻负高

质"，促进师生发展。

(二)围绕精准教学，明晰工作思路

一个追求：学科教学追求校区均衡、学科均衡、着眼每个孩子身心健康发展的绿色学科质量。

一项坚持：常规工作细化标准，加强过程性管理，切实夯实学科常规。

一项深入：教学研究立足课程建设，各学科深入开展精准教学研究。

二、研发工具，建立和健全学校教学管理体系

随着集团办学规模的扩大，教师队伍也不断发展壮大，加强教学管理工作变得尤为重要。借助网络信息平台完成信息录入、更新、管理、查询等操作，提高工作效率，为教学部门和学校带来便利。

(一)借助数字平台，提升管理实效

目前，学校使用的是"铃铛教育"，借助平台形成虚拟的"教师之家"，成为全校教师每日工作的必备平台，该平台集合了智能排课、校本选课、教师档案袋、学生评价、教师考评、教研活动等诸多功能。智能教育系统为集团办学的精细化管理、教师网络办公习惯的养成搭建了卓有成效的平台，促进了教师教学和工作方式的转变。

1.过程管理，时时事事落实

每项活动开始前有方案，过程中有记录，活动后有反思。即使是学校最传统的"蕅苔杯"教学竞赛，因为上课而未能全程听课的教师，也可以在校园网上参阅活动的即时性文字播报。每一天，过程管理的实时数据不断更新；每个月，各部门都会有相关的月报通过内网进行告知。校园办公网已然成为联系实体校区之间的脉络。通过活动促进、能力修炼，教师在数字化时代的活动组织力、学习力、行动力和反思力大大增强。

2.电子数据，清楚明晰可查

教师考评：将原先纸质考核本中的内容移至平台，采用电子化评价，内容包括换课代课情况、教案检查情况、常规落实情况、学生作业批改情况、教研活动参与情况、作业布置情况、上交资料情况等。每月教师登录平台完成自评，然后教学部门最终评定。所有数据皆可查询，便于教师自查改进。

(二)网络联结彼此,实现团队共赢

数字网络有助于实现从闭门经营到开放团队共赢的思维转变。学校利用网络开辟"风荷书苑"。青年教师自发组成采三青年传媒,多校区联动挖掘工作中的教师亮点、创新实践和人物品质。借助"之江汇"网上工作室,一线教师有了更多呈现观点、交流经验、撰写感悟、增强反思的空间,让好经验得到了更多的分享。

(三)数字技术应用,管理更加细致

教师在同一个平台上共享信息和教学资源,虽然身处不同的校区,但彼此感觉不到物理空间的分离。这种信息技术交流和应用的良好通道一旦搭建起来,将切实转变全校教职员工的思维方式与行为方式,大大提高了学校管理和教学效率。

1.智能排课

一键智能排课,急速生成多年级课表;人工调整时具有冲突预警功能,并利用本校的学业质量大数据在课表调整过程中进行实时优化指导,以实现课表与教学质量的最佳耦合;同时支持灵活、即时的教师调代课,提供多形式个性化课表。灵活调代课操作:调代课过程具有冲突检测功能,调代课后自动生成即时课表,并自动生成多形式调代课通知单、多维度调代课统计,可批量一键打印、导出,支持移动端即时提醒。

2.校本选课

周四下午的社团课为校本课程。所有开课教师将课程简介、招生要求发布在选课平台上,平台统一开放时间,学生可通过网页端、移动端多通道进行校本选课报名,及时了解课程的进度情况、作业提交、学分获得情况,对所选课程和任课教师进行评价并汇总;教师可发布课程进度信息,进行"点名表考勤""学生作业的查看和批改"及"学生成绩的录入和查询统计"。学期结束时,学生再次登录平台完成课程评价。选课系统还具有自动调配功能,根据学生的志愿进行调配,确保人人都能选上课。

3.教师档案袋

教师档案袋包括获奖论文、案例、课件、发表的论文、课题立项、公开课、教师各类发言、讲座、教师综合荣誉、其他获奖、学生个人竞赛、学生团体竞

赛等内容。教师每学期上传更新一次,教学部门审核通过后一键生成汇总表,便于成果统计。

4.教师个人空间

教师个人空间具有文档浏览、文档上传、文档审核、电子U盘、文档查询统计等功能,实现多种类文档的集中有效存放和共享。

学生评价:与学校德育部门的"数字童年"平台相链接,实现每月争章、"采三之星"评比、期末成绩录入、成绩单打印等功能。

5.教研活动

教科研是教师发展过程中不可或缺的环节。科研管理是应用于学校各部门教师进行科研项目、著作、论文、科研成果等过程性科研管理的一套信息化系统。教师用户在平台上可以进行主题研修、问题讨论、教研活动记录、教研资料上传、论文上传、公开课上传等。管理员用户(教学管理干部)可进行教研活动添加、专家设置、积分设置、研修统计、教师发展记录查看、论文审核、公开课审核等管理工作。

三、借助数据,加强师生的教学和学习质量管理

数字化时代,教育者要顺应潮流,不断推进改革,与新技术同步,不断更新教与学的方式,找到工具载体,才能更好地奠基学生的终身发展。学校应更加重视教师专业能力和综合素养的提升,引导他们用心、用情、用智、用力研究教育的实践与转化。校长要做的是利用一切机会成就教师,让他们优秀做人、成功做事、幸福生活,真正过一种有境界的生活。

(一)多途径深入能力维度分析,准确发现教学问题

能力维度分析是学科评价能力立意的必然要求。在测试中,我们不仅会从知识维度,也会从"了解、理解、掌握、运用"四个由低到高的能力层次进行考查。通过数据整理,我们就可以在知识和能力两个维度较为全面地了解情况。

1."雷达图"进行直观对比

"雷达图"是将测试各内容分析所得的数字或比率,就其比较重要的项目集中画在一个圆形的图表上,来表现各项测试内容的情况,能比较直观地反映各项指标的变动情形及其好坏趋向。因此,借助雷达图以直观地对知识的不

同领域、能力的不同层次进行优劣分析与对比。

（1）知识维度。如某次六年级语文学业过关对书写、基础、阅读、写话四个知识领域进行考查，由于各知识领域总分不同，为了便于比较，可以将具体分值转化为难度系数，即得分除以总分，于是得到如下数据（见表6-1）。

表6-1　六年级语文知识领域难度指数表（部分）

单位	书写	基础	阅读	写话	总分
全年级	0.915	0.941	0.715	0.808	0.915
A校区	0.92	0.952	0.731	0.807	0.92

在表6-1中，数值越大，说明学生在这一领域的水平越高。进一步分析，可以将其绘制成雷达图，见图6-1和图6-2。

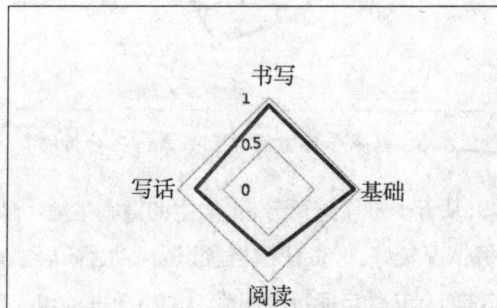

图6-1　集团四个知识领域难度

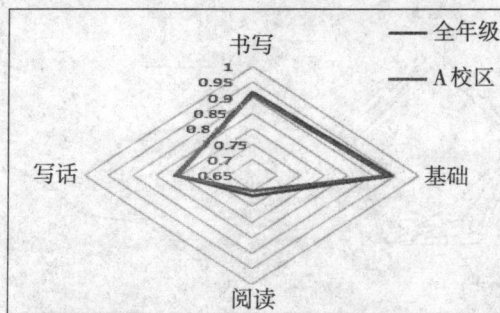

图6-2　A校区与集团四个知识领域难度比较

由图6-1可知，整个集团对四个知识领域的总体掌握情况较好，但不同领域表现不均衡。学生基础掌握最好，书写质量也较好，但阅读与写话则相对比较弱，这说明平时的教学还没有达到课程实施的要求。

通过图6-2，我们还可以将A校区与整个集团的数据进行直观对比，发现差距。由图6-2可知，A校区各领域的发展水平都低于集团平均水平。

（2）能力维度。疫情期间，学生居家学习，结束后，我们对学生的学习能力发展做了调研，见图6-3和图6-4。

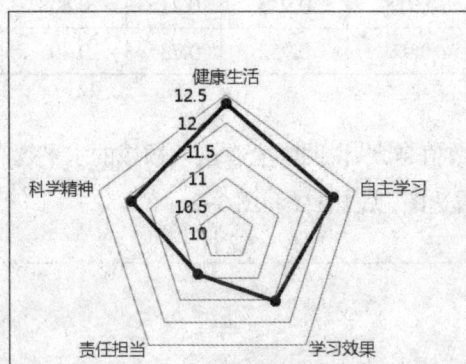

图6-3　居家学习期间学生基本情况分析（1）

由图6-3可知，从五个维度进行分析，学生的健康生活习惯培养较好，对居家健康的知识掌握情况较好，但责任担当意识需要加强，居家学习的效度还有待提高，需要在衔接周和开学后通过分层学习和指导进一步提高与夯实。

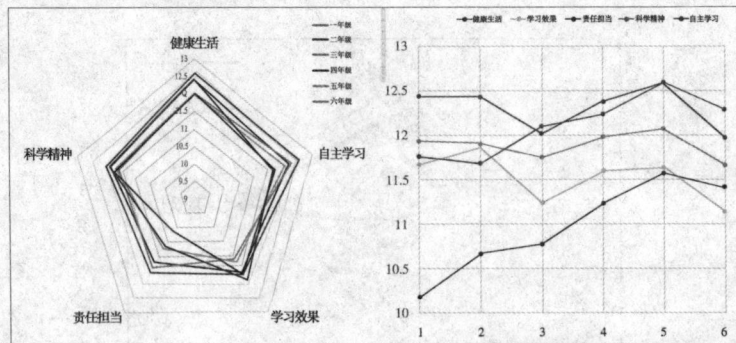

图6-4　居家学习期间学生基本情况分析（2）

由图6-4可以发现,居家学习阶段与校内学习不同,需要学生有更强的自制力、规划力和自主学习能力。

学生自主学习能力是五个方面中表现较为突出的,低段学生的自主学习能力与高段学生的自主学习能力相比较弱,低年级的教师要重视这一问题,采取相应措施促进学生学习。数据显示,有近40%的学生不会主动制订计划,需要家长、老师督促才能学习,教师需要重点关注班级中这部分学生,帮助他们提高规划力,增强自制力和执行力。

2.运用"指数表"进行初步分析

用雷达图可以直观反映整体中各部分的发展水平和优劣,但如果要进行深入分析,仍需借助指数表(此处是指"能力维度难度指数表")。如在某次测试中,将数据整理后制作了"能力维度难度指数表"(见表6-2)。

表6-2　能力维度难度指数表

单位	了解	理解	掌握	运用
区	0.94	0.8	0.81	0.67
A	0.93	0.8	0.81	0.66
B	0.94	0.8	0.81	0.67
C	0.96	0.8	0.8	0.65
D	0.99	0.89	0.94	0.84

分析表6-2,有如下发现。

(1)各能力层次的总体情况(纵向分析)。"了解"层次各年级数值比较接近,所以差异不明显;"理解"层次各年级水平也较接近;"掌握"层次大部分年级的难度系数都在0.8以上,说明总体水平较高,但差异较显著;"运用"层次的数值相比前三个层次较低,说明总体水平欠佳,且年级差异也较显著。

(2)集团在各层次的发展情况(横向分析)。由于"了解、理解、掌握、运用"四个层次的难度是从小到大排列的,而大部分年级各自在四个层次上的差异并不特别明显,可见发展都较为均衡。但"运用"层次与前三个层次还有一定差距，所以各校区要加强学生运用能力的培养。

（3）其他异常现象（实际是横向分析中发现的问题）。进一步分析，我们还可以发现"理解"与"掌握"两层次出现倒挂现象，即学生在能力要求较高的"掌握"层次得分高，而在能力要求比较低的"理解"层次反而得分低。这一方面说明教师对知识技能的掌握落实情况较好；另一方面也体现了部分教师对概念理解的重视程度不够。这也说明许多教师对如何促进学生理解的教学研究还不太到位，因此亟须校级层面对此加以引导，这显然也是课程实施中需要研究的基本问题。

3. 运用"分组图"深入明确问题

运用"分组图"深入明确问题，将全体学生按水平差异（如测试得分）由低到高平均分组，仍按"了解、理解、掌握、运用"四个能力层次分别计算各组难度系数，并画出折线图，得到不同水平能力分组难度情况（见图6-5）。图中每一条折线代表某一能力层次各组的难度系数变化情况。

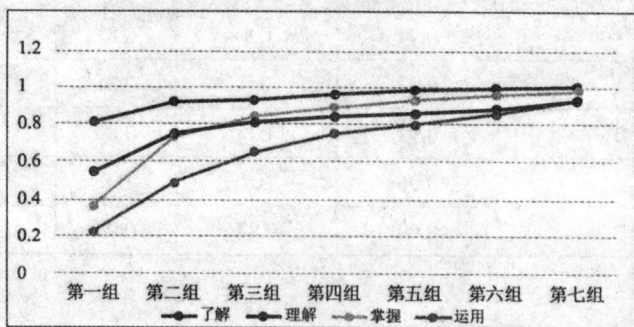

图6-5 不同水平能力分组难度情况

有了分组图后，则更能直观说明前面所说的倒挂现象。在图6-5中，除水平最差的第一、二组外，其余小组的学生在这两个层次都不同程度地出现了倒挂现象，且水平越高越明显。另外，随着学习水平的提高，各组的理解水平并没有提升太多。

结合平时的调研等定性研究可知，这一奇怪现象在日常教学中并不奇怪，这是由于教师在教学过程中重视技能教学，忽视技能背后概念的理解，即教师希望通过反复操练来矫正学生对概念的理解。这种教学方式在短期内确实能提高学生的解题能力和考试成绩，但从长远看，存在很大的弊端。解决以上问题，需要教师转变教学观念，重视概念教学，设计促进学生理解水平提升的教学活动。

（二）运用无痕阅卷系统提升数据分析效度

随着教育信息化的不断推进，越来越多的数字化智能系统和智能终端应用于教学实践。在日常教学中，越来越多的信息被收集且以数据形式呈现。如何挖掘和分析这些数据，从而提升教学质量，毫无疑问已成为未来教育的发展趋势。相较于传统教育的统一"标尺"，大数据时代背景下的各类信息促进从教者对教学过程的认知，为不同风格的学习者享受精准服务和个性化学习提供了可靠的科学支持。

充分认识到网络阅卷"数据统计快捷全面、教学质量评析多维客观、阅卷工作省时省力"的优势，采荷三小英语组借助"小闲智慧教育助手"这一技术依托，于2017年开始，在阶段过关检测中使用网络阅卷，对开展精准教学与试题的精准讲评进行了一系列的探索和研究。以五年级上英语期中过关检测为例，阅卷平台即时批改生成收集的信息科学全面，大至年级均分、最高分和最低分，小至学生个人的答题情况和每个小题的答题率，所有原始数据都能够快速清晰地以Excel形式呈现，这是传统手工阅卷耗费大量时间与精力却难以保证准确率所无法比拟的（见表6-6）。

题号	答案	总人数	最高分	最低分	标准差	难度	平均分		得分率		满分率		零分率		易错		A		B		C		D	
							班级	年级	班级	年级	班级	年级	班级	年级	人数	选率	人数	选率	人数	选率	人数	选率	人数	选率
1.1	B	38	1	0	0.16	0.97	0.97	0.99	0.97	0.99	0.97	0.99	0.03	0.01			1	0.03	37	0.97				
1.2	B	38	1	0	0.87	0.87	0.87	0.95	0.87	0.95	0.87	0.95	0.13	0.05			33	0.87	3	0.08	2	0.05		
1.3	C	38	1	0	0.23	0.95	0.95	0.97	0.95	0.97	0.95	0.97	0.05	0.03			1	0.03			36	0.95		
1.4	B	38	1	0	0.31	0.99	0.89	0.95	0.89	0.95	0.89	0.95	0.11	0.05			1	0.03	34	0.89	3	0.08		
1.5	A	38	1	0	0.45	0.74	0.74	0.81	0.74	0.81	0.74	0.81	0.26	0.19			28	0.74	8	0.21	2	0.05		

图6-6　五年级上英语期中过关检测网络阅卷生成的小题分析

通过筛选、分析并利用平台提供的数据信息，英语组的老师们探索出了一套基于大数据的测后个性化教学方案，以期更好地开展精准教学，为每一位学生定制提升语言能力的学习策略。

（1）从经验决策走向科学决策。在传统的阅卷模式下，教师往往根据自己的教学经验以及对试卷批改的感性判断，推测学生在英语学习上可能存在的不足，例如，总是会约定俗成地认为相较单词默写，学生的句型书写存在困难。然而借助网络阅卷系统的数据支撑，教师在五年级下英语期中过关检测中发现考查学生单词默记能力的第四大题的得分率比考查学生句型书写能力的第十一大题的得分率要低。

此外，教师也可以通过对数据的二次加工，如制作折线图等，跟踪分析学生个体的学情变化，从而提出有针对性的个性化学习建议。

（2）从"大海捞针"走向精准教学。基于大数据的测后英语个性化教学方案在阶段三为精准定位"疑难杂症"，从而"对症下药"，使得试卷的讲评有的放矢，即课中集中解答难点问题与共性问题，课后解决个性问题，同时配套教师提供的分层练习。

一是难点问题，集中讲解。教师从图6-7的数据中可知，4.7、4.8和5.6的得分率较低，反映了所涉及的知识点是薄弱环节。针对学生普遍存在的共性问题，教师可以在课堂上详细讲解。

题号	答案	最高分	最低分	平均分		得分率		满分率		零分率		A		B		C	
				班级	年级	班级	年级	班级	年级	班级	年级	人数	选率	人数	选率	人数	选率
4.7		1	0	0.40	0.46	0.40	0.46	0.12	0.14	0.31	0.30						
4.8		1	0	0.45	0.50	0.45	0.50	0.12	0.23	0.21	0.24						
4.9		1	0	0.64	0.70	0.64	0.70	0.64	0.69	0.36	0.29						
4.10		1	0	0.87	0.85	0.87	0.85	0.83	0.84	0.10	0.14						
5.1	C	1	0	0.88	0.86	0.88	0.86	0.88	0.86	0.12	0.14	2	0.05	3	0.07	37	0.88
5.2	A	1	0	0.95	0.93	0.95	0.93	0.95	0.93	0.05	0.07	40	0.95	2	0.05		
5.3	A	1	0	0.67	0.69	0.67	0.69	0.67	0.69	0.33	0.31	28	0.67	10	0.24	4	0.10
5.4	A	1	0	0.69	0.71	0.69	0.71	0.69	0.71	0.31	0.29	29	0.69	6	0.14	7	0.17
5.5	C	1	0	0.98	0.93	0.98	0.93	0.98	0.93	0.02	0.07			1	0.02	41	0.98
5.6	C	1	0	0.38	0.54	0.38	0.54	0.38	0.54	0.62	0.46	4	0.10	22	0.52	16	0.38
5.7	B	1	0	0.90	0.94	0.90	0.94	0.90	0.94	0.10	0.06	2	0.05	38	0.90	2	0.05

图6-7　508班五年级上期中过关检测部分小题分析

二是共性问题，小组讨论。教师在提前了解学情的基础上分配组员，如将英语基础较好且责任心较强的两三位同学与基础较为薄弱的两三位同学组成一个学习小组，以互补共助的形式开展精准教学，由小老师们轮流讲解共性问题。10分钟后，教师请原本基础较为薄弱的学生重新讲解共性问题。

相较传统的教师侃侃而谈式的试卷讲评，基于网络阅卷大数据的试卷讲评更精准"扶贫"，也更能激发学生的主动性与积极性。

三是个性问题，微课辅助。针对正确率在0.9以上，个别学生某一知识点掌握不到位或者某一语法运用不娴熟的情况，教师在课后通过提供微课视频+家校联合的个性化教学方式，助力学生有效提升语言能力。如此一来，学生不会因为担心大家都会而自己不会，因而怕提问后被同学们耻笑的可能性，耽误自身学习。

四是分层练习，巩固强化。采取不同的教学措施有针对性地解答难点问题、共性问题和个性问题后，老师可以提供分层练习，就相应的知识点追踪落实：基础较为薄弱的同学可以完成基础卷（例如，在原试卷题的基础上做适当变化），基础较好的同学则完成提升卷（例如，同一知识点，题型由选择题进化为填空题等）。

在网络阅卷系统的技术支撑下，英语教师依据数据精准分析每一次过关检测，精准读懂每一位学生的语言能力，采取多样化的测后试卷反馈形式与教学方法，从而实现教学的个性化。

四、纵横管理，确保每一项工作落地生根

学校如同一台机器，机器平稳、高效地运行依靠各部门、各位管理干部、各个年级组、全体教师共同合作，发挥作用。学校的教学管理体系是细化分层、分科管理，目的在于将管理的权力下放，明确职责，责任到人，激发教师的工作积极性、主动性，提高效率。

通过职能划分和机构重组，实现决策、执行和监督三个职能相对独立，精简管理层级，加强机构之间与机构内部的协调，学校组织构架将从纵向垂直模式转向多向交叉的互联模式。同时，利用大数据提供更加精准的教育管理服务，建立"用数据决策、用数据管理、用数据创新"的新型管理机制，提升学校治理能力的现代化水平。

（一）三级管理，责任明晰

学校共有三个校区，教学工作以集团教学管理部门为总领，采用三级管理模式，各层级职责明确，提高了教学质量监控的科学性、针对性、有效性。图6-8是学校三级管理模式示意。

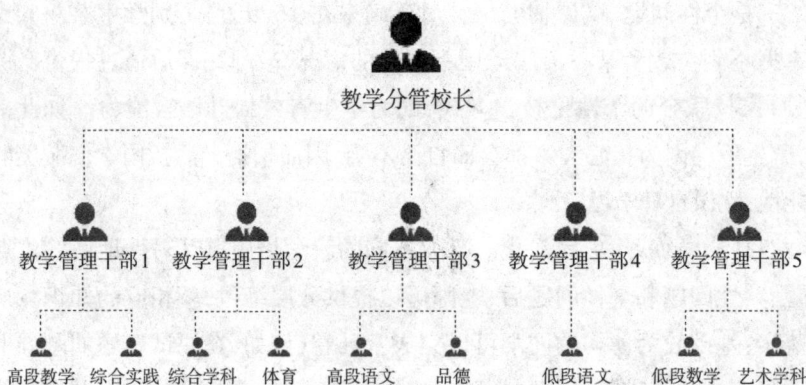

图6-8　学校三级管理模式示意

教学分管领导主要职责：在校长直接领导下具体负责学校的教学工作，协同校长制订教育教学工作的计划，制定学校教学常规、教学活动安排，规范与完善教学过程的每一个环节，抓好教学常规管理，建立科学正常的教学秩序。检查教师教学和学生学习的情况，及时反馈，及时纠正偏差，及时帮助教师解决教学中的困难与问题，加强教育教学质量的管理。

教学管理干部职责：协助教学分管领导制订，实行学校的教学工作计划，检查和总结学校的教学工作。审查教研组工作计划，并对执行情况进行抽查和指导。定期召开教研组长会，推动教学研究工作的展开。建立、健全教学常规管理制度，深入教学第一线，通过多种途径(检查教师备课笔记、抽查学生作业、召开座谈会等)了解各学科教学情况。科学合理编排课表，并认真贯彻，定期抽查，及时调整；建立和健全教师的业务考核制度与教师业务档案；健全学生文化考核制度；建立学生的学籍、招生、编班、考勤、成绩考核、休学、退学、转学、毕业、保送、推荐生的选送等各项工作的管理制度。

教研组长职责：教研组长是学校教学工作的骨干，在教导处领导下，发挥学科组的核心作用，根据学校的教学工作计划，结合本教研组的特点，制订一学期切实可行的教研工作计划和提高教学质量的具体措施，并认真检查落实计划情况。引领与组织本组教师开展教研活动，全面了解、检查、考评本组教师的教学工作情况，交流经验。

(二)夯实常规,精细管理

教学质量的提高必须从教学常规的精细化管理开始。"没有规矩,不成方圆",加强学校教学常规工作制度的建设是教学常规精细化管理顺利实施的有力保障。规范教师的教育教学行为,以制度育人是学校教学常规精细化管理的重要保证。在精准化教学研究的背景下,学校不断完善教学工作常规,从"精""准""细""严"等方面推进教师教学的精细化管理,对教案编写、课堂教学、作业评改、课业辅导、评课、听课等提出了具体的要求。

1.精心备课,学情明确

备课是教师执行教学计划,上好每一节课的前提和基础,要按照国家课程设置以及课程标准要求,深入钻研教材,了解熟悉学生,精心设计学法和教法,科学制定教案。

(1)提前做好各项教学准备,做到"三先"。"先于学生完成书面文本作业""先于学生完成口语交际和课文朗读""先于学生完成动手操作类作业"。

(2)单元整合备课。在个人备课的基础上通过教研组合作、探究形成集体智慧。单元整合备课流程:自主研析—创新提高—整理总结。

自主研析由各教研组组织安排,规定期初、期中、期末必须组织三次,其他教研组活动自行安排。教研组长、备课组长指导教师对照课表、全册教材、班级实际情况,制订好相应的学期教学计划。教学计划包括班级整体情况分析,学生学业情况分析,学困生情况分析,教材重难点分析,学段、学期、单元目标对照表,教学措施、教学进度等板块。学期学科目标的把握准确,并做好课标年段目标的对照和单元目标的一一对应。教学措施要有针对性,操作性强。

备课组内共同讨论教材编排体系,制订好单元备课计划,把教材内容按单元分配给组员,进行第一轮自主备课。自主备课的内容应包括设计一份课堂前测单,用于了解学情,分析学生认知情况。设计一份板块式教案及配套课件,应包含教学目标、教学重难点、教学准备、教师活动、学生活动、设计意图、作业设计七大板块,其中"作业设计"包括课堂练习、课后练习。课堂练习做到讲练结合,课后练习做到分层布置,划分出必做题、选做题,给不同水平的学生设计不同难度的作业。

创新提高由各备课组组织。主备课教师提前两天将备课内容发给组内教师，教师们先熟悉教案内容。活动当天，由主备课教师发言进行说课，说教材(本单元内容在整册教材体系中的位置、前后联系)、说目标、说重难点、说措施、说设计方案、说习题设计、说单元过关测试的编制内容等。其他教师边听边讨论、补充，完成"备课建议单"，最终主备课教师汇总组内教师意见，整合修改，补充完善教案与课件。

集体备课的教案分发至各教师手中后，每位教师还应根据班级实际情况、自己的教学风格进行二次备课，调整教学内容、方法，进行第三次创新、提升，适应学情，优化自己的教学行为。课后进行教学反思，个人反思每月至少四次，集体反思每月至少一次。

整理总结阶段是将集体备课的成果进行汇总、整理、打包、上传学校教导处资源库，为下一轮集体备课提供借鉴。

2.精致上课，多维实施

课堂教学是学校教育教学工作最基本的活动形式，要面向每一位学生，充分树立生本课堂理念，运用多种教学方法，充分调动学生的学习积极性，切实发挥学生的主体作用，努力提高课堂教学效率。

全面落实"面向全体学生、体现全面发展、注重教学全过程"的"三全"质量观，在推进"以生为本、以标为纲、以学为主、以导为方"的"四为"教学理念的基础上进行"学问"课堂研究。课堂教学要从知识与能力、过程与方法、情感态度与价值观三个维度落实教学目标。

课前指导学生完成课堂前测，认真分析数据，掌握学情。依据前测选择教学内容，确定教学方法，积极提倡自主、合作、探究等学习方式。十分重视学生练习、观察、实验、操作等实践活动，提高学生自主学习的能力。精心设计当堂练习，保证5~10分钟的练习时间。

信息技术与课堂教学融合，选择合适的信息技术手段进入课堂，帮助了解学情、记录学生课堂表现，同时调动学生兴趣，增强教学效果，提升教学效率。特别注意当用则用，用则有效。

3.分层作业，基于需求

作业是学生学习实践活动的主要形式，教师应根据教学目标和学生对知识点的掌握情况精心设计，因人而异，分层作业。

设计课堂练习时结合课堂作业本，将课堂作业本充分利用。课堂练习可按模仿性练习来设计，主要以基本的、简单的、与课堂例题相近的题目为主，其目的是通过新知识的再现，促使知识的内化，以达到理解的层次。发展性练习是稍有变化的，检查学生对知识的掌握程度和运用知识的能力，以达到掌握的层次。综合性练习难度最大，可以检查学生对新知识掌握的深度和灵活运用知识的能力，以达到灵活掌握的层次。

课外作业严格控制作业量。一、二年级不留书面作业，三至六年级作业量不超过一小时，各学科教师之间要协调好作业的时间总量。作业设计的要求是"紧扣目标、促进思维、形式多样、分层要求"。提倡探究性、开放性和生活化的有创意的作业设计。有难度的作业，教师应有亲自实践的"下水"过程。作业类型可以是：基础型，从教科书和配套练习中选取题目，适当改编；拓展型，重在激发学生创造性思维，由教师提供一些问题，让学生运用发散性思维去思考，产生不同答案；主题型，根据学习进度和内容，每一单元布置一次主题型作业，使学科知识条理化、结构化、系统化；体验型，将学习范围延伸到学生力所能及的社会生活和各项活动之中，重在感受和体验。

认真批改作业。批改作业是教师了解教学效果、调整教学策略的重要环节，教师要做到及时批改，全交全改；批改符号清晰、有评价；二次批改认真、及时。让学生自批、互批的作业，教师要复批。作业情况要做必要的记录和分析，适时进行讲评；并通过学生自评、互评、家长参与等多种形式，提高作业评价的参与面和实效性。培养学生良好的作业习惯，作业习惯对学生素养的形成和终身发展至关重要，教师要持之以恒地以"按时按量、端正整洁、独立完成、认真检查、力求正确、及时订正"这一基本要求严格训练。

建立作业电子档案。低段主要由老师负责建立，高段由老师指导学生一起建立作业电子档案，内容包括学生作品、作业、各类评价等。班级也可以建立集体档案，主要收集错题、一题多解、优秀作业等。

4.个别辅导,靶向提升

课后辅导是发展学生个性、促进学生全面发展的有效手段,是教学工作不可或缺的一环。

教师要在关注和促进每一个学生发展的同时,根据因材施教的原则对某些有特殊需要的学生加强个性化辅导。

对学习有困难的学生,教师应特别给予爱心和耐心,多与他们交流,了解情况、分析原因、制定具体帮扶措施、记录成长档案。对他们的辅导要做到热情鼓励,帮助其树立信心;细致指导,既补知识能力的缺漏,也重学习习惯和学习方法的培养;降低起点、放缓坡度、逐步提高。

对学习能力较强、有个性特长的学生,教师应重视挖掘长处、重点培优,为他们制订适合的指导方案,为他们创设更大的发展和提高的平台。

教师应在进行学科教学的同时,开发综合实践类的课程资源,对学生进行更广泛的课外辅导。积极开设课外兴趣社团,共同创编学生喜爱的校本课程,指导学生参加各级各类学科竞赛和成果展示,让学生学得更生动、活泼、主动。

5.多元评价,注重过程

评价的主要目的是全面了解学生学习的过程和结果,激励学生学习和改进教师教学。

关注学习全过程。教师要关注学生的学习全过程,通过课堂观察、作业反馈、过关检测、家校沟通等环节全面了解学生的学习轨迹,从中给出个性化的分析和过程性的评价,并相应地调整教育、教学策略,提高教学工作的实效,并充分利用"铃铛教育"中的"学生成长""学子风采""班级圈"等板块记录学生学习的成长过程。

过程性评价与阶段评价相结合。要认真负责、实事求是地做好日常过关检测等教学质量监控工作。过关前要认真指导学生梳理所学知识,查漏补缺;设计过关内容时要紧扣课标和本阶段教学重难点,并符合教学实际及学生实际;过关过程要严格规范,过关后要重视分析和反馈,从教学目标达成状况和学习困难学生状况两个方面制定补救措施。提倡进行评价改革的实验,合理地做好阶段性评价,更好地发挥评价的激励功能和导向功能。

评价多元化。评价内容多元,从德智体美劳等方面综合评价学生发展,注重学生的创新能力和实践能力,评价内容包括道德品质、公民素养、学习能力、交流与合作能力、运动与健康、审美与表现、社会参与等。参与评价的主体多元化,教师、学生、家庭和社会都参与其中,多视角看待评价对象,使评价更加全面、客观、科学。

要认真向家长做好学生学习评价的反馈工作。平时通过家访、电话、短信等形式及时向家长反映学生的学习状况,努力发挥家校合力。期末要认真填写学生综合素养报告,从多方面考量学生综合素质的发展状况,注重正面鼓励。

6.有效听课,重在提升

听课是一种对课堂进行仔细观察的活动,它对于了解和认识课堂有着极其重要的作用。听课有助于提高教师素质,提升教学质量。

学期初各教研组长牵头,备课组商议确定本学期开设的校级公开课,依据课型、组内教师的需求自主设计备课组统一的听课单。听课单类型有诊断式听课单、主题式听课单、单元连续式听课单、同课异构听课单、同课同构听课单等。听课时认真记录填写,课后依据听课单内容进行小教研。上课教师根据听评课意见修改教案、课件,写好教学反思,整理归档后上传"铃铛教育"中的"教研活动"板块。其他教师则上传听课单。

除备课组开设的校级公开课以外,教学主管部门还应每学期初对新教师、青年教师、学科新任教师以及重点关注学科的任课教师进行随堂听课,了解常态下的教学情况,及时指出问题,进行指导。

实行师徒听课制度:师傅每月至少听徒弟1节课。徒弟每月至少听师傅4节课。师傅应对徒弟的课进行讲评、指导。徒弟应主动、虚心向师傅请教,并结合教学实际不断改进自己的教学。

专家听课制度(观摩示范课):学校聘请校外专家、教研员对骨干教师的观摩示范课进行专题式、诊断式、研讨式听课。观摩示范课的教研需通过个人、备课组、学校三级备课,课后开展专题研讨,执教者撰写教学反思。

所有教师每周听课不少于1节(新上岗教师每周听课不少于3节),有详细的课堂实录和听课单。每月将听课实录和听课单上传至"铃铛教育"中的"教研活动"板块。

第七章

教师:基于精准教学的队伍建设

随着时代的发展,教育教学改革的进一步推进,教育生态发生了深刻变化。学校正在全面推进精准教学实施,在这个特定的大背景下,对教师培训的理念和模式也提出了新的要求,传统的空泛、针对性差的培训,已然不能完全满足教师专业发展的需求。教师必须重视学生的学情及个性特点,学习现代教育技术与课堂的深度融合,学会用数据决策,从而实施精准教学,让个性化学习成为可能。学校围绕实施精准教学的关键能力,通过研训一体化、深化教研组建设全面打造业务精良、充满活力的精准教学教师队伍。

第一节　指向精准教学的研训练一体

首次接触"精准教学"这个全新的概念，学校依据教师的起点和需求，遵循活动体验在先，反思提升在后的原则开展培训。我们基于精准教学的特点和需求，通过研训结合的方式聚焦真问题、营造体验场、激活教师学习动力，全方位提升教师精准教学能力。

一、研训背景

精准教学教师队伍的建设必须建立在明晰精准教学的特点与要求的基础上，通过教师精准教学能力画像，针对性地构建研训体系。

(一)精准教学对教师素养的要求

由于教学过程中教学内容庞大，教学结构复杂，而可用课堂时间有限，如今大部分教师都在把知识强硬灌输给学生，因此在课堂中，学生不再是课堂学习的主体，而变成了课堂的收纳箱，使学生失去了自主学习的机会与能力。

1.明确课堂主体，保障个性学习

精准教学中的参与者为教师与学生，在教学活动正式开始之前，需要对学生的学习个性等方面进行分析，才能使教学工作做到有的放矢。而教师作为教学活动的组织者与引导者，应充分发挥自身的能力，理解和了解学生，并真正明白什么是学会和掌握，这样才能选出正确的教学路径。精准教学能够将"掌握""理解"这种含糊、含蓄的词变成浅显、可观测的过程，使学生的潜在学习能力被挖掘，认识到自身现有水平与教学目标之间的差距，并精准地为学生制定出下一个学习目标，通过多样化方式使学生循序渐进地进步，进而完成全部学习任务。

2.明确教学目标,聚焦教学价值

要进行精准教学,教师必须明确教学目标,对课程进行详略得当的安排,同时将课堂的中心聚焦于教学价值上,传授学生学习的方法,培养学生高阶思维的能力,让学生在今后的学习中可以自主解决问题,这样,我们的课堂效率就可以得到有效提高。教师实施精准教学,要明确受教育者在哪些方面应该得到发展,发展到什么水平,并利用好教学目标的导向性、激励性、评价性、聚合性,对学生的发展进行正确的引导。

3.运用智慧平台,学会数据分析

在基于大数据的精准教学中,教师对智慧平台的运用和数据分析的能力成了精准教学的必备条件。智慧平台是精准教学的重要条件,它能助力教师通过数据,准确分析背后的成因,从而制定相应策略。大数据时代,纷杂的信息充斥在人们眼前,如果是基于大数据的精准教学,摆在教师面前的第一关便是能否在各项数据中找出教学的症结,找到学而不得的原因所在。

4.丰富教学形式,实现轻负高质

为了充分调动学生的学习热情,打破以往教学过程中硬性教学的现象,在精准教学活动中,教师要考虑到教材目标要求与学生特点,根据学生短板知识对教学资源进行拓展和开发,对学习材料进行优化设计,从而使其更具有科学性与趣味性。在实际教学中,通过情境导入、问题探讨等方式,借助手机、微视频、多媒体等实现教学过程可视化。目前,微视频、翻转课堂、慕课等研究与应用均是互动数字课本的很好尝试。为便于教学,教师还应与精准目标相结合,建立相应的教学资源库,为学生准确地推送教学内容与资源。

(二)学校教师精准教学研训需求

校本研修是教师专业成长的有效途径,它能聚焦问题,从教师实际需求出发,增进教学专业知识,提升教学实践智慧。精准教学校本研修必须在关注共性问题的同时,关注不同群体、不同教师的个性问题,为教师的个性化学习提供支持。

在精准教学研修中,我们提倡既要关注教师的应然需求,也要体察教师的实然需求。作为校本研修的组织者,在进行教师集中研修之前有必要深入教学一线去澄清、解读、发现，需要的才是最好的。这样的研修才能让教师感受到自身鲜明的进步与提升。

向全体教师发放精准教学研训需求调查表，内容具体包括参训教师对研修内容、研修方式、研修时间等方面的期望或建议。同时，通过实地访谈、观察，了解一线教师的困惑和需求（见表7-1）。

表7-1　教师精准教学研训需求调查表

第1题：从提高精准教学能力的角度看，您需要的内容是什么？[多选题]

选项	小计	比例
精准教学理论和知识	131	87.14%
精准教学课堂驾驭的策略	132	88.57%
信息技术的运用	118	78.57%
精准教学设计能力提升	122	81.43%
其他	2	1.43%
本题有效填写人次	150	

第2题：您认为哪些教研模式对自己比较适合？[多选题]

选项	小计	比例
交流研讨	121	81.43%
青年教师之间的学习交流	51	34.29%
学校教研组或备课组之间的学习交流	75	48.57%
自主学习及反思的行动研究	51	34.29%
团队教学竞赛	118	78.57%
听课、观摩他人教学	93	62.86%
听讲座	27	18.57%
其他	0	0
本题有效填写人次	150	

通过问卷调查发现,学校教师普遍觉得在精准教学理念提升、精准教学设计能力、信息技术运用、课堂驾驭策略四个方面亟待提升和培训。在研训模式上,教师更倾向于主动的学习方式,如组际交流、团队竞赛等。根据数据分析结果,学校将从教师的起点和需求出发设计研训内容,构建研训载体。

二、研训内容

首次接触精准教学这个全新的概念,学校依据教师的起点和需求,从理论研训和技术运用研训两个方面入手,提升教师的精准教学实施能力。

(一)理论研训

改变课堂必须先改变理念,要开展全校性的精准教学研究活动,统一教师思想,改变传统教学观念是重中之重。

1.教学理念提升

教师是人类文明的传承者,要更好地完成这一历史使命,就要永远把自己置于一个学习者的角度。为了让教师在为师之路上走得更加自信,要多读一些专业知识之外的书,让自己变得丰厚起来,人厚课才厚。读书使灵魂变得轻盈,但从书中汲取的力量让我们活得更加厚重。读书也能让我们学会如何尊重学生,如何呵护人性,转变传统教学理念,有效提高教学效率。在通识培训之余,学校开展了分享读书活动。

(1)组内推荐,共读"精准"。学校专门针对精准教学开展了组内推荐,共读一本书的活动。例如,数学组推荐的是《标准驱动的课堂:精准教学的实践模式》,语文组、英语组、综合组、艺术组分别推荐的是《生本课堂的建构与超越》《确定关键内容:把握重点的方法》《精准教学的实践模式》。通过共读活动,教研组内的每位教师都分享了自己的读书笔记与读书感悟,从而让教师们产生共同的话题,并在交流分享与讨论中理解精准教学的内涵,感受课堂中学与问的艺术,为实践精准教学奠定理论基础。

(2)书单补充,同享"精准"。在共读活动的基础上,教师们针对自己的学科特点和阅读经历还对书单进行了补充,并在阅读后开展了全校教师的精准教学读书分享会。其中,语文组的老师分享了《合作学习与课堂教学》,

书中提到的保证合作学习实效性的几个关键要素：异质分组，明确分工（异质的成员一般会对同一个事物持不同的观点，不同观点的汇聚有利于需要发散思维的任务的完成，有利于成员看到问题的不同方面和对事物形成更全面的认识）；确定内容，提出要求（并不是所有的内容都适合合作学习，教师要深入研究教材，精心安排设计合作学习的内容）；及时指导，学后质疑（教师在指导过程中，只有在学生向自己求助或教师看到小组没有能力解决问题时才给予帮助）；课上监控，课后反思（监控可以由教师和小组中特定的观察员来负责）；评价方法，评价要素（评价的方式多种多样，应让学生认识到合作学习的价值和意义，不单是为了解决问题，更重要的是关注合作学习的过程）。在后期的实践过程中，语文教研组就是针对此种合作学习策略进行探索，并加以改进，形成了独具特色且卓有成效的小组合作学习教学模式。可见，理论知识的补充有助于我们更好地实践，而通过分享可以让更多学科教师参与头脑风暴，得出更多样的合作学习方法。

（3）网格对话，勤思"精准"。"基于大数据的精准"的落地，必须从课堂中来，在体验之思中提升。理念导向是提升的重要环节，为此，学校专门针对精准教学开展了好书共享活动。老师们利用业余时间阅读专家推荐书籍，如《标准驱动的课堂：精准教学的实践模式》等，并在教研组内分享读书体会，在交流分享与讨论中理解精准教学的内涵，理论知识的补充有助于我们更好地实践，而通过分享可以让更多教师参与头脑风暴，得出更多样的教学方法，为实践学问课堂奠定了理论基础。在理论学习之余，学校校园平台开发了"教师发展"专栏，其中的"精准教学案例"以在线交流的方式让老师们不受地域限制地交流，并通过平台考核、评优制度完善，结合课堂实践，促使更多的教师认真撰写精准教学案例，及时反思。如此循环，螺旋上升，精准教学的研究才有可能持续发展。

【案例7-1】 三年级陆嬥老师对精准教学的思考

进入三年级，应该如何安排课堂上的识字、写字时间，一直都是我觉得比较令人头疼的内容。常说三年级应该以词句教学为重点，但是如果一堂课就是简单地提一提本课中的生字,那么很多孩子可能就需要回家后再去巩固掌握。而且一些难点的字音字形,如果不在第一次接触时就解决掉问题,那么错误的印象可能就会留下很久,需要花很长的时间去解决。

这一次在陈老师的课堂上,我发现利用课前短短几分钟谈话的时间,解决了孩子的字音字形问题。这短短几分钟的谈话,既解决了课文中的字音字形问题,而且这些问题都是源于学生的预习本,源于学生的疑难点。因此,这样简短的谈话收到了事半功倍的效果。

可见,老师们在撰写案例的同时,也在不断思考精准教学中需要关注的学生起点等问题。经过一年的时间,老师们对精准教学已经有了较深入的理解,并正在向优秀的精准教学靠拢。

2.教学设计能力提升

教学设计即备课是一项复杂的教学技术。成功的精准教学在于教师出色的教学设计能力。提高教师的精准教学设计能力是优化精准教学实施的有效途径。在集体备课之余,学校更加注重问题导向,靶向定位,精准解决问题。

(1)靶向问诊。问题是思考之源,它不仅是教研活动的开始,更是教研活动主线,之所以要"研究"就是为了解决"问题"。如何精确定位"问题",以英语组为例,"小闲智慧教育助手"提供了最直观的数据。快速形成的数据让老师精准发现问题,为研讨时的"靶向"分析提供了依据。通过分析能发现学生知识掌握情况的问题所在。在"自研"的基础上,通过数据,找出导致这种状况的教师个人层面和学生层面的根源性问题,之后再进行"合研",针对问题,进行"靶向"问诊寻找改进方案。

【案例7-2】 教师的自研活动

2018学年第二学期,我校四至六年级进行了三次集团性的过关检测,四次自主检测。每位老师完成网络阅卷任务后,马上就能在"小闲智慧教育助手"平台上的"校级报告"中看到各班综合指标对比,来了解自己班级的学生答题情况,对自己任教班级的教学情况先开展"自研",找出与别的班级的差距。教师还可以通过试题分析数据,针对得分率不理想的题目,结合任教班级学生具体的答题数据,开展定向分析,哪些知识点掌握得较好,课堂教学时是怎样破解的;哪些知识点得分率低,为什么会有这么多学生没有真正地掌握等,形成教师个人的测后学情分析和反思,完成自研活动。

教师通过自研,进行反思,从而使教研组长和学科领导了解与发现教学管理中的漏洞,适时发现问题,介入管理。

(2)疑难问题沙龙。通过前期的学科教学策略主题实践,老师们通过课堂观测、磨课、评课、议课活动对存在的核心问题有了深层的思考,这时举行疑难问题沙龙,让老师们在思辨中厘清思路继续前行。这种活动形式活泼,针对性强,从问题出发,走向解决问题,把落脚点放在每个学生的收获上,让精准教学更加高效,教师的精准教学课堂把控能力也在稳步提升。

【案例7-3】 记一次精准教学疑难问题沙龙活动

2019年3月27日16:00—18:00,我校33位三年内新教师在采荷校区报告厅举行了2018学年第一学期第一次"采三之夜"学习活动,本次活动的主题是"精准教学疑难问题沙龙"。活动的主持人由教科室主任陈佳佳老师担任,担任嘉宾的是三位骨干教师。活动开始后,主持人请学员随机抽签,组成七个学习小组,各组现场推选一位组长。之后各组的组长组织组员讨论写下一个在精准教学实施过程中遇到的最棘手的问题,主持人把这些问题混在一起后,每组组长再随机从中抽取一张,回到组里讨论该如何应对这些问题,比如,"如何有效提问"等,讨论30分钟后,各组派一名代表上台阐述观点,之后台下的学员可以就观点展开讨论,然后骨干教师就学员的表现和问题本身阐述自己的观点。

主题沙龙是共同研讨、互动交流的有效平台,老师们能在思维的碰撞和观点的交互中寻找问题的症结所在,高效解决问题,让精准教学更加稳步。

（3）个性案例分析。典型案例分析是精准教学研讨活动的一种重要形式，通过教师分头梳理案例，做好教育叙事，助力教师做好提炼，深入开展研究。在案例分析的过程中，听众可以分析、内化、取长补短，在专家的助力下提炼内化。

【案例7-4】 记一次精准教学案例分享会

2019年5月14日，在采荷三小江锦校区报告厅举行了精准教学案例分享会。每个学科的代表老师以教研课为蓝本，交流组内老师共同研课的经验，分享精准教学理念。语文组谢勤勤老师用"精准这把利剑"，为我们展示了团队是如何从教学目标的设定和达成，努力实现精准教学的。从谢老师的发言中，我们感叹于信息技术和语文教学的完美结合，更为这背后付出心血的老师们点一个大大的赞。数学组白福荣老师以"烙饼问题"为例，从关注教材为主向关注学生为主进行转变，从而确定教学重难点，提出"基于学情精准把握建立模型突破难点"的十六字数学精准课堂箴言。本节课充分利用信息技术手段辅助教学。除了利用传统微课导入知识点，还使用了HiTeach中互动模式下的相机功能、微视频功能，拍摄学生的动手操作过程与课堂成果来反馈实时课堂，充分体现了以生为本的精准教学理念。

此次精准教学案例分享会为教师们提供了优质的学习平台，各种精准教学思想和教学智慧在这里碰撞交融，产生新的火花，为精准教学的深入开展奠定了基础。

（二）技术运用研训

在信息技术高速发展的今天，信息技术与课堂教学的深度融合是每位教师都要勤于探索的。如何让智慧教育为教师有效把控课堂服务，提升教师课堂实施能力也是教师队伍建设的一项重要工作。TEAM Model、苏格拉底智能教学分析平台、小闲智慧教育助手的运用是各学科实现大数据分析，辅助教师精准化研究的基础。

（1）全员研训。精准教学的实施，技术是基础，技术的掌握离不开实践

操作。在全员授课之余,学校分学科安排本校有白板操作经验的骨干教师开展白板技术过关检测活动。过程中,教师们积极主动地参与、动手实践,在操作中得到了锻炼。

【案例7-5】 一次白板技术运用全员培训

2019年5月13日,学校开展了白板技术运用全员培训。活动开始,信息技术骨干王美老师,为全体老师讲解了白板的各种功能和操作方法。王老师首先运用白板展示了一些课件,在播放中让老师们感受到白板的强大交互作用,照相、拉幕、隐藏、定向移动、图像渐变、拖曳文本等多项功能在科学、英语、数学和语文各种课中的运用,使每节课都变得生动活泼、直观形象,深深地吸引了老师们。随后,王老师重点演示了常用的几个功能并让个别老师上台体验。为了巩固技术,活动最后按学科分了五个场地由本校骨干教师手把手指导老师现场操作,从工具栏中各个工具的功能、设置背景、输入文字、插入视频、锁定和组合、链接、插入声音、活动模板的使用等,老师们投入地学习着,在精准帮扶下,确保每位老师过关。

全员培训的根本目的是让全校教师都能够了解、掌握进行精准教学的一些基本理念和技术,从而为开展精准教学提供支持。在全员培训的实践活动中,通过互帮互学,达成了预定的目标。

(2)分层研训。学校的教师年龄结构不一,新老教师年龄跨度大,为了能让教师精准掌握平台的运用,学校依据问卷调查的反馈,评定教师的已有基础,把培训人群分成了三类,即初级、中级和高级。在培训人群定位之后,按照集中和分散相结合的方式展开培训。

针对高级学员,也就是学校各个学科的技术骨干,学校专门聘请公司的技术人员进行技术层面的培训,并邀请技术与学科教学融合较好的草根专家来进行经验传授和手把手现场指导。中级人员是基数最为庞大的一个群体,针对这类教师,学校通过集体观摩＋小组共研＋抽签展示的方式进行项目式驱动学习。针对初级人员(主要是40周岁以上人群),由学校的信息技术骨干为他们进行点对点的指导培训。三个层次的教师，依据不同的评价要求，人人进行过关考核，经过这三轮浸润式的分层培训，学校全体教师的平台运用能力及数据提取和运用能力已经具备，为后期的精准教学实施打下了坚实的基础。通过培训，让每一位新教师感受技术服务于课堂的效率和魅力，从而逐渐提升自身的信息技术水平，优化课堂教学的实施方式。

三、研训载体的设计与运用

在精准教学研究的过程中，研修载体的构建起着至关重要的作用。因为创设富有价值引领和智慧激发，形式多样的载体，能有效激发教师的参与热情。在研修的过程中，创设良好的团队合作氛围，形成互助合作的形态，是激发教师内驱力的关键。

在课堂教学实践的过程中能让教师基本形成对精准教学的理解并形成精准教学的教学策略。为了让教师的精准教学能力稳中有进并达到内化提升的目的，学校依据精准教学的特点和需求，分层、分类创设了新教师成长营、精准教学擂台赛、精准教学艺术展、精准教学实践延伸四大载体，助力教师精准教学能力的提升。

（一）新教师成长营

在采荷三小，五年内新教师占到了教师总数的一半以上，他们的成长直接关乎着学校精准教学的有序推进。为此，集团特别为这个群体专门搭建了成长营平台。

1.暑期新教师成长营

暑期研修形式上通过按教龄分层、学科师徒结对、集中和分散相结合的形式，促进新教师理念的转变，提高新教师的业务水平和能力，为新学期教育教学工作的顺利开展做好充分准备，为新教师的专业快速发展提供平台。活动前期，学校精心策划，由33位导师带领69位新教师共同研修和成长。研修内容涵盖了教育理念、教育教学、课堂管理三大模块，形式丰富多样，设有辩论赛、名师答疑、情景剧表演、模拟上课、集体磨课、自主研修……一系列扎扎实实的研修内容让新教师读懂了教学内容，了解了精准教学，更认识到了教师角色的神圣和肩头沉甸甸的责任。

2."采三之夜"菜单式研修

"采三之夜"是五年内教师专属研修平台，每两周的周三18：00—20：00是固定的研修时间。所谓菜单式研修是根据教师和精准教学的实施需求确定研修项目。学校师训部选取的研修内容将直接取材于教师的问卷反馈和观察记录。我们将教师的共性问题按教师需求量先后排序，把大多数教师存在的问题放在菜单的前面，并以"问题"为中心，设置不同的研修项目，鼓励有同样问题或困惑的教师参与共同的项目研修，共同学习、解决这类问题，并在此基础上撰写小组讨论结果，在后续集体讨论中分享心得，并听取其他教师的有益建议。

对教师的实然需求进行论证和明确后，开发培训菜单，并对教师进行第二次问卷求证。发挥教师在培训中的主体地位，实现培训过程中的同伴互助。

从表7-2可以看出，我们对新教师的培训有分有合，既有针对全体新教师的，也有针对不同教龄新教师的；在内容上，既有精准教学的，也有关于班主任工作、教学科研的。通过这样的培训，来提高新教师的教学水平。

表7-2　2019学年"采三之夜"研修菜单

集中学习					
研修类别	培训日期	培训内容	培训教师	学分	建议参训教师
教学	9月18日	基于精准教学的教材解读与备课	杨欣、新教师	10	一至三年内新教师
教学	10月16日	精准智慧案例评析（Temlodl使用）	李建超、宋利利萧恩颖	10	全体新教师
其他	10月30日	畅谈读书方法，交流读后感受	黄升昊	10	全体新教师
教学	11月13日	师徒结对交流	蒋慧萍—叶田田单海珍—胡诗瑜赵萍—胡子凡	10	一至三年内新教师
德育	11月27日	班主任工作分享（家校沟通的困惑）	名班主任	10	一至三年内新班主任

集中学习					
研修类别	培训日期	培训内容	培训教师	学分	建议参训教师
教学	12月11日	教育教学叙事分享	杨欣、新教师	10	全体新教师
教学	12月25日	基于精准教学的期末复习	新教师	10	全体新教师
科研	2月19日	德育论文撰写	郑国强	10	全体新教师
科研	3月5日	教育教学案例评析	全晓兰	10	一至三年内新教师
教学	3月19日	名师课堂赏析	校级名师、骨干教师	10	全体新教师
科研	4月1日	如何开展精准教学课题研究	贾海英	10	全体新教师
教学	4月15日	课堂生成资源再利用（精准教学课堂教学案例分析）	黄升昊	10	全体新教师
教学	4月29日	智慧App使用	卢山	10	全体新教师
科研	5月13日	如何撰写结题报告	周建芬	10	三年以上新教师
课程建设	5月27日	精品课程建设	徐益萍	10	三年以上新教师
必修学分	110分				

(二)精准教学擂台赛

在教师培训过程中用技能大赛和业务竞赛来激发教师的参与热情与能力,是屡见不鲜的做法,这样的活动参与者确实会受益匪浅,但旁观者却收效甚微。为了一改这个弊病,学校将全体教师按照入职年限和水平划分了两个组别,分别是"菡萏""水华"。针对这两个不同层次的教师开展教学能力系列大赛。学校创新研修形式,为了确保每位教师全情投入,大赛以团队

的形式进行比拼。

1.“菡莒杯”青年教师精准教学技能大赛

青年教师的快速成长离不开有效的研修载体的构建。在研修过程中，创设良好的团队合作氛围，形成互助合作的形态，是激发教师内驱力的关键。针对35周岁以内的青年教师，学校开展了“菡莒杯”青年教师技能大赛。

大赛内容包括理论测试、精准课堂教学、精准教学设计、评课、说课系列比赛。值得一提的是，为了让所有人都动起来，充分参与，本次活动以教研组或备课组为单位，相应年龄组员抽签成组参赛，一起备课，轮流试教，除了教学设计，其他项目均到最后时刻抽签决定参赛者。背负着整个组的荣誉和压力，所有参赛人员全身心投入，几乎到了废寝忘食的地步。

【案例7-6】 “菡莒杯”青年教师精准教学技能大赛实施方案

一、指导思想

教育教学水平的提升是提高青年教师教学质量的关键。为进一步推进学校精准教学的研究，加深青年教师对学问课堂的认识，加快青年教师成长，激励青年教师不断改进教学方法，提高授课质量，加大师资队伍的培训力度，完善教学管理体制，全力推进我校教学工作扎实开展。经研究决定举办“菡莒杯”青年教师教学技能大赛，特制订活动方案。

二、活动目标

此次活动旨在为全校青年教师铺设施展才华的舞台，使教师的独立备课能力、课堂教学组织能力、教学创新能力得到锻炼和提高，引导教师加大课堂教学研讨力度，密切关注课堂教学的有效性，从而不断提升课堂教学水平。

三、组织机构

为保证本次活动顺利开展，成立“菡莒杯”青年教师教学设计大赛领导小组。

组长：黄升昊

成员:张智利、华珊、方文广、周建芬

四、参赛人员

所有35周岁(含35岁)以下的青年教师全员参与。

五、比赛流程

(一)教学设计评比

1.时间:12月4日放学后。

2.内容:现场提供。

3.地点:江锦教室。

4.具体实施:90分钟内手写一课时教学设计,不得携带任何参考资料。

(二)基本功大赛

1.时间:12月12日18:30—20:00。

2.学科:【数学】解题能力、【语文】现场写作、【科学】实验操作及评价、【音乐】自弹自唱、【美术】现场绘画、【体育】动作示范、【英语】话题演讲。

3.地点:各专用教室。

(三)课堂教学评比

1.时间:12月16日8:00—17:00【备注:上午4节,下午2节】。

2.内容:现场提供。

3.学科:语文、数学、英语、科学。

4.形式:说课(5分钟)+上课(30分钟)+评课(5分钟)。

5.具体实施:(1)12月4日随机抽签,组合语、数参赛小组(语文2组,数学2组)【备注:英语、科学不抽签】,提供课题。

(2)各组推选好联络员,学校公布参赛课题。

(3)组员分组备课。

(4)12月15日,学校抽签决定第二天上课、说课教师。

(5)比赛当日(12月16日)展示课结束后,现场抽签选取评课人员。

6.地点:江锦报告厅。

六、活动评委

1.学校领导。

2.特邀专家(各科教研员)。

3. 满35周岁的教师代表(随机抽选每个教研组2名教师做副评,避开自身学科进行评价)。

七、评分规则

采取百分制,专家(主评)评分占70%,副评占30%,计算总分为最后得分。

八、奖项设置

本次"菡苕杯"青年教师教学技能大赛单项获奖名额取参赛人数的30%;团队奖:一等奖1个,二等奖2个。对获奖者学校给予奖励。

此次活动为全校青年教师铺设施展才华的舞台,使教师的精准教学独立备课能力、课堂教学组织能力、教学创新能力得到锻炼和提高,引导教师加大课堂教学研讨力度,密切关注课堂教学的有效性,从而不断提升精准教学课堂教学水平。

2."水华杯"骨干教师精准教学技能大赛

水华指的是35周岁以上的教师。为了更好地激发骨干教师的积极性,发挥他们在精准教学上的示范引领作用,从而推动精准教学研究向纵深方向发展,学校专门为这部分老师开设了擂台,内容包括现场抽题目撰写精准教学课堂教学设计、精准教学白板课件制作、精准教学课堂教学大赛。跟"菡苕杯"一样也需要抽签分组作战。

【案例7-7】 小小包装盒,精准大课堂

上课环节:数学组"∞"战队的杨纯老师从节约的角度带来了生活中数学问题的思考——"包装的学问"。小小的包装盒里到底藏着什么样的数学奥秘呢?我们一起来一探究竟吧!

杨纯老师从生活入手,深入浅出地为学生带来包装的学问。整个课堂,学生的探究兴趣极高,在多次激烈的思想碰撞后,学生知道了包装中的学问。

评课环节:"∞"战队的周敏老师本着"以学定教、多元建构,让思维渐次深入"的教学理念,指出本堂课旨在以学生的实践操作为中心,使学生全员参与、全程参与,真正体现其主体地位。

【案例7-8】 纤笔七水华,红霞耀精准

上课环节:"纤笔七枝"战队的徐旭甄老师倡导"以生为本",倡导"自主、探究"的学习方式,让孩子们在充分朗读的基础上,感受人物形象,体会写作方法,并学以致用。整节课基调扎实又有趣,让在场的老师不禁赞叹道:"真是一个优秀的骨干教师! 一个优秀的班级!"

评课环节:包老师在说课中,特别强调了本课的教学亮点是始终基于精准教学,从学生的实际情况出发,聚焦课堂重难点,使学生有增量。

"水华杯"竞赛平台颠覆了大家的认知,骨干教师原来也可以那样活力满满、激情无限,在这个活动中骨干教师团结一心,用最简单而直接的方式向青年教师传达了他们对精准教学的理解,让青年教师受益匪浅。活动过程中的观点碰撞,更是让精准教学的理念得到了升华。

(三)精准教学艺术展

精准教学艺术展是学校的又一研训载体,这一载体的功能主要是为老师们进行精准教学搭建一个展示、交流、分享的平台。

1.精准教学论坛

在不断构建实践和研训载体的同时,经验的分享和反思是提升内化的关键。在组队竞赛之后,基于各组的研究主题,开展精准教学主题报告是为了引发对精准教学的深入思考以及为今后的发展助力。论坛中每个学科的代表,都以"菡苕杯"和"水华杯"的赛课为蓝本,交流组内老师们共同研课的经历,分享精学教学的实践体会。由于全体教师全程参与听课活动,所以会很有浸润感,也会有共鸣。经过提炼和加工的设计理念与现实案例的紧密结合能让听众在精准教学研究的广度和深度上有进一步的提升,为精准教学的深入研究打下基础。

2.精准教学成果展

教学不仅是一门科学,包罗万象,更是一门综合的艺术。精准教学的研究形式也可以有外延。通过一系列课堂实践的研究和坚持,老师们都纷纷

有了自己的精准教学研究小成果，举办艺术展让智慧共享。艺术展主要展示了"特色作业""识字小报""精准备课""趣味软件"以及自己的精准教学课堂教学随笔等。各种教学思想、教育智慧在这里碰撞交融，产生新的火花。在教学部门的组织下，每位老师都观摩、体会、摘录，边学习边记录，在欣赏的同时反思自己的不足，让精准教学的研究在此时得到升华。

（四）精准教学实践延伸

任何理念的落脚点最终都是课堂，所以突破性的研究还是得从课堂入手。实践延伸的目标是教师基于大数据精准教学课堂驾驭能力提升之后的又一次提升。

1.多维践行教学模式，在技术中突破

在充分浸润体验后，老师们在反思中不断形成对精准教学新的认识，怎样能进一步提升课堂教学效率？我们需要现代信息技术的助力。信息技术与课堂教学的深度融合历来是学校的一大特色，如何让它和精准教学紧密结合从而为教师有效把控学问课堂服务，加速提升教师课堂实施能力是学校本阶段的主要任务。

（1）运用智慧教室，丰富教学策略。在教学中，选择怎样的信息技术来助力教学，是由教学内容、教学重难点决定的，将合适的信息技术运用得恰到好处，最大限度地发挥信息技术的优势，可以让教师授课轻松一些，学生学习容易一些。

【案例7-9】 运用智慧教室的教学展示

在第二届两岸智慧好课堂邀请赛中，宋利利老师上了《西湖》一课。她和同学们看电子书，引导学生自主学习；用答题器，让课堂变得快捷有效；用软件的批注、圈画、推送等功能，与学生进行互动合作，及时反馈。将如此高效的信息技术合理运用到学问课堂中，让宋老师的课堂更加大放异彩，获得了专家评委的一致肯定。

在江干区第七届小学信息技术课堂教学展评中，王美老师通过热门推荐，利用答题器选择后台原理，以此激发学生对数据的兴趣；开展一次在线跳蚤市场活动,利用问卷星分析数据,确定商品;并通过共享单车的红包,再次激发学生的学习兴趣,由学生分组讨论单车调配的有效手段,并利用飞递功能进行小组展示交流,整堂课以学生为中心,注重学生的学习起点,并在教学过程中利用智慧教室激励学生开展自主学习,学会主动质疑,综合运用信息技术和精准教学,让教学效果得到了大幅提升。

随着智慧教室的深入研究,老师们熟练掌握智慧教室中的技术设备运用,并能根据教学设计的需要合理搭配,让学生有更多的时间进行自主探究和合作学习,解决问题的能力大大提升。

(2)实践翻转课堂,更新教学模式。翻转课堂,信息技术是先决条件,它需要对传统的"课上"讲授活动进行录制,也就是需要掌握微课制作技术。微课制作是非常综合的课程,教师要立足学情,分析教材,梳理知识点,明确重难点以及对学生学习结果的预设,通过一系列的动作及伴随实践过程的反思,教师的各项能力都会在实践的助推下慢慢提升,让能力在自我修行的内化中升华。

【案例7-10】 教师共研的新形式

在江干区小学语文"新教材有效教学"20课时培训班第二次教研活动中,我校一年级备课组通过研讨新教材一下园地八的"识字加油站"和"字词句运用",在准确解读文本内容,翔实阐述教学目标之后,8位老师变身小学生坐在课堂上模拟上课。2位刚毕业的新教师亲切自然,语言简练,用上先进的翻转课堂模式,"学生"学得有滋有味,习有所得。

如此不一般的教学效果正是得益于学校正在积极倡导的精准教学。在课堂教学中,注重以生为本,以学为本,注重质疑能力、小组合作能力,把学生的学习过程真实地展现出来。学生的思维受到不断冲击与提升,学得主动,习得有效。这是一次成功的亮相,更是一次精准教学的研究展示,在这次展示中,我们看到了学校一直倡导的精准教学卓有成效,教师的教学方式改变了，学生的学习方式变革了，我们也清楚地看到教师的学情分析能力有了明显的提升。

2.深化教学研究，在科研中升华

为了让研究更加深入人心，学校举行了精准教学案例评审和专题论文大赛，鼓励各教研组和教师个人积极参与到深度教学研究中去，让科研引领教学实践。在学校确立了精准教学重大课题之后，学校有14位老师积极申报了基于大数据分析的精准教学研究教师小课题，从中可以看出，越来越多的老师带着问题进行课堂教学实践。思想决定高度，随着科研队伍的壮大，相信学校的精准教学发展也一定会更上一个台阶。

【案例7-11】 "采三杯"第一届精准教学专题论文评选

2019年11月1日，教科室下发了关于组织"'采三杯'第一届精准教学专题论文评选"的通知，通知如下。

"采三杯"第一届精准教学专题论文评选

在精准教学实践研究中，我们学校正进行前所未有的教育大改革，老师们都亲力亲为，在辛勤付出的同时，更要及时总结、反思，扬长避短，促进个人专业发展。为了创设学校科研氛围，提升教师科研能力，现举行"采三杯"首届精准教学专题论文大赛。

一、评选范围

1.凡2018年9月1日以来撰写的论文均可参评。论文应反映通过精准教学理念转变教育思想、改革教学内容和教学方法，提高教学效率、促进学生发展上取得的成果；反映精准教学研究过程中对教材使用、教学方法、师生关系、教学评价等问题的思考。

2.已在区级以上教育行政和科研单位主持的教学论文评比活动中获奖的论文不列入本次评选范围。

3.非精准教学专题论文不列入本次评选范围。

二、评比要求

1.倡导学术诚信,严禁抄袭造假。

2.每篇论文一律用A4文本格式,标题宋体3号字,摘要宋体5号字,正文宋体小4号字,1.5行距。

3.上交时间:12月1日前各教研组长收齐电子稿,填写好汇总表(看附件),并把论文及汇总表电子稿发学校公共邮箱。

通过几轮递进式的精准教学实践研究,教师的理念、学生的学法和教师的教法都发生了显著的改变。教师的精准教学课堂实践能力以及指向精准教学的专门能力,如技术与课堂深度融合的能力、分析数据、精准制定目标、精准评价、精准个别辅导的能力、有效组织学习的能力都有了长足的进步。后期,学校将努力做到精准教学学科全覆盖,贯穿课堂全过程,力争教师全参与,提升课堂教学效率,提高教学质量,同时我们希望可以提炼出各学科精准课例,并在不同层面推广。

第二节　基于精准教学的教研组建设

教研组是学校研究教学问题的组织，也是学校与教师的研发机构之一，它不但是提升教师专业能力的重要舞台，还是培养教师形成专业归属感的基层组织。因此，学校在推进精准教学的过程中，加强教研组建设就成了一项重要任务。

一、教研组建设的路径

学科教研组是开展教学研究活动、深化教学改革的重要组织形式。长期以来，学校十分注重学科教研组建设。在学校相关部门的指导下，各教研组注重课题研究，力图通过全员科研来提升教研品质。同时不断优化教研组织方式，提升教研活动质量，促进教师优质成长，从而提高学科教学质量和学校办学品质。

（一）注重课题研究，提升教研品质

在日常教研活动中，我们注重将课题研究与教研活动有效结合，这样就可以在理论和实践之间架起一座桥梁，一方面让教研活动有课题的引领，从而避免"埋头拉车"；另一方面让教育科研有教研的依托，从而避免"纸上谈兵"。

1.以重大课题为引领，明确教研重点

围绕学校重大课题"基于大数据分析的精准教学研究"，教研组确立了"学科精准化教学策略研究"的子课题，以此营造浓郁的科研氛围，开展丰富的教研活动。

（1）精选骨干，精准研究。教研组从各备课组中精选骨干教师参与学校重大课题的培训、研究等活动。比如，语文教研组申报了"语文学科精准化

教学策略研究",组内老师分别针对识字教学、阅读教学、习作教学的精准化策略进行深入探究,由骨干教师引领组内成员开展研讨活动。

(2)重视培训,提升能力。教研组非常重视课题组成员的培训工作,利用固定的教研日以多种形式组织老师阅读相关专著,进行理论学习,并多次邀请专家深入课堂加以指导,老师不仅提高了自身的专业素养,也提升了科研能力。

(3)管理过程,注重实效。教研组还十分注重课题研究的过程管理,重视资料的积累,多次利用教研时间组织老师进行汇报、交流,老师在专家的指导下,根据精准教学理念,积极进行实践探索,在不断讨论、学习、实践、总结、反思、改进等过程中积累了丰富的经验,取得了良好的成果。由于教研重点明确,研究热情高涨,研究行动扎实,因此教研活动的品质得以不断提升。

2.以专题研究为主线,构建教研体系

"教而不研则浅,研而不教则虚",为了提升教研实效,我们紧紧围绕专题研究的主线展开,不断思考,不断实践,构建了较为合理的教研内容体系。

【案例7-12】 语文教研组的课题研究

语文组以年级为单位,每个年级组成立一个备课组。期初,教研组就每个备课组教学中存在的问题指导各备课组成立课题组,每组由一位老师任课题负责人,组织大家一起确定研究主题,撰写方案,以问题为驱动,积极思考对策,开展课堂教学研究。每个备课组任教的年级不同,教学目标、教学内容等也各不相同,所申报的课题也不同,如低年级的三个备课组分别申报的是"基于前概念差异分析的低年级识字教学策略研究""低段教学中理解关键词的策略研究""借助多种方法概括段意的实践探索",而高年级的三个备课组则申报了"基于前测提升学生概括能力的研究""小学语文高段'随文练笔'的实践研究""小学高段'作前指导课'范式建模的实践研究",以上课题有的立项成为杭州市规划课题,有的立项成为江干区规划课题,没有在市、区立项的课题方案则转为校级立项课题。

教研组非常重视问题导向,要求人人树立问题即课题的意识,对教学工作中出现的实际问题及时有效地开展研究。各备课组定期举行研讨活动,或预测课堂教学中可能出现的动态生成问题,以预设应对措施;或组织组内教师开设教学研究课,以检验预设方案的效果,再共同讨论、修改完善。在此过程中,教研组的每一位成员都以研究者的角色置身于教学情境中,以研究者的眼光审视和分析教学理论与教学实践中的各种问题,对自身的行为进行反思,对出现的问题进行探索,对积累的案例进行分析,从而逐步构建起完整、科学的教研内容体系,切实提升教研活动的质量。

3.以课例研究为载体,创新教研范式

课例研究是一种"以'课例'为载体,以观察为手段,以教学问题为对象,以互动对话为特征,以行为改变为目的的教学研究"。它有利于引导教师关注真实的教学场景,运用科学的研究方法,通过实践、观摩、反思、交流等活动实现价值共享和专业成长。教研组积极开展课例研究,努力创建课例研究的教研新范式。

比如,语文教研组高段备课组的老师在江干区名师任永光老师的带领下,坚持小学高段"作前指导课"范式建模的实践研究。在专家的指导下,组内老师积极开展课例研究,探索精准化教学策略,形成了"一核三程习作教学"新范式,并多次在江干区"一核三程课堂教学新范式"90学分培训活动中分享教学理念及教学案例,受到老师一致好评。

中段备课组的老师在教研员杨欣老师的指导下,进行阅读教学课例研究,形成了"课前弹性预设,课中'链接旧知—自主探究—合作迁移—仿写实践—总结拓展',课后发现与建构新知识"的精准化教学新范式,大大提高了教学效率。

低段备课组的老师则开展了"基于前概念差异分析"的识字教学课例研究,形成了"前测反馈—交互学习—再现巩固—后测练习—个性作业"的课堂教学新范式,利用前测、后测数据分析,结合汉字的构字规律及学生的识字特点等进行精准化教学策略的深入探究,卓有成效。在片区教研活动中,课题组成员多次展示成熟的教学课例,分享识字教学经验。课题负责人林红珠老师还应邀在"长三角基于大数据的区域教育变革评价论坛"中进行案例分享和经验介绍,获得与会专家和老师的高度认可。

(二)优化组织方式,促进优质发展

不同的教研组织方式有着不同的功能,发挥着不同的作用。优化教研组织方式,不仅能发挥教研组内不同层面老师的能动性,达到活动成效最大化,还能促进教师个体的差异发展、共同进步,从而提升教师专业水平,促进教研组优质发展。

1.领衔式名师工程,实现联动效应最大化

教研组在校长室、教导处的指导下,成立了名师工作室,每个工作室均由数名青年骨干教师、新教师组成,充分发挥传帮带作用,将先进理念、优质资源辐射到每一位教师,从而提高整个教研组的教育教学能力。此外,教研组还为每位新教师配备师傅,在日常教学工作中,师徒们互帮互学,共同发展,实现联动效应最大化。如语文教研组就建立了以名师工作站为载体的新老结对(见图7-1)。

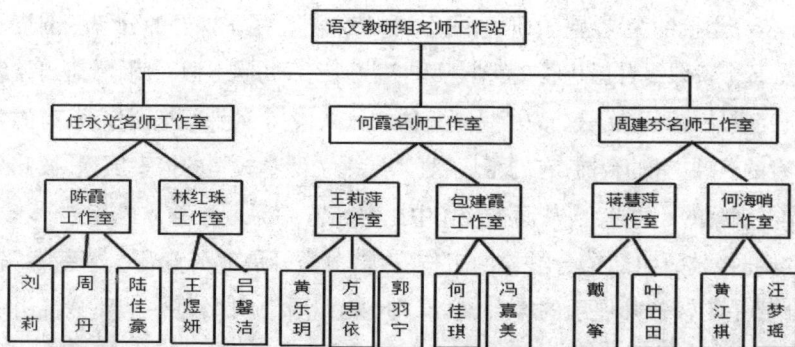

图7-1 语文教研组名师工作站组织结构

2.集散式培训项目,提高教学研究适切性

学校以年轻教师居多,为了更好地提升新教师的教学科研水平,我们采取了"集散式"培训方式(集中培训、分散培训、集中培训与分散培训相结合等方式),提高教学研究的适切性。

集中培训是由教研组组织的全组培训,包括"请进来、走出去"等活动形式。如组织组内全体教师到上海、苏州等知名学校进行异地培训,邀请专家

来校进行课题方案、论文写作、学科教学等培训，组织教师参加暑期教学技能培训及两周一次的"采三之夜"学习会等。培训内容丰富，既有课堂教学展示等实践操作，又有论文写作指导等理论学习；既有书法技能等外界的指导，又有读书心得等组员的分享。培训形式也多样，涵括专家讲座、骨干示范、团队研磨等多种样式。同时，我们还积极探索以自组织的方式成立项目组、研究共同体、工作室，通过微项目、微论坛、微讲座、专家面对面等方式，开展小型多样的分散培训，以满足老师的个性化教研需求。此外，我们还努力尝试把集中培训与分散培训相结合，用更为灵活的组织方式来提升教研活动的质量。例如，在教科室的帮助下，我们开展了论文写作的专题培训，先请专家对全组老师进行集中培训，再由名师工作室指导老师进行论文写作和反复修改，然后请专家面对面点拨，进行修改和完善。这种集中与分散相结合的培训方式，不仅让老师习得了理论，参与了实践，还让老师获得了系统的知识，得到了个性化的指导，成效十分明显。

3.抱团式评比展示，促进教师整体提升

依托学校的大课题，教研组根据学科特点进行了子课题的分解。围绕子课题，每个备课组自行开展文献学习和实践研究。每隔一段时间，教研组就组织研究成果的评比展示。为了呈现集体的风采，各个备课组抱团作战，有的上课，有的评课，有的台前，有的幕后，真实展现了课堂教学的探索历程，彼此分享学习观摩的心得体会，从而在合作中比学赶超，在展示中整体提升。

同时，教研组还结合学校的工作安排，分类开展业务竞赛。"菡萏杯"教学比武是年轻教师展示的舞台，备课、上课、说课、评课，每一个环节都由现场抽签决定，极富挑战性。年轻教师在完成理论考试后，都会以团队合作的形式进行课堂教学打磨，互相贡献智慧，彼此取长补短，在共研共磨中快速成长。对于成熟教师，"水华杯"教学展示则是一展风采的舞台。在一次次团队合作的打磨下，执教者更新教学理念，优化教学设计，反思教学行为，不仅实现了自身的迭代升级，也带动了年轻教师的学习成长。

二、围绕精准教学的教研组活动

基于学校现有的硬软件配备基础和教师信息技术应用能力、教学实践研究能力,学校拟定以通过大数据、人工智能环境下教与学的改变为切入点,开展"基于大数据的学生个性化学习研究",重点探索如何通过大数据平台实现每个学生的学习个性化,实现精准选择。

(一)语文学科基于大数据指导的网络阅读个性化学习研究

学校自2014年开始实践以Moodle网络阅读学习平台和"数字童年"为载体,通过"好书推荐""阅读指导""阅读测评""读书感受"等板块,有效管理和推进学生的课外阅读。

实践中,我们深切感受到阅读测评的数据精准呈现和问题的即时反馈对学生个体的触动很大,他们能由此得到激励或是就不足之处展开反思和自省,从而主动调整学习状态,完成阶段性学习目标。以此为基石,开展"基于大数据指导的网络阅读学生个性化学习研究",我们的步履更坚实。

1. 完善Moodle网络阅读学习平台和"数字童年"应用平台

Moodle网络阅读学习平台上的"阅读测评""读书感受"等项目有选择、判断等客观题,以及主观题的分享交流板块。每个学生的完成情况后台均有完整的记录。班级整体阅读状况数据库也有数据统计,但数据的呈现过于简单,类别划分还不够细致,更缺乏改进性的指导建议。我们设想"细化阅读测评题型的编制,改进阅读测评数据统计的类型,设置学生个体Moodle网络阅读学习平台的学习到学校数字童年成长记录平台的自动推送"。有效改进学生网络阅读的丰富性、大数据采集的科学性、学生阅读记录的延续性。丰富学生阅读学习的旅程,记录学生的幸福童年。

2. 开展学生个别化阅读精准指导跟踪研究

基于Moodle网络阅读学习平台提供的数据信息,对学生进行一定的分类,并确定不同层面的个别学生,作为个性化学习研究的对象,进行定向跟踪,实现精准模式研究。后期可以借助数据,开展很多子课题的研究,如某个年级的孩子喜欢阅读哪类书?读哪类书对孩子有哪些影响?可以对比区级、校区、年段、班级相关阅读数据,在各类的横比和纵比中寻找发现规律,为老师提供参考数据,为开展相关阅读教研活动、精准教学而服务。

3. 优化学生的阅读评价

用大数据来量化学生的阅读,可以了解学生的阅读兴趣、阅读量、阅读对他成长的帮助等,使老师对学生的评价不再单一。用数据来说明,以学生的阅读态度、阅读能力的提升为支持,评价更科学,内容更丰富。

(二)数学学科基于大数据的学生个性化学习策略研究

《义务教育数学课程标准(2011年版)》指出:"数学要面向全体学生,使得人人都能获得良好的数学教育,不同的人在数学上得到不同的发展。"每个人学习能力有差异,要在同样的课堂上做到所有学生都达到一样的教学效果是很困难的。大数据的采集和使用,使教师准确掌握了学生的学习起点,能科学调整教学节奏,开展分层教学,为那些学得特别快或特别慢的学生打造课堂学习的最优方案。

1.运用"有痕日常阅卷系统"扫描仪采集分析数据,开展复习

有痕日常阅卷系统为教师减负的同时,能全面获得主客观题得分信息,采集到教师所需要的信息,进行精细化分析。教师在准确掌握学生学习情况的基础上,开展针对性纠错巩固练习事半功倍。在这些数据的支持下设计每课每单元过关检测,让学生及时完成,教师通过系统得到完成结果,分析数据,可以全面了解学生本课或本单元的掌握情况。

2.课堂教学中收集数据,进行针对性个性化教学

课堂教学通过前测,分析数据,教师则能了解学生的起点在什么地方,知道面向全体学生该教的是什么知识,个别学生需要特别了解哪些知识点,从而能精准地根据学生需求进行个性化教案的预设。课堂练习中,利用答题器及时反馈的数据,进行讲解分析,提高教师讲解的精准和必要性。

3.通过大数据制作微课,为学生个性化学习提供资源

通过前测得到数据或者过关检测系统反馈的数据,整理学生易错点或教学中的知识难点,然后根据需求制作"微课"。微课学习基本不受时间和场地的限制,时间短能让学生集中注意力;主题明确,能够作为辅助手段更好地落实和突破教学重难点;并能反复学习、针对性强,使课堂效率得到有效提高。

(三)科学学科HiTeach智慧教育系统背景下的学生实验改进策略研究

在目前的小学科学教学中,实验始终是课堂教学的重要组成部分,而实验策略的选择与制定始终需要面对一个精准化、个性化的问题。在面对差

异化、分层化的学生时,现代教育技术为我们提供了一种多层次化的实验策略实施的可能性。

学校作为浙江省首批数字化实验学校,多年来始终紧跟教育信息化发展趋势,重视智慧教育在各科教学中的应用,其中2016年引入台湾网奕科技资讯有限公司的HiTeach智慧助教系统,逐步开展全方位的学科教学实验。而科学学科作为学校首批试点学科,具备了基本操作能力以及提高发展的意愿,同时在多次的教学尝试中感受到了该智慧教育系统对实验策略的影响,因此,本组教师具备了充分的意愿来开展此项研究,意图通过本项研究能有效总结归纳出一些适合学生发展规律的实验策略,加以运用,最终推广实施。

目前针对小学科学的HiTeach智慧教育系统的实验策略研究非常少,尚无成熟的研究成果。学校科学组具备了HiTeach智慧教育系统的熟练应用能力。我们将重点研究"HiTeach智慧教育系统提升智慧教育系统在实验教学中的分析诊断作用""以HiTeach智慧教育系统大数据为依据,实现教师实验设计的精准化分层",避免学生重复劳动,能为学生提供更精准的实验体验。

(四)英语学科的应用学习平台开展个性化教学实践研究

每位学生都是一个独立的个体,学习者由于年龄、性格、认知方式、生活环境等方面的差异而具有不同的学习需求和学习特点,因此英语学习在很大程度上也是一项个性化学习。英语组老师们尝试探究一套在减轻学生课业负担的同时也能有效提高学生语用能力,切实体现英语工具性与实用性的个性化学习方案。

1.运用"一起作业"平台即时调整教学

大数据时代下的线上作业平台"一起作业",突破了以往作业来源单一、作业形式单一、作业完成结果单一、作业评价方式单一的桎梏,不仅让学生的学业水平显性化,同时也让学生能够充分了解自身学业进步、交际技能和语言体验成长。教师在移动端设定同步教材和内容范围后,即可自主布置随堂训练或针对性训练,链接多种听说读写题型。每一次的作业布置,教师都可以根据学生的实际学习情况设定完成时间。教师检查作业时,既可以根据学生查看,追踪学生完成作业所耗具体时长及学习得分,也可以根据题目查看,了解每一个模块每一道题目学生的掌握情况,从而及时调整课堂实际教学。作业平台自动生成的班级高频错题集、周报告和学情评估也为教师在平行班级间布置分级、个性化作业提供了直观的数据化依据。

2.斯坦福学习平台:Home-study模式下的自主学习实践

借助移动终端的学习消除了课堂情境下师生面对面英语交流的压力,创设灵活自由的语言环境让学生畅所欲言,大胆开口说英语。Home-study模式下的自主学习关注学生个性化的学习方式,恰到好处地解决了学校学习因为时间和空间所限导致的“一刀切”现状。系统根据每位学生在开始学习前参加的前测结果确定后续相应的课程学习,同时在学习过程中,教师可通过管理系统追踪学生的学习过程,如学习进度、课程学习得分和功能键的使用率等,并在课堂上展开有梯度、有针对性的教学设计,进一步精准课堂教学。

3.Brother智能测评的实践应用

Brother智能测评系统根据导入测试数据形成班级成绩、学生高频错题等精细化报告。教师通过深入分析报告,大至平行班级间对比,小至听力具体题型失分,细致地查漏补缺,为指导学生制订后续学习计划、调整学习策略打下坚实的基础。

学校各教研组通过大数据平台实现学生学习个性化和精准选择的研究,实现在大数据、人工智能环境下教与学的改变,有效推进新课程改革的深入探索。

三、教研组考核评价

教研组的发展离不开科学、规范的管理,而科学、规范的管理有赖于良好的制度。近年来,教研组在广泛征求意见的基础上,不断地修改、完善各项制度,大大提升了教研组的活动效率,激发了全组教师的积极性。

为规范教师的教学行为,教研组出台了《教师教学常规细则》和《学生常规细则》,以指导教师规范地开展备课、课堂教学、作业布置、批改、提优补弱等工作。备课组根据两大细则,每月如实检查、记录本组教师各项活动开展情况及常规落实情况。教研组再汇总相关信息,对每位教师的各项表现进行量化打分,给予相应等级的评价。

与细则内容相对应的是每个月的绩效考核,每个月教研组汇总一次数据,录入每月考核系统,生成数据,根据数据确定每位组员的考核等级。每月考核标准如下。

1.格式正确,语言规范

(1)备课完整,格式规范。

(2)语言表述准确,规范。

(3)严格执行教学计划,能超周备课。

2.备课后记,及时有效

(1)"二次备课"要针对教学实际。

(2)不整篇抄袭(下载)、照搬他人教案。每月"教学后记"不少于4篇,每篇字数达到教导处规定标准。

(3)"教学后记"要结合教学实际,认真撰写教学心得,杜绝下载或抄袭他人的"教学后记"。

3.教学科学,常规落实

(1)提前到上课地点确保做好充分的课前准备(仪器、挂图、多媒体等),检查器材保证安全,上课时间不会客、接听电话,不坐堂上课。

(2)教学内容正确,教学过程与教案设计吻合,板书规范,示范准确,学生听课习惯良好,书写、听课等姿势符合要求。

(3)关注全体学生,不随意占课,不剥夺学生学习其他功课的权利。

4.学生作业,规范端正

(1)及时完成,格式规范。

(2)学生作业正确率较高。

(3)页面整洁,书写美观。

(无书面作业的综合学科,由教学部门抽查班级学情过程性记录表)

5.作业批改,认真细致

(1)批语字迹规范,正确使用批改符号。

(2)及时批改、订正,有具体批改日期,并有二次批改的痕迹。

（3）注重对学生作业错误情况的分析，并及时开展个别辅导。

（无书面批改作业的学科教师以提供学生日常学生作业情况登记册为准）

6.教研培训，积极认真

（1）按时参加学校教研活动和校本培训，不做与教研、培训无关的事，当月听课不少于3节，有详细记录。

（2）积极接受教研组或上级有关部门下达的授课任务，效果好。

（3）认真参加区、市级教研、培训活动，不迟到早退，回校后能主动向有关领导汇报。

7.上交资料，保质按时

（1）及时上交各种教研、培训资料，不拖拉。

（2）上交资料要保证质量（主题鲜明、重点突出、条理清晰、格式规范等）。

（3）注意及时整理并保管好自己的有关教研、培训资料。

8.作业布置，科学规范

（1）作业限行日不布置作业。

（2）依照省厅减负文件规定，控制作业量。

（3）精心设计，资源共享。

教师教学工作常规是学校维系正常教学秩序的基础，是保证基本教学质量的前提，是教师做好教学工作最基本的自我规范。教师应在教学实践中努力落实常规，以便提升教学能力和素养。

第八章

收获:精准教学改变了课堂生态

　　因材施教,智慧教育,我们一直都在行动中。随着时代的发展,信息技术与课堂教学融合的进一步深入,精准教学应运而生。几年来,我们对精准教学的探索,经历了从"经验"到"精准"、从"经验"到"数据"的过程,这一路走来,有困惑也有收获。在本章的叙述中,大家将看到精准教学实施以来所带来的种种变化,当然,也有我们对精准教学的深度思考和展望。

第一节　精准教学的实践成效

精准教学的实施，促使教师进一步遵循学科教学规律和学生的认知规律，根据课程标准和学生发展的实际情况，聚焦课堂教学价值，准确把握教学目标和教学内容，构建教学结构，细化教学流程，从而带来了明显的实践效果。

一、精准教学助力学生个性成长

精准教学将课堂教学的过程更加精细化，为学生提供了更加精准化、层次化的教学，实现真正意义上的因材施教，从而让学生的学习变得更加有效，让每一位孩子实现全面而有个性地发展，最终为每一位孩子提供适合的教育，让每一位孩子都能摘到梦想中的星星。

（一）有效地提高了学生的自主学习能力

苏霍姆林斯基说过："真正的教育是自我教育。"学校的精准教学一直坚持学习前测，让学生对自身的知识储备、学习能力等情况有更进一步的了解，他们也因此更加明白自己的长处和不足，学习意识更强，学习目标更清晰。渐渐地，他们学会了课前预习，学会了自行制定目标，学会了课后巩固与拓展。

课堂上，交互式的学习模式，无论是学什么字、学多少还是怎样学，都根据学生的实际情况灵活设置，学生有了很大的自由空间，既顺利达成了教学目标，同时又激发了学习兴趣，提高了学习积极性。在学习交流过程中，他们互助互学，掌握了多样的学习方法，自主学习能力得到了很大提升。

【案例8-1】 "生活与网络"——拼图式合作学习分组

师:我们先来看一个视频,请同学们思考:网络是否改变了生活?

生1:网上购物、微信支付……

生2:支付宝支付、智能家居……网络让我们的生活更加便捷……

师:网络的作用可真强大。今天我们也要体验一下网络带给我们的变化。离我们最近的长假就是五一劳动节了,让我们来计划一次五一小长假旅行吧。

师:想去哪儿?请同学们打开iPad中的草料App,扫描大屏幕上的二维码,选择你最喜欢的地方投票提交。票数最高的就是我们的出行地点,看看会是哪儿?

师:那我们就选择票数最高的地方。出行前你会做哪些准备?

师:现在我们就分小组进行查询,请每位同学根据自己的兴趣坐到相应的小组:交通、景点、住宿、饮食、物品(共五个小组)。温馨提醒:每位同学都需要学会怎么查询,一会儿我们将组建新的小组制作旅游攻略,你将代表你们小组与其他同学进行分享。

师:现在,请每一组的1号带着你的学习工具iPad到第一小组,2号到第二小组,以此类推,看看哪个小组动作最快,动作越快可以越早拿到任务单。现在,每位同学贡献力量的时间到了,请每个小组结合组员的力量快速完成旅游攻略,可以用文字,也可以用图画,怎么方便就怎么记录,赶快开始吧。

师:现在,请每个小组派代表展示你们的旅游攻略。你的依据是什么?

师:网络已经悄然而至,正在改变我们生活的方方面面。那么,从刚才的体验中你感受到了网络的哪些特点?

生:交互性、便捷性、实时性、智能化……

从上述案例中,我们可以看到旅游目的地是通过全班投票的方式选取的,想必一定是孩子们最向往的城市,那么设计旅游攻略的热情也一定会空前高涨。而后，再把选择的自由权交还给孩子，让孩子选取交通、景点、住宿、饮食、物品中的其中一方面进行查询，学习利用网络、App查找信息的技能。最后进行拼图式分组，二次分组后每个孩子都是组内的专家，他们将第一次分组中查询到的相关信息分享给第二组组员，由此集合所有组员的成果形成一份终极旅游攻略。通过这样的任务驱动，让每个孩子都能感受到自己就是课堂的主人，尊重孩子自由选择的同时，又在不知不觉中有效达成了学习目标。这样的设计不仅有助于孩子们轻松掌握网络知识，更有助于提高孩子们的自主探究和自主学习能力，并且能够让学习真实地发生。

(二)充分尊重学生的学习差异

大班教学难免存在学生学业成绩参差不齐的现象，课堂上学生的听课状态以及对知识的掌握能力都有很大差别，传统经验型的授课方式只能满足大部分孩子的需求。而精准教学以学生为中心，通过前测了解学生的实际情况，从而使课堂有的放矢、精准有效。

课堂上根据学生的不同兴趣和不同层次，设置不一样的任务，由学生自主选择、自主探究，将学习的自主权最大限度地还给学生，这样的交互式学习形式，使课堂教学气氛异常融洽，学生既能客观地认识自己，又能客观地看待别人，于课堂中充分感受到了平等、尊重，找到了学习的信心和快乐，改善了学生的学习状态，促进了学生个性的良好发展。

【案例8-2】 人教版小学数学四年级下册"多边形的内角和"

师：我们学习过一些图形的内角和，你还记得哪些呢？

生：三角形内角和180°，正方形和长方形的内角和都是360°。

师：你们掌握得真好。我们已经知道了特殊的四边形(正方形、长方形)内角和是360°，那么其他四边形呢？任意四边形内角和都是360°吗？

生1：因为三角形都是180°，所以四边形不管什么形状也应该是360°。

生2：可以在四边形里画出长方形，剩下的就是三角形，然后把它们的角度都加起来。

生3：可以把所有四边形都分割成三角形，因为分成长方形也可以再分割成三角形,所以还是都分成三角形更好。然后数一数里面一共有几个三角形。

师:你们的想法都很好,想到了把不会的知识分解成已经知道的知识,那么就请你动手把四边形按自己的想法画一画、分一分、算一算,四边形的内角和究竟是多少度。

师:经过不同的方法,我们证明了任意四边形的内角和都是360°。那么任意五边形、六边形的角度,你有方法证明吗?请你挑战一下表格上的内容(五边形、六边形、十边形、N边形的内角和),说一说你的发现。如果有困难,可以同桌合作;也可以观看微课,了解方法。

生1:五边形、六边形我都把它分成三角形,再数一数分成了3个和4个三角形,所以五边形的内角和就是540°,六边形的内角和就是720°。

生2:十边形也可以分成8个三角形,所以内角和就是1440°。

生3:我经过前面的分割,发现所有多边形图形都可以分成三角形,三角形的个数和边数是有固定关系的,边数−2=三角形个数,那么所有多边形都可以求出内角和度数了。

师:为什么你们想到都分成三角形,而不是四边形、五边形呢?

生:因为三角形是最小的图形,所以大家都可以分割出三角形。但是四边形、五边形,不一定能分割出。

师:你们说的都很有道理。那么把图形分割成三角形,除了这种从一点出发的分法,还有其他分法吗?请你研究一下。如果有困难,也可以继续观看微课进行学习。

……

上述案例中,教师充分尊重每一个孩子的个性特长,激发他们大胆表达、交流,鼓励他们从不同的角度来认识内角和,采用不同的方法来表达自己的想法,用不同的知识和策略来证明自己的想法,学生有了独特体验,对内角和形成了自己的理解,极大地调动了学习积极性。这样的课堂关注学生的个体差异,尊重学生的多元化思维,不仅给了学生自由发挥的时间与空间,更凸显了学生的主体地位,调动了学习积极性与主观能动性。

（三）整体提升了学生的核心素养

学生的学习能力和学业水平是学生成长的重要指标。经过一年多各个学科的精准教学课堂实践，学生的学习能力得到了显著提高，学业水平稳中有进。近几年，采三学子一直保持良好的学业水平，得到了学生和家长的一致认可。其中，2017—2019学年的四到六年级语文、数学、英语、科学在江干区学业监测中，每学期都交出了令人满意的答卷，学校已经连续7年获得"江干区教学质量优秀奖"殊荣。

同时，采三学生在体质健康方面的表现也很优秀。学校足球队通过短短几年的积累和沉淀，在2019年获江干区小学生足球赛第二名，并作为代表队参加杭州市"市长杯"足球联赛，取得杭州市第七名的成绩。学校啦啦操队无愧于"冠军队伍"的称号，曾连续4年获得全国啦啦操联赛（杭州站）冠军，连续4年获得杭州市少儿阳光体育健美操、啦啦操锦标赛冠军，更是蝉联其他多项赛事的冠军；2018年全国啦啦操创意展示大会特等奖；2015年浙江省首届啦啦操锦标赛小学甲组第一名；浙江省教育厅、浙江省体育局举办的浙江省第十四届中学生运动会2017—2018年度啦啦操比赛普及推广组二等奖。在各训练队的共同努力下，学校综合运动会团体总分获得2019年江干区中小学生运动会第五名的好成绩。

在少先队各项评比中，胡晨轩获杭州市第二届中小学生"我的春节"主题征文大赛《寻根家乡的桥》一等奖；许晗诺获2019年杭州市"火炬金奖"少先队员。此外，近3年来，共计400余人获"校优秀少先队员"荣誉称号，150余人荣获"江干区优秀少先队员"荣誉称号，20余人荣获"杭州市优秀少先队员"荣誉称号。

此外，采三学子还积极参加各种大型活动，展示少先队员良好的精神风貌。近几年，学校学生经常被邀请参加全国"千课万人"的教学展示活动，涉及语文、数学、英语、音乐等多个学科，学生在课堂上的学习积极性、自主学习能力、合作学习能力等，都让与会的专家和老师们刮目相看，赞不绝口。2018年9月在江干区第十六届运动会开幕式上，学校近1000名学生齐跳啦啦操，在结尾时快速变换成"潮"字，鳞次栉比，令人叹为观止。学校还开展以班级为单位的啦啦操校园竞赛，比赛加入自选动作，自主性、探究性更强，每个班都有抢眼的表现,这也充分体现了学校的啦啦操运动深受师生的喜爱。

二、精准教学促进教师专业发展

精准教学的实施让老师们学会了获取数据,并运用数据说话,从而指引教学走向更精准。学校以市重大课题"基于大数据分析的精准教学研究"驱动教师信息素养的提升,探讨在教育信息化背景下的教学新形势,以此搭建教师沟通与交流的平台,让教师在实践中思考,在研究中提升,更好地帮助教师专业成长。

(一)深化了教师践行精准教学的观念与行为

全体教师在学校大量的精准教学研究中,参加了精准教学课题的实践,对精准教学的核心理念达成了共识。学校的每一位教师都认同,教学首先要关注学生的前概念,了解学情;关注不同层次,设置分层活动和分层问题;关注不同基础,布置分层作业,逐渐让课堂做到步步精准。随着实践的不断深入,老师们正在从观念的认同转变为行为的认同,由此备课也更加精准,问题解决也更具针对性,努力做到将课堂还给学生,让课堂私人定制化。

1.文科类教师教学观念与形态的转变

一开始,文科类教师面对精准教学的实践存在一定的畏难情绪,认为文科不像理科那么理性,没法及时用数据统计出答案的对与错,精准教学实践存在困难。随着学校课题研究的不断深入,各科教师都对精准教学有了新的理解,并尝试在自己的课堂中实践精准教学,文科类教师也是如此。例如,语文组教师设计了课前预习单,通过字词积累、把握主旨、学有所思三个板块对学生的前概念知识进行检测,教师对预习单数据进行收集和整理,精准确定教学目标和教学重难点。课堂上,教师会尽可能做到关注不同层次,比如在《海底世界》一课中,教师会引导学生利用EVO OCEAN这款App自主选择自己感兴趣的内容进行探究,可以是海洋生物的外形、捕食、活动、逃生方式等,由此仿写出来的内容一定会更加生动有趣。课后,为了关注不同基础的学生,教师尝试布置分层作业,第三章提到的语文学科分层作业即是很好的案例,学生可以根据自己的喜好和能力,选择制作小报,或是打卡记录,或是错字整理,在达成教学目标的同时又充分尊重不同学生的个性差异,有效提高学生的学习兴趣和学习积极性。

2.理科类教师教学观念与形态的转变

相对而言,理科开展精准教学的可行性更强,可以通过答题器、正确答案统计等方式即时了解学生的学习情况。在传统的理科教学中,老师们通常采用画正字等手工统计的方式整理学生的学习情况,为确定教学目标提供有力的依据,但这样的方式一方面降低了教学效率,另一方面也浪费了教师大量的时间和精力。随着学校课题研究的不断深入,答题器、平板、HiTe-ach等软硬件的水平不断提高,老师们开始尝试在课堂中采用信息技术工具来采集学习数据,反馈学习情况,不断提升学习效率。在日常教学中不难发现,数学教师开展前测的频率正在逐步提高,教学目标的确定变得更为精准;并且开始尝试在课堂中通过答题器、飞递等方式即时了解学生的学习情况,由此调整课堂教学策略,不断提高课堂教学效率。

(二)加强了教师实施精准教学的策略和能力

为促进精准教学进一步落地课堂,采荷三小的教师们以团队为单位,通过线上线下研讨、现场团队展示、录像观摩反思等活动,进一步加强了教师实施精准教学的策略和能力。下面以"菡萏杯"精准教学能力大赛为例进行阐述。

1.线上研讨,线下备课

菡萏教师根据学科不同共分为11个小组,小组成员通过电脑随机抽签产生。开始阶段,各比赛团队充分利用之江云平台进行线上个人思考后的发言以及团队备课后的观点发言,由此明确相关课题的前期资料和主要方向。之后利用线下两周左右时间,11个小组进行集体备课,从最初的课题确定到最后的教案定稿,各组反复打磨(如语文2组在最后定稿的时候已经是11稿)。在确定教案的基础上,各团队进行多次试教,最终集合团队成员的集体智慧确定最完美的课堂呈现(如科学组6位老师,每天1位老师试教、评课,反复修改教学设计)。

2.团队展示,即时点评

"菡萏杯"精准教学能力大赛活动现场开展了11个学科的课堂教学展

示,每个团队包含团队展示、个人上课以及抽签说课,团队对自己的设计理念做阐述,展示教学亮点。其中,个人上课采用随机组内抽签模式,因此每一位教师都有可能被抽到,对于前期准备充分的教师来说,这是一个很好的展示自身的机会。上课结束后,现场抽取组内教师进行说课,教师对本组的设计意图以及磨课过程中遇到的问题、解决方法进行生动的讲解。场内外所有教师利用集团苏格拉底智能教学分析平台的评课功能,扫描每节课的二维码,在观看每节课上课的过程中进行即时点评,多渠道发言,如数学课堂中范楚婷老师点评说:沉静的课堂,活跃的思维,孩子们在白老师稳重大气的课堂中,学会了如何去解决生活中的问题,越来越明晰如何最优化排列。此外,结合现场评委打分,汇总成为现场竞赛计分表,对参与的团队给予了当场评价。

3.录像观摩,反思提升

现场活动后我们利用校长名师工作室平台,上传录像,让有需求的老师可以反复观看,同时方便各学科组及学校进行特定课的查看和研究,各个组在二次研讨板块再次按照学科组进行研讨,及时反思。如余俊杰老师在执教后的反思中这样说道:本节课通过磨课和研讨,我们组最终发现无论是教师还是学生都容易掉入力越大,速度越快这样的误区,但是在小学如何实现一方面规避加速度概念,另一方面让学生避免错误概念,通过多次的表格比较和慢速录像,我们成功达成了教学目标,但在理解小车行进图上,学生的能力发展水平很不一样,在后期的这课教学中,我们仍然要研究如何改进这个方面。在二次研讨的基础上,我们要求青年教师再次改进教学设计,结合各学校或者校区实际情况,再次进行实际教学,真正将提升落到实处。如语文2组后期在《狐假虎威》的教学中增加了大量生动的模拟动物扮演活动,让学生自主体会并写出不同动物的心情;数学1组在后期数学拓展课中将 HiTeach 中的投票即时表格应用在买药的现实情境中。

通过上述研讨、展示和反思等环节,全体教师参与其中,不仅有浸润感,更有助于每一位教师在精准教学策略与能力方面获得个性化提升。

（三）提升了教师开展精准教学研究的能力

随着精准教学的持续推进,教师们根据教学实践中出现的问题展开研究,从而提升了科研能力。

1.语文学科:"三单"精准助教,转变课堂形态

尊重学生的个体差异是每门学科教学都孜孜以求的,但在传统教学下,个性化指导实施难度较大。一堂语文课,要根据学情精准定位目标,关注语文要素,推动精准教学实施。

【案例8-3】 语文组关于"三单"的教研活动

2020年6月,学校语文组以课堂沙龙的形式开展常态教研,在学习和对话中,让精准教学走向深处。教师们以"三单"助力,围绕核心目标,利用"预习单"在"定向程"中明确本节课学习的目标。在"拓学单"的助力下,从"提升程"获得语文能力的提升。楼梦伊老师对《小猴子下山》进行文本解读;翟颖笑老师进行模拟上课展示;王煜妍老师则通过讲故事的方式,展示对这一课教学的思考,用饱满的热情感染着在场的老师们。

2.数学学科:优化数学思维,实施精准补偿

在数学课堂中,老师们运用数学实验、信息技术等多维技术路径,把学生本不可视、不外显的数学思维呈现出来,使其清晰可见,不断提升学生的数学素养。

【案例8-4】 数学教研组"关于面积到底是什么?"的研讨活动

例如,数学教研组在探讨"面积到底是什么? 在哪里呢?"时,周意老师借助数学实验,带领孩子们用小棒、印泥、小正方形的贴纸等实验材料展示脑中的"面积",将抽象的概念进行具象化的表示,将思维可视化,让教学精准化。胡子凡老师的"面积和面积单位"一课,带领孩子们认识了面积单位,探究了面积单位间的进率,通过对比分析、观察标准模型、寻找生活实物等路径,让数学

定理与直观感知相结合,让教师更加精准地引领学生主动探究。

3.英语学科:借助智慧平台,精准定位目标

英语课堂借助 DynEd、We Speak、网络阅卷系统等智慧平台开展教学,让精准和个性化成为可能。在日常教学过程中,学生的学习数据可以直观地显示在智慧平台,教师通过收集整理数据得出有效信息,为制定更有针对性的教学提供了有力依据。

(1)学情前测。学生提前在 DynEd 平台完成预习前测,英语教师通过分析平台数据,了解学生的已有知识,掌握全班同学的前概念整体情况,由此制定精准教学目标,为开展教学实践明确方向。

(2)新课教学。课堂上,学生通过 We Speak 听说练习平台进行跟读,教师随即利用平台提供的大数据,了解全班学生的听说能力,据此及时调整教学策略,从而更精准地实现对话教学,提高教学质量。

(3)课后提升。有了 We Speak 听说练习平台和网络阅卷系统的支撑,课后精准提升变得有迹可循。借助 We Speak 听说练习平台上提供的大量学习数据,教师可以时刻关注学生的语言能力变化,方便为学生提供合适的听说技能提升小技巧。而网络阅卷系统则节省了教师的批改时间,更重要的是为教师提供了精准的分析数据,有助于教师精准读懂学生的语言水平,精确分析学生的个性问题,从而采取因材施教的方法,进一步激发学生的学习主动性和积极性。

4.其他学科:落实前测探趣,多维精准评价

学校的科学学科在日常教学中,结合苏格拉底智能教学分析平台等多种途径,展开了精准教学在小学科学学科中的应用研究。其中,苏格拉底智能教学分析平台提供的教学录像记录有助于教师回顾教学现场,从而深入了解、分析学生的学习行为,为改进教学方法提供有力依据。

信息学科的谢滢老师获得了全国级大赛一等奖,王美老师获得了第七届江干区信息技术教学评比一等奖。音乐和美术学科的老师们带领着采三学子获得了浙江省中小学生艺术节一等奖,并获得浙江省最佳指导奖。精准教学使学生的学习更具创造力,个性成长更具张力,身心发展更具活力。

三、精准教学推动学校育人模式的转型

以往教师对教学效果的判断主要是基于观察及经验,即时性的教学矫正很难保证科学性,个性化的指导更是难以实现。精准教学为我们提供了一个新的思路,学校的课堂教学正在从经验型课堂转向实证型课堂,正在逐步形成具有采三特色的精准教学体系。

(一)形成了具有采三特色的精准教学模式

学校一直以来走在智慧教育的路上,随着技术的发展以及学生个性化学习的需求,精准教学应运而生。经过不断实践,精准教学项目获得省优秀基地学校称号,TIMEDLE获得全国一等奖的好成绩。

精准教学经过在语数英科教学中开展实践应用,已经逐渐形成了具有采三特色的精准教学模式,主要分为以下三大环节:基于前测,精准设计教学目标;围绕目标,精准选择学习材料;依据差异,精准设计后测练习,如图8-1所示。

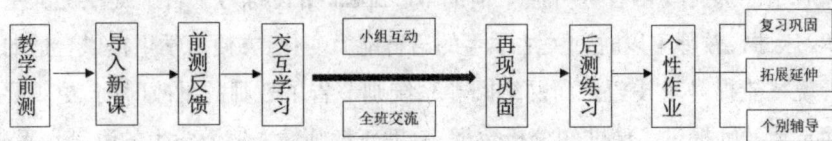

图8-1 精准教学操作流程

图8-1清晰地展示了精准教学的主要过程:通过前测了解学生已有的知识,据此分析学情,合理调整教学内容,同时根据学情差异,准确把握教学目标;课堂中以前测反馈引出教学内容,明确学习方向;前测反馈后在课堂中开展交互学习,充分尊重学习经验差异,通过多种方法学习新知,同时由小组互动及全班交流,实现差异互补;呼应前测,开展后测,由此判断是否达成基于前测的教学目标,并根据结果的差异开展相应的辅导工作,同时量身定制,设计分层作业。

(二)基本形成了"三位一体"的发展观

"三位一体"的发展观,即学生、教师、学校三者之间协同发展。自研究开展以来,学生获得了各级各项荣誉不计其数。校啦啦操队在全国级啦啦操比赛中获一等奖。在浙江省文学之星征文大赛中,学校学生分获一、二、三等奖,总计达上百次。在第二十届全省中小学电脑制作活动中,葛璟燃等同学荣获一等奖。在浙江省中小学生艺术节等活动中,杜歆泽等同学获得全省一等奖的好成绩。张郑悦等同学的文章入编浙江省教育出版社的同步优秀作文选。在2019年杭州市江干区青少年创客大赛、江干区电子制作亲子赛、综合实践活动比赛、品味书香诵读经典征文活动等各级赛事中,采荷三小的学生屡获殊荣,仅2019学年就有250余人次获奖。

学生获得长足发展的同时,教师团队的综合素养也迅速得到了提升。自开展研究以来,教师共开设校级以上公开课近200节次,其中全国级公开课6节,省级公开课19节。获奖论文达到88篇,其中全国获奖29篇,浙江省获奖11篇,杭州市获奖15篇。各级各类获奖案例、课件共86个作品,发表各类核心刊物的文章、案例达22篇。新申报的课题共有6个立项,其中市级3个,区级3个。教师参加各级各类会议培训发言共25人次,参加各类技能竞赛获奖39人次。各层次教师在不同级别的公开课、赛课活动中精彩亮相,受到了在场专家的一致好评,也取得了可喜的成绩(见图8-2)。

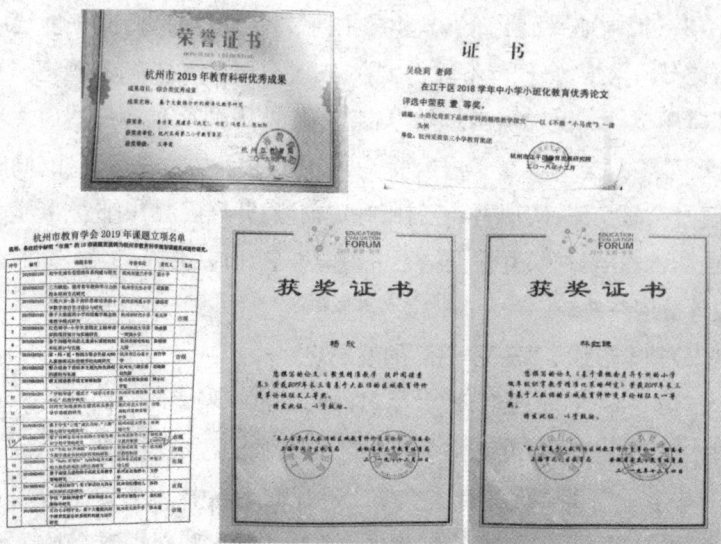

图8-2　杭州采荷第三小学教育集团获奖荣誉(部分)

　　截至2021年4月,学校荣获国家、省、市、区级荣誉60余项,课题成果、教师论文、案例获省、市、区级一、二、三等奖600余篇。

　　教育,因生而生;采三,因采而彩。教育的本真就是锻造和提升生命智慧,把人引向希望和幸福,人人都能成为更好的自己。办一所"学生向往、教师幸福、社会满意"的学校,是采荷三小一直以来的追求。带领孩子寻找童年的幸福,助力教师追求职业的幸福,推动学校不断进行创新和变革。做基础教育的领跑者,做有温度的教育,办人民满意的学校,是采荷三小的教育承诺。

(三)学校的社会满意度持续保持高位

　　学校会定期对家长进行访谈,由家长和学生提出各方面的意见与建议,学校以及教师结合访谈建议及时做出整改,以保证家长和学生对学校的满意度。同时,学校也会通过日常的家访、家校练习本、杭州教育等形式,与家长保持密切联系,及时收集家长的反馈信息,以此不断提升社会对学校教育工作的满意度,促进学校教育的和谐发展。2019学年根据学校对学生的调查,学生对学校的满意度达到99.9%,2019年在江干区义务教育阶段学生课业负担的监测中,对学校学生轻负高质给予了充分肯定。

学校充分尊重孩子的不同差异,结合孩子的实际需求和已有知识开展精准教学,让孩子在每一堂课上都有所成长。一个都不能少,让每一位孩子在学习中感受到平等、尊重,找到学习的信心和快乐,在这样的环境里学习、生活,得到不同的有差异的发展,家长自然很满意。经调查,家长对学校不太满意和不满意的占比均为0,这样的比例很好地证明了这一点。

第二节　深化精准教学的未来构想

经过4年多的实践探索，精准教学已经成为学校办学特色的新名片。在每学期江干区不同学科开展的抽测中，学校教学质量稳居全区前列，获得了家长们的高度认可。在对全校学生家长的满意度调查中，支持率高达99.9%。家长们纷纷表示，精准教学体现了学校国际化、现代化、个别化教学的理念。同时，精准教学的实验也得到了省市区各级部门的高度肯定，在浙江省精准教学实验学校的考核中获得了优秀。"基于大数据分析的精准教学研究"立项为杭州市重大课题，教师撰写的文章在长三角论文评比中获得了一、二等奖，参加市区课堂教学比赛，均获得了一等奖。学校举办的各科教学展示得到了兄弟学校的一致好评，极大地提升了学校品牌。课堂教学的改革带来一些成绩和成效的同时，也带来了相应的思考。如何深化精准教学，持续不断地推进教育教学改革，做基础教育的领跑者成为学校今后努力的方向。

一、全面发展：精准教学的指向新定位

教育是为了让人更好地活着！教育对人来说，不仅是新的知识与技能的获得，它要关注的还有学生人格的形成，思维能力的发展，情感态度与价值观的形成。简言之，教育教学的出发点和归宿在于追求人的发展。而其内涵主要涵盖自身身体、精神、智能、个性品质、个人与家庭等自我发展方面的素养和社会交往。因此，随着研究的深入，精准教学的内涵必将不断充实，将不再局限于教学科知识，而实现从教学科知识到育人，实现真正意义上的因材施教。

（一）从传授知识转向提升综合素养

1997年，经济合作与发展组织、联合国教科文组织等国际组织先后进行

综合素养的研究。受其影响,2016年,北京师范大学中国教育研究创新研究院也对中国学生的核心素养做了研究,提出了"培养全面发展的人"的教育理念,揭开了罩在教育者面前的那层纱,目标变得清晰,方向变得明确。老师们厘清了知识、能力、素养三者的关系,了解到知识能够转化为能力,知识和能力也能内化为个人的素养,同时素养也可以用知识和能力的方式表现,但素养不等同于知识和能力,它与人的生命融为一体,让人的气质、习惯、性格在不同的场合都会自然地流露。

2017年,当浙江省教研室提出精准化教学这一概念的时候,老师的认识往往被字面迷惑,认为仅仅是教学上的一种改革,是如何更快更有针对性地进行知识传授。于是,学校选择了语文、数学、英语、科学四大学科,认为这几门学科专业性更强,通过精准化教学,轻负高质效果会更明显。现在想来,这更加反映了我们在实验初期对精准教学内涵认识的局限性,设置目标的单一化。在知识爆炸的当今社会,人类学习知识的速度已经远远比不上知识产生的速度。因此,我们需要改变学习观念,应提高学生的各种能力,培养适应社会发展的核心素养。而核心素养的形成是有关键期的,小学时代就是核心素养的重要养成时期。

(二)从分科学习转向项目式学习

一直以来,班级授课制、分科教学已是约定俗成。人们习惯于使用国家基础课程,在不同学科的知识学习中培养各种能力。虽然都是间接知识,有些知识比较抽象、烦琐、偏难偏旧。虽然学科之间的融会贯通很不易,有些孩子被认为是"死读书",缺少"好奇心"和"想象力"。即使在21世纪的今天,利用精准教学来分科学习,还是不能打破学科间的壁垒,以上现象还是存在。

学习是为了真正有用于生活。"纸上得来终觉浅,绝知此事要躬行。"为了培养学生在真实情境中解决问题的能力,现阶段世界各地掀起了轰轰烈烈的项目式学习。我们学校也不例外,在学校的第三教育空间拓展课程的学习中,项目式学习正在如火如荼地进行。项目式学习最早源于杜威的实用主义哲学教育思想,他反对传统的以课堂、教师、教材为中心的教育,主张以学生、活动和经验为中心,让学生参与到真实情境中来思考问题和处理问题，从做中学。下阶段，我们将把项目式学习运用到学科教学中，将以学科整合为手段，运用所学的知识，借助探究学习方式，精准使用各种方法解决实际问题。在这个过程中，夯实专业知识，提高理解、运用、创新能力，促进人的可持续发展。

（三）从学科系统学习转向专注人的全面发展

在这本书的第三、四、五章中，我们看到精准化教学在语文、数学、英语、科学学科中的应用情况。我们发现，针对每一学科开展的精准教学，都是基于学科知识的系统学习。老师们根据知识的难易程度，设置预习单，通过课堂精准施教，完成学习检测单；针对课后巩固学习，设置复习单。现代技术的运用，大数据的取得，不过就是知识点的查漏补缺，于是进行基础过关、单元过关等，又进行下一轮的知识检测，往复循环。其实，教材无非是一个例子，真正在学习知识中要发展的是学生的素养。

基于系统学科知识学习的精准教学有个弊端，那就是很容易让人走进应试教育的旋涡。教师在教学中会过分关注学科特质，紧紧围绕考试成绩展开教学，考什么，学什么。由于学生的个体差异，教师往往不自觉地忽略人的学习规律，拔高个别学生的要求，揠苗助长，得不偿失。儿童是学习的主体，我们要从学生的视角确定教与学的内容和要求，让知识、技能、能力在相关知识领域与个体特质相互作用，这才是真正基于个别化学习的精准教学。

行始于心。今后，转变教师的观念，把精准教学转向精准教育，把学科中心转向素养中心，把知识中心转向育人中心，遵循规律，在学习知识的过程中，引导学生探究体验，从而将本学科的知识转化、内化和升华为学生的能力与素养。

二、技术升级：精准教学的实施更智慧

精准教学必须有相应的软硬件设备才能顺利开展，目前我们学校的硬件配备有白板、希沃、TEAM Modle、平板以及阅卷扫描仪等，所有学科几乎都已经普及；其中TEAM Modle和苏格拉底智能教学分析平台是全科使用的。但在实践中我们发现，小学阶段大数据的采集遇到了不少困难，比如，

样本数量、教材特点、评价策略等,是不是可以弱化数据,按需选择,让更多的平台推动课堂变革,同时记录成长的痕迹?

(一)从定制走向普及

运用现代技术是实施精准教学必不可少的手段。因此,在硬件上,学校更新网络,添置了电子设备;在软件上,聘请专家给全员教师做信息提升素养培训,但教师们除了使用白板之外,其他的硬件、软件用得并不普遍,究其原因,一是设备有限;二是没有施展空间。设备与技术融合使用最频繁的是展示课、研究课等特定场合。比如,要执教精准化教学的研讨课,上课老师把技术融进课堂,做了充分的预设。上课前,教会学生使用投票器;上课时,带着沉沉的一大箱投票器,才能使课堂环节推进流畅。试想,平常课堂都能带着一箱子的投票器去吗?不现实,只能"定制"。再如平板,哪怕学校里有80台,充其量只能同时满足两个班级学生的使用,做到人手一台,有的学生是没有机会享受到这个资源的。

随着大数据时代的来临,技术与我们的生活息息相关,从学生中收集数据,能准确发现个人不足,做出相应的干预,帮助进步。因此,我们需要把"定制"变为"普及"使用,同时把得到的数据转变成我们的资源,让课堂真实发生。可以制作二维码来代替投票器,学生完成问卷之后,老师只要扫码就能知晓学生的答题情况。再如平板的使用,先让老师对它的功能做全面了解,然后课堂上利用同屏手段,把"特定"学生的学习成果投射到屏幕上作为教学资源来学习。盘活了利用率不高的设备,惠及了全体学生,实现了精准教学。

(二)从管理走向"智理"

精准教学的实施,把技术融进课堂,让课堂变得更加智慧。于是,学校也把精准理念用在管理上。目前,学校使用的管理平台很多,利用微信进行工作交流,QQ文件传送,钉钉视频会议,特别是疫情期间,利用钉钉功能进行远程上课,开发"铃铛教育"进行请假申报,还有数字童年平台进行学习空间的打造、学生评价的交互等。众多的平台看得人眼花缭乱,往往漏掉信息,延误工作。能不能有一个综合性的平台,把学校方方面面的工作纳入进去,能在比较长的时间内保持稳定,让数据真实被记录呢?

管理的最高境界是无为而治。通过对平台详细记录的各种数据进行分析，能不断熟悉每个人的特点、生活习惯，了解每个人的需求、喜好，通过各种数据的集合，发现问题，有的放矢地进行补充丰富，让管理也闪烁着智慧的光芒。

（三）从"低阶思维"走向"高阶思维"

高阶思维是指发生在较高认识水平层次上的心智活动或较高层次的认知能力，主要由问题求解、决策、批判性思维、创造性思维这些能力构成，如分析、综合、判断等。低阶思维是指缺少辨析与判断或者识别的思维，在行为人的意识或精神上几乎没有任何对于眼前客观情况进行调查或探索的欲求。哈佛大学心理学教授戴维认为，高阶思维是可以培养和训练出来的，良好的思维能力，就像百米赛跑一样，是一种技术、技巧上的训练结果。最有效的高阶思维是在与学科相整合的教学中培养起来的。

在精准教学中，当技术运用到课堂的时候，关注的不再是知识的记忆、理解和运用。因为它课前通过数据记录确定重难点，这些重难点往往是抽象的、凝练的，此时利用技术把过程展示出来，把抽象的文字具体化，让学生在分析中判断、评价和创造等，这个过程就是高阶思维能力培养的过程。

今后，学校将依托前期经验，线上线下相结合，利用现代技术开展精准教学采三模式的探索，让一对一的学与教更加容易实现，更加尊重学生的个性，激发学生学习动机，让精准教学成为采三个性化学习的首选。

三、辐射推广：精准教学的成果走向远方

中国地大物博，区域差异明显，因此，缩小差距，让教育均衡便成为社会共识。为了让更多的孩子享受美好教育，政府及各部门提倡城乡结对、省际帮扶。采荷三小从它诞生之日起，就依托高平台，办学水准就在高位次，因此在学校稳步前行的同时，必将承担更多的社会责任。

（一）从基于学校获益走向助力区域集群式发展

近几年，学校从一个校区逐步发展成采荷、江锦、笕正以及建德梅城3+X校区的教育集团。"块状为主，条线为辅，条块结合"的紧密型管理模式驱动着学校这艘巨轮扬帆远航。除此之外，与宁波新碶小学、建德麻车小学、海

宁紫薇小学等结对，暑假里举行"五年内新教师成长营"研修，结对学校的新教师远道而来，共同学习，通过规章制度、教育教学、科研课程、德育工作等角度学习，精准对接新学期。

学校还在建德梅城设立语文、数学、音乐、科学名师工作室，用"近邻"帮扶的方式，通过名师的引领，将学校的精准教育理念扩大、整合，通过资源共享来满足学生的成长发展，实现一定程度上的教育均衡，打造良好的教育生态。

（二）从基于本区域获益走向结对帮扶区域应用

在区政府的牵线下，学校与湖北恩施屯堡乡中心小学、贵州三穗滚马乡中心小学成为结对帮扶学校。为进一步推进两地东西部协作"教育同心圆"共同体建设，充分发挥江干名师团队的辐射引领作用，学校派老师支教、带"双名师团队"通过上课、讲座等方式，传递精准理念，并与当地的教师共研高质课堂，共享职业幸福，共话教育同心。

屯堡乡中心小学没有录播室，参与课堂的只有原班级人数的一半，看着黑亮的眼睛因为不能一起上课而黯淡下来，学校向市长反映提供支援，这多功能室以后将成为"引领教师成长的名师工作室，结对帮扶展示区，教育协作云转播中心"。如果精准教育的理念给课堂带去学习方式的变革，让老师们明白课堂是生命的乐园，是让生命充满灵气与智慧的地方，老师们学会尊重生命的灵气，保护孩子的想象力，课堂充满无限的快乐，这该是多么理想的未来！

（三）从基于国内应用走向国际合作可持续发展

教育国际化是必然的趋势。我们的教育改革一直在不断进行，从自主、探究、合作学习方式的提倡到现今的项目式学习，无不体现着教学的本土化和国际化结合。学校办学目标之一就是国际化，也和泰国、芬兰、英国、美国、斯里兰卡等地结为友好学校。曾派老师去泰国支教2年，去芬兰学习20天，去美国考察做学术交流等，孩子们相互往来、相互交流、相伴成长，体验了异国风情，更重要的是教育理念和行为的交流与碰撞。

今后，我们将进一步拓展国际交流合作领域，在线下交流有限的情况下，利用技术，创设平台，探索协同教育新模式，让更多老师观摩到课堂教学经验，用开放、包容、大气的办学格局拥抱教育，让更多的国家了解采荷三小，让采荷三小走向世界。

参考文献

[1]国际21世纪教育委员会向联合国教科文组织提交的报告.教育——财富蕴藏其中[R].北京:教育科学出版社,1996.

[2]陆有铨.躁动的百年——20世纪的教育历程[M].济南:山东教育出版社,1997.

[3]顾明远.教育大辞典(增订合卷本)[M].上海:上海教育出版社,1998.

[4]中华人民共和国教育部.面向21世纪教育振兴行动计划学习参考材料[M].北京:北京师范大学出版社,1999.

[5]兰祖利,里斯.丰富教学模式:一本关于优质教育的指导书[M].华华,等译.上海:华东师范大学出版社,2000.

[6][美]小威廉姆·E.多尔.后现代课程观[M].北京:教育科学版社,2000.

[7]张华.课程与教学论[M].上海:上海教育出版社,2000.

[8]钟启泉,张华.世界课程改革趋势研究[M].北京:北京师范大学出版社,2001.

[9]郑金洲.教育文化学[M].北京:人民教育出版社,2005.

[10]L.Dee Fink.创建深刻的学习经验:一种大学课程设计的整合方法[M].杭州:浙江大学出版社,2006.

[11]杨东平.中国教育公平的理想与现实[M].北京:北京大学出版社,2006.

[12][美]丹尼尔·坦纳,劳雷尔·坦纳.学校课程史[M].崔允漷,等译.北京:教育科学出版社,2006.

[13]王荣生.听王荣生教授评课[M].上海:华东师范大学出版社,2007.

[14]欧阳芬.有效教学的基本功[M].北京:中国出版社,2008.

[15][美]帕梅拉·博洛廷·约瑟夫.课程文化[M].杭州:浙江教育出版社,2008.

[16]余文森.有效教学十讲[M].上海:华东师范大学出版社,2009.

[17][美]塞缪尔·亨廷顿.文化的重要作用价值观如何影响人类进步[M].北京:新华出版社,2010.

[18]张剑杰.中小学教研组建设[M].南京:南京师范大学出版社,2010.

[19]卢正芝.校长视域下的教师专业发展[M].杭州:浙江大学出版社,2010.

[20]袁晓英.区域课程领导力建设的理论与实践[M].上海:上海三联书店,2012.

[21]温儒敏.义务教育语文课程标准(2011年版)解读[M].北京:高等教育出版社,2012.

[22]徐丽华.教师与学生创新学习行为发展[M].北京:教育科学出版社,2013.

[23]余文森.从有效教学走向卓越教学[M].上海:华东师范大学出版社,2015.

[24]俞晓鸿.什么才是真正有效的教学[M].杭州:浙江大学出版社,2016.

[25]林崇德.21世纪学生发展核心素养研究[M].北京:北京师范大学出版社,2016.

[26]向葵花.审思与重建中小学生学习行为研究[M].北京:中国社会科学出版社,2017.

[27]张克衷.国外小学科学教育浅析和借鉴[J].外国中小学教育,1997(3).

[28]中华人民共和国教育部.基础教育课程改革纲要(试行)[S].北京:教育部印发,2001.

[29]李如密,刘玉静.个性化教学的内涵及其特征[J].教育理论与实践,2001(9):37-40.

[30]余文森.论以校为本的教学研究[J].教育研究,2003(4).

[31]李政涛.什么是"教研组文化"?——"教研组文化"系列之一[J].上海教育科研,2006(7).

[32]李政涛.以文化产品的创建与管理为核心,创建新型"教研组文化"——"教研组文化"系列之三[J].上海教育科研,2006(9).

[33]江美华.小学科学教材中不同类型的实验[J].中小学实验与装备,2008(1):18.

[34]徐关水.探究性学习在实验教学中的渗透策略[J].实验教学与仪器,2008(3).

[35]池万强.利用实验教学,激发学生学习兴趣[J].考试周刊,2009(27).

[36]沈彩群,陈旭峰,潘巧明."以测辅学"在小学语文教学中的应用[J].丽水学院学报,2009(5):94.

[37]盛瑛.国外小学科学教学资源的特点[J].教育与装备研究,2010(11).

[38]李莹莹.对小学实验教学的点滴认识[J].科学大众(科学教育),2011(6).

[39]金卫国.小学生课堂学习行为的管理研究[J].上海教育科研,2011(5).

[40]胡世月.如何利用身边资源开发趣味物理实验[J].实验教学与仪器,2012(12).

[41]张克龙.科学课堂中挖掘"教学点"的策略[J].教学与管理,2012(25).

[42]卞茂华.浅谈多媒体在小学实验教学中的应用[J].教学仪器与实验,2012(8).

[43]俞山红.小学科学教学中存在的问题及解决策略[J].江苏教育研究,2012(19).

[44]叶平.一堂好课的标准是什么?[J].江苏教育研究,2012(34).

[45]曾自力.教师要创造性使用新编实验教材[J].物理通报,2012(7).

[46]王志贵.运用"三读法"教学,构建有效课堂[J].湖南中学物理,2015(8):60-61.

[47]吴刚.大数据时代的个性化教育:策略与时间[J].南京社会科学,2015(7).

[48]程晓堂,赵思奇.英语学科核心素养的实质内涵[J].课程·教材·教法,2016(5):36.

[49]时坤.实施学情前测优化教学过程[J].理论研究,2016(1):120.

[50]张晓锋.小学数学试卷讲评的误区与对策[J].新课程导学,2016(12):49.

[51]刘业生.改进讲评方式,提升思维品质——对小学数学试卷讲评方式的思考[J].考试与评价,2016(7):39-41.

[52]曹宏犟.小学科学实验教学策略探讨[J].小学科学(教师版),2017(2).

[53]周序.核心素养:从知识的放逐到知识的回归[J].课程·教材·教法,2017,37(2):63.

[54]李嫣昉.基于小学科学教科书开展科学阅读的策略研究[D].杭州:杭州师范大学,2017.

[55]王永雄,丁德瑞,宋燕,等.基于创新实践能力培养的精准分层教学[J].中国电化教育,2017(12):110.

[56]周湘.依托数据支持,实施精准教学[J].小学月刊,2018(7).

[57]万飞.信息技术支持下精准教学的实施策略[J].教育信息技术,2018(3):60.

[58]裴蕾.小学科学课中科学阅读教学的实践与思考[J].课堂经纬,2019(2):97.

[59]何小琴.精准定标巧搭支架让学生笔下的人"活"小学高段写人物类习作[J].教育科研,2019(14).

[60]潘森.精准教学的概念解析、发展历程与实践进展[J].新课程研究,2020(3).

[61]黄志兵,夏轶美."经验"核心到"智能"核心:大数据背景下小学语文精准模式建构[J].教育教学论坛,2020(9):12.

教育改革永远在路上（后记）

2017年，当我们完成《第三教育空间：转变育人模式的采三探索》一书后，有老师问："校长，我们的教育改革什么时候才可以结束？"记得当时我这样说：教育改革，我们永远在路上！

变，是这个世界唯一不变的。教育变革是学校发展的主题，作为基层教育工作者，不断学习、实践与思考，积极拥抱变化既是专业成长的必须，也是一名教育者的责任担当。采荷三小教育集团自创办以来，就不断探索在适合师生发展的教育教学的路上。让每一位孩子摘到梦想中的星星，让教师得以专业成长，成为更好的自己，是我们一直以来的追求。

坚持素养立意、课程立基、学生立场，课堂落实是关键。从前期"翻转课堂：基于互联网+背景下的小学课堂教学变革""基于学问课堂的教学实践探索"等这些课题研究中发现，我们在课堂教学中还存在目标定位、教学设计、学情研究等一系列问题。

那么，如何基于学情确定教学目标？通过怎样的评价来促进教学？如何让"一个都不能不少"的教育理念真正落到实处？作为浙江省数字校园示范学校，如何利用多维度的数据进行分析，使教学目标更精准？如何跟踪学习表现，使教学过程更高效？如何实施测评办法，使学习评价更具个性化？在诸位专家的指导下，我们开展了小学精准教学变革探索。

2017年，学校入选浙江省首批30所精准教学实验学校。2018年，"精准教学：小学课堂教学变革的采三探索"获批杭州市第三届重大课题。历经两余年，我们围绕课堂教学，从多维度的数据收集分析，开展学情研究；从教学内容整合与拓展的维度，探索适合的学习材料；从学生的学习情况，不断调整适性的教学方式。我们还对影响精准教学实施的课堂管理、教师培养、校本研修等方面做了进一步探索。

此刻，虽然是夜深人静，内心却颇不平静。本书记载了我们辛勤耕耘的汗水，是我们课改路上前行的足迹，是集体智慧的结晶。本书由黄升昊编著，各章作者：第一章黄升昊，曹盖君；第二章周建芬，谢滢；第三章林红珠，潘雯辰；第四章严红兴，陈初阳；第五章冯蓉兰，俞登挥，包建霞；第六章张智利，杨欣；第七章陈佳佳，赵晓霞；第八章王美，周建芬。由周建芬负责完成初稿的汇总整理。我们选用的一些教育教学案例，部分老师提供的观点，不能悉数署名，在此表示抱歉和深深的感激！

一路走来，感谢专家、领导给予我们的指导和帮助。感谢浙江省教育科学研究院朱永祥院长、浙江大学教育学院刘力教授、浙江大学原民办教育研究所所长吴华教授、浙江省教学月刊总社陈永华社长、杭州市教科所俞晓东所长、杭州市教科所沈美华副所长的精心指导，感谢江干区各级领导的关心。特别感谢课题导师浙江省教师行政中心卢真金教授，课题总联络人杭州市教科所郑国强主任。尤其要感谢原杭州市教科所施光明所长的倾力指导，是您的鼓励和帮助让书稿最终顺利完成。在此，向所有关心、帮助我们的专家表示衷心的感谢和深深的敬意！

本书编写时间仓促，编者水平有限，书中难免存在不足之处。敬请广大读者朋友向我们提出宝贵的意见和建议，谨此感谢！

黄升昊

2020 年 12 月 17 日于杭州

后记

图书在版编目（ＣＩＰ）数据

精准教学：小学课堂教学变革的采三探索 / 黄升昊
编著 . -- 北京：现代出版社，2021.7
　　ISBN 978-7-5143-9360-6

　　Ⅰ. ①精… Ⅱ. ①黄… Ⅲ. ①课堂教学 – 教学研究 –
小学 Ⅳ. ①G622.421

中国版本图书馆CIP数据核字(2021)第150023号

作　　者：黄升昊
责任编辑：张桂玲
出版发行：现代出版社
通讯地址：北京市安定门外安华里504号
邮政编码：100011
电　　话：010-64267325　64245264（传真）
网　　址：www.xdcbs.com
电子邮箱：xiandai@cnpitc.com.cn
印　　刷：杭州万星印务有限公司
开　　本：710mm×1000mm　1/16
字　　数：316千字
印　　张：21.25
版　　次：2021年7月第1版　　2021年7月第1次印刷
书　　号：978-7-5143-9360-6
定　　价：58.00元